MÚSICA CULTURA POP LIFESTYLE COOKBOOKS
CRIATIVIDADE & IMPACTO SOCIAL

EXA
TA
MEN
TE

LILY ALLEN

O QUE EU ACHO

Tradução: Cássia Zanon

Belas Letras

Título original: My Thoughts Exactly
Copyright © 2018 by Lily Allen
Todos os direitos de reprodução (parcial ou total) reservados.

Nenhuma parte desta publicação pode ser reproduzida, armazenada ou transmitida para fins comerciais sem a permissão do editor. Você não precisa pedir nenhuma autorização, no entanto, para compartilhar pequenos trechos ou reproduções das páginas nas suas redes sociais, para divulgar a capa, nem para contar para seus amigos como este livro é incrível (e como somos modestos).

Projeto gráfico do original: Blink Publishing
Foto de capa: © Cosmo Webber

Este livro é o resultado de um trabalho feito com muito amor, diversão e gente finice pelas seguintes pessoas:

Gustavo Guertler (*publisher*), Cássia Zanon (tradução), Cássio Yamamura (preparação), Celso Orlandin Jr. (capa, projeto gráfico e diagramação), Mariana Paixão (revisão) e Giovana Bomentre (edição)
Obrigado, amigos.

2021
Todos os direitos desta edição reservados à
Editora Belas Letras Ltda.
Rua Antônio Corsetti, 221 – Bairro Cinquentenário
CEP 95012-080 – Caxias do Sul – RS
www.belasletras.com.br

Dados Internacionais de Catalogação na Fonte (CIP)
Biblioteca Pública Municipal Dr. Demetrio Niederauer
Caxias do Sul, RS

A427e	Allen, Lily
	Exatamente o que eu acho / Lily Allen; tradutora Cássia Zanon. - Caxias do Sul, RS: Belas Letras, 2021.
	400 p.
	ISBN: 978-65-5537-113-0 e 978-65-5537-111-6
	1. Memórias inglesas. 2. Mulheres. 3. Feminismo. I. Zanon, Cássia. II. Título.

| 21/47 | CDU 820-94 |

Catalogação elaborada por Vanessa Pinent, CRB-10/1297

George, Ethel e Marnie

SUMÁRIO

INTRODUÇÃO 9

A ESTRANHA 19

MÃES 27

PAIS 45

UMA EDUCAÇÃO 55

UMA LIÇÃO 71

MÚSICA 81

TRABALHO, PARTE UM 91

VOZ 99

FAMA 113

GLASTONBURY 137

CELEBRIDADE 145

TRABALHO, PARTE DOIS 155

SEXO, PARTE UM 167

DINHEIRO 183

AMOR 201

CASAMENTO 209

MATERNIDADE 225

TRABALHO, PARTE TRÊS 233

ISOLAMENTO 247

SEXO, PARTE DOIS 257

FUNDO DO POÇO 271

UM FINAL 279

ABUSO 293

ENLOUQUECENDO 307

A LOUCURA DO OUTRO 323

MAIS FORTE 337

COLAPSO 349

ADIANTE 363

AGORA 373

AGRADECIMENTOS 379

INTRODUÇÃO

Para começar: alguns fatos. Eles são importantes, porque este não é um livro de memórias normal, em que o leitor descobre tudo na ordem que aconteceu. Sou jovem demais para escrever a história da minha vida e não tenho interesse em ficar lembrando de um acontecimento atrás do outro e mais outro. Se eu fizesse isso, muito do livro seria assim:

Acordei. Cabelos. Maquiagem. Roupas. Estúdio / sessão de fotos / apresentação. E-mails. Saí / me apresentei / trabalhei / fui em uma festa. Peguei um avião / um ônibus particular / um carro. Fiz tudo de novo, e de novo. E de novo. Ciclo interrompido dando à luz e cuidando dos filhos... antes de fazer tudo de novo.

Até certo ponto.

É neste ponto que estou interessada: os acontecimentos decisivos, que alteraram as coisas, mexeram nos trilhos. Às vezes, foram eventos externos sobre os quais não tive controle: meu filho, George, nasceu três meses prematuro, mas já havia morrido dentro de mim. Eu

EXATAMENTE O QUE EU ACHO

fui perseguida por sete anos e senti minha vida ameaçada por alguém com uma doença mental grave; e, depois, testemunhei seu julgamento. Como eu mesma enfrentei problemas de saúde mental, lamentei por ele, apesar do que ele fez comigo; sei que não é moleza. Fui sexualmente assediada na vida adulta por uma pessoa em quem eu confiava e que tinha uma posição de poder. E, quando eu era adolescente, homens que deveriam ter mais discernimento se aproveitaram sexualmente de mim. No fim das contas, é uma experiência comum demais. (#MeToo)

Às vezes, fui eu quem provocou caos na minha vida, como você verá. (Autodestrutiva)

Por outro lado, algumas das coisas que mudaram minha vida foram melhores do que eu poderia imaginar. Tenho duas filhas, Ethel e Marnie. Tive sucesso em uma carreira conhecida por sua falta de escrúpulos e que prospera rejeitando a maioria de seus candidatos, evitando estágios e descartando com maestria. Mas eu encontrei um caminho. Fui banhada em bondade e generosidade. Fui mimada. Fui convidada para muitos lugares, me senti bem-vinda e muitas vezes fui aplaudida – por dezenas de milhares de pessoas em certas ocasiões. Toquei no Pyramid Stage do Glastonbury Festival, não uma, mas três vezes. (Entende?)

Mas a mesma indústria que me recompensou também me puniu. Não é uma reclamação (não agora, pelo menos), é um fato. Vou explicar mais conforme avançarmos. Eu fui intimidada, ridicularizada e publicamente humilhada pela imprensa. Os tabloides, como sabemos bem, especialmente após o inquérito Leveson,[1] operam de maneira cruel, perniciosa, desonesta e abusiva. Jovens, principalmente mulheres, são fáceis de intimidar; especialmente as novatas na fama e no sucesso, quando empolgadas com toda a novidade e, ao mesmo tem-

---

1 Inquérito público judicial sobre a cultura, as práticas e a ética da imprensa britânica após o escândalo de hackers telefônicos da News International, presidido por sir Leveson. (N. da T.)

INTRODUÇÃO

po, ainda ingênuas. Ficamos facilmente magoadas, nos ofendemos de imediato e caímos nas iscas. Eu mordi a isca algumas vezes. Aprendi algumas lições difíceis e cometi muitos erros, mas também fui espionada e perseguida, e minhas palavras foram distorcidas, transformadas em mentiras, o que me deixou paralisada e isolada.

Fiz amigos através do trabalho e os perdi. Mas também mantive amigos que tenho desde criança. Isso é uma bênção. Na verdade, estive cercada de amor na maior parte do tempo, mesmo quando sentia que não merecia amor nenhum. Todos vivemos com sombras. As minhas foram ampliadas de alguma forma porque estou às vistas públicas, mas não acho que elas sejam mais sombrias do que as de qualquer outra pessoa. É só que eu posso falar apenas das minhas, e às vezes parecem um completo breu. Às vezes, eu as tornava mais sombrias do que eram, mas pode ser difícil deixar a luz entrar quando se está perturbada. Eu estive perturbada.

Esta é a história desses eventos, e do que penso sobre eles. Não é exatamente um livro de memórias perfeito. Sequer é uma história perfeita. Existe isso?

É a *minha* história. É inteiramente verdadeira para mim – mas não afirmo que seja a única verdade. Por exemplo, meu irmão terá a própria versão dos fatos, apesar de termos nascido com 16 meses de diferença e sido criados um ao lado do outro. Assim como meu ex-marido, embora tenhamos ficado juntos por seis anos, boa parte desse período felizes, além dos nossos três filhos, um dos quais tivemos que enterrar. Ainda criamos nossas filhas juntos.

***

Então, esta sou eu. Sou Lily Allen. Nasci em 1985. Sou compositora e cantora, mãe, filha, irmã, dona de casa. Já fui esposa. Sou namorada de alguém. Esse alguém se chama Dan e também é músico.[2] Sou ativista de causas sociais e políticas. Sou twitteira. Sou eleitora do partido trabalhista. Sou escritora. Fui um sucesso e um fracasso. Não tenho qualificação e geralmente sou autodidata. Não fiz universidade, não me inscrevi em um único vestibular.

Não cresci em uma casa especialmente musical, mas sempre tive artistas ao meu redor. O mundo da mídia nunca foi uma estrela-guia especial ou glamorosa, mas minha norma. Minha mãe, Alison Owen, é produtora de cinema. Meu pai, Keith Allen, é ator, comediante e documentarista. Por um tempo tive como padrasto o comediante Harry Enfield. Tenho uma meia-irmã mais velha chamada Sarah, um irmão mais novo, Alfie, e uma meia-irmã muito mais nova chamada Teddie. (Também tenho outros meios-irmãos, mas não os conheço nem sei quantos podem existir – não é uma história perfeita.) Meu primeiro namorado foi Lester. Meu melhor amigo é Seb, e agora trabalhamos juntos também. Ele é produtor musical. O homem com quem me casei se chama Sam Cooper, e ele tem uma construtora. Nos separamos no outono inglês de 2015.

Eu cresci indo ao Glastonbury e ao Groucho Club. Meu pai fazia parte da cena Britpop, ficando publicamente doidão com seus amigos Damien Hirst, Alex James e outros. Drogas e álcool fazem parte do meu pano de fundo – sempre ao meu redor – desde que consigo lembrar. Eu usei tudo, às vezes em excesso, e embora tenha participado de reuniões de NA e AA e passado períodos sóbrios da minha vida, não sou uma viciada em álcool ou drogas em recuperação. No entanto, sofro de depressão. (Não é uma história perfeita.)

Frequentei várias escolas particulares, além de outras públicas, mas não fiquei em nenhuma por muito tempo. Por isso, não sou produto de nenhum sistema ou instituição em particular. Comecei a can-

---

2 Em 2020, ela se casou com o ator David Harbour. (N. da E.)

INTRODUÇÃO

tar quando criança na escola, mas descobri a música na adolescência e a mantive por perto desde então. Eu leio. Escrevo em cadernos. Tenho um bom olho. Coleciono tecidos, adoro cores, e decorar ou arrumar uma casa não me incomoda nem um pouco. Faço exercícios, mas não sou uma atleta nata. Sou nadadora. Sou forte. Posso ser durona. Estive ferida. Sou teimosa. Gosto de agradar as pessoas. Sou narcisista. Sou emocionalmente dependente. Nem sempre gosto de ficar sozinha, embora também haja momentos em que não suporto companhia. Sou mimada. Sou carente. Posso ser hipócrita. Eu me contradigo. Posso ser fria.

Mas também vejo certo sentido. Sou capaz de ligar os pontos. Tento fazer o bem. Quero fazer o bem. Sou apaixonada. Sou observadora e percebo coisas. Tenho memória fotográfica. Eu me lembro de nomes, lugares, coisas, embora haja períodos inteiros da minha vida que sejam nebulosos e desbotados – com as luzes apagadas. Eu cozinho; não o tempo todo, mas com frequência. Tive treinamento de florista. Dirijo bem e tenho um excelente senso de direção. Sou financeiramente independente e ganho meu próprio dinheiro, às vezes bastante, mas também acumulo dívidas. Construí meu caminho profissional. É preciso. Mesmo quando recebemos algum apoio, não há outra maneira.

Acho muitas coisas engraçadas e dou muita risada, às vezes até mesmo quando as coisas não são tão engraçadas. Às vezes é como um tique. Ria, Lily, ria, e isso deixará as coisas mais fáceis, mais leves, mais absurdas. Certo? Nem sempre. Muitas vezes, não.

Como a maioria das mulheres que conheço, faço malabarismos: trabalho, filhos, família, dinheiro, administração da casa, conduzindo minha embarcação. Mas nem sempre consegui. Fiz muita merda. Posso ser uma merda. Você vai ver.

O que digo é verdade. Estou escrevendo isto porque escrever é o que faço. É ao mesmo tempo meu ganha-pão e a maneira como vivo, como entendo as coisas, como tento aprender minhas lições. Estou

Sou mimada. Sou carente. Posso ser hipócrita. Eu me contradigo. Posso ser fria.

INTRODUÇÃO

escrevendo para que, se eu morresse hoje, minhas filhas pudessem aprender com meus erros e para que, para qualquer informação que elas encontrarem a meu respeito (imagino as duas como adolescentes pesquisando meu nome no Google), haverá uma versão em preto e branco que não será alterada por outro narrador. Caralho, estou escrevendo para que *eu* possa aprender com meus erros.

Estou escrevendo para contar minha história, porque contar histórias é importante, especialmente quando se é mulher. Quando mulheres compartilham suas histórias em alto e bom som, com clareza e honestidade, as coisas começam a mudar – para melhor. Esta é a minha história.

A ESTRANHA

Durante a infância, eu me sentia uma estranha na minha família. Meus primeiros anos parecem nebulosos e fora de foco, como se eu não tivesse contornos ou definição. Não é nada agradável reclamar demais da infância, e se fazer de vítima (mesmo que a gente se sinta realmente como tal) não é adequado ou construtivo em uma história como a minha. Também não é necessariamente a verdade. É *uma* verdade. Isso não torna a história menos válida, mas vale a pena ressaltar. Existem muitas verdades e versões de qualquer história, mas as da infância são especialmente mutantes, porque é quando deveríamos estar vivenciando tudo da forma mais particular. Minha verdade é que não me sentia cuidada quando criança. Eu me sentia perdida, invisível e, muitas vezes, ignorada. Essa falta de cuidado, ou o que considero uma falta, gerou muito do meu comportamento como adolescente e adulta.

Minha mãe ficou grávida da minha irmã Sarah aos 18 anos de idade. Ela não era casada. Deu à luz sozinha porque, na noite em que entrou em trabalho de parto, o pai de Sarah estava em um show do Clash em Brighton, e a mãe dela, uma católica fervorosa, não a acompanhou ao hospital porque desaprovava a gravidez. Mamãe não teve ninguém segurando a mão dela naquela noite. Eu não soube desse fato por boa parte da minha vida, mas ele diz muito sobre as duas e o vínculo extraordinário que existe entre elas. Deve ter começado naquela noite, quando passaram por aquela experiência, apenas as duas. Elas sobreviveram juntas.

Eu me sentia fora do círculo delas. Tinha a sensação de que precisava sobreviver por conta própria, como se não estivesse no alto da lista de prioridades de meus pais: abaixo de suas carreiras e menos importante do que Sarah ou meu irmão mais novo, que chegou ao mundo 16 meses depois de mim. Por mais que Alfie e eu fôssemos próximos – e nós sempre estávamos juntos, sendo tratados como uma dupla inseparável –, eu também era bem independente, mais solitária do que meus irmãos.

Também não encontrei um espaço fora do nosso núcleo familiar. Alfie era apaixonado por futebol, por exemplo, mas, por outro lado, eu não gostava de nada em particular. Não me interessava por ginástica, pôneis, bonecas, subir em árvores, brincar de maquiagem ou fazer molecagens.

Sei que fui amada quando criança, mas não *senti* muito esse amor. Meus pais estavam sempre muito longe, ausentes por causa de trabalho (mãe) ou lazer (pai). Os dois eram jovens quando surgimos em suas vidas e estavam ocupados se formando enquanto crescíamos. Ambos vieram de famílias interioranas da classe trabalhadora e chegaram a Londres e a carreiras na mídia. Eles se reinventaram longe de suas famílias e raízes, e isso é difícil de fazer. É preciso trabalho, energia e atenção.

Com isso, não havia muito tempo sobrando para os filhos, então a atitude deles em relação a nós era mais ou menos: "As crianças vão

A ESTRANHA

ficar bem. Vamos deixar que elas se virem". Quando crianças, ficávamos muito sozinhos. Incentivar-nos a encontrar hobbies ou atividades extracurriculares exigia comprometimento demais e uma rotina na qual eles não tinham interesse. (Fiz minha primeira atividade de fim de semana depois que a mamãe começou a namorar Harry, e os dois me inscreveram para aulas de culinária na Cordon Bleu para crianças nos sábados de manhã. Eu adorava.)

Em vez disso, eu lia muito e adorava audiolivros. Eu via muita TV. As novelas australianas *Neighbours* e *Home and Away*, que passavam todos os dias na hora do chá, faziam parte da minha rotina diária. De manhã, antes da escola, eu assistia aos programas matinais. Eu tinha a sensação de que Gaby Roslin era minha mãe da TV. Ela parecia um pouco com minha mãe de verdade e parecia ter controle sobre qualquer situação em que se encontrasse. Eu gostava disso. Mesmo na época, eu sabia que ela não antecipava uma humilhação, pelo menos não por ser uma mulher que costumava estar cercada de homens. Acima de tudo, eu gostava do fato de que ela estava sempre lá. Eu ligava a TV e lá estava ela, sempre disponível, nunca ocupada ou distraída.

Não éramos uma família que fazia coisas juntos. Meus pais também não pareciam ser um casal que fazia coisas juntos. Eu sem dúvida não os via tendo qualquer tipo de relacionamento amoroso. Acredito que minha mãe se apaixonou totalmente por meu pai quando eles se conheceram e ficaram juntos, e sei que se sentiu desiludida e decepcionada quando ele nos abandonou. Mas, mesmo quando os dois estavam juntos, não me lembro de épocas boas. Talvez eu fosse jovem demais. Talvez não acontecessem com tanta frequência.

Não pensei muito nisso até recentemente. Quando eu era mais nova, os pais de todos os meus amigos eram divorciados. As coisas eram assim. Nada relevante. Mas agora percebo que é, sim, relevante.

Parecia que eu havia encontrado uma peça do quebra-cabeça para explicar que eu me sentia como um recipiente (bem na superfície, vazio por dentro) por tanto tempo.

A ESTRANHA

A primeira vez que o filho do meu namorado Dan veio ficar conosco, não faz muito tempo, ele tinha três anos. Passamos o fim de semana juntos, Dan e eu, o filho dele e minhas meninas, saindo em família. Depois do fim de semana, Dan me contou sobre uma conversa que teve com sua ex. Disse que a tranquilizou dizendo: "Lily e eu não ficamos nos beijando, abraçando ou de mãos dadas na frente das crianças". E ela respondeu: "Eu não tenho nenhum problema com você demonstrar afeto pela Lily na frente das crianças. Na verdade, é importante que elas vejam como os adultos se comportam quando se amam".

Quando Dan me contou dessa conversa, pensei: *como ela é inteligente*. Eu não conseguia parar de pensar no que ela havia dito. Então me dei conta. *Ai, meu Deus*, pensei. *Eu nunca vi isso quando era criança*. Quando criança, não testemunhei adultos em um relacionamento amoroso ou demonstrando afeto entre si.

Pensar nisso me afetou profundamente. Parecia que eu havia encontrado uma peça do quebra-cabeça para explicar que eu me sentia como um recipiente (bem na superfície, vazio por dentro) por tanto tempo. Porque se você me pergunta *Lily, como você se sentia na infância? Você se sentia feliz, satisfeita ou amada, vivendo o momento sem muitas preocupações?*, que é como eu imagino que as crianças deveriam, se possível, crescer, minha resposta é a seguinte: na infância (e muitas vezes na idade adulta), eu me sentia como um coração pulsante e uma porção de pele, mas nada além disso. Nada com substância, preenchido ou inteiro.

MÃES

Minha mãe se chama Alison. Ela foi criada em uma família religiosa em Portsmouth, mas rapidamente preferiu adorar os altares do socialismo e do punk em vez do catolicismo. Ela é inteligente, brilhante, divertida e linda. Às vezes, as pessoas pensam que a entendem, mas não é o caso. Ela é loira e sensual, com peitos grandes, e é toda focada no cérebro. É um grande cérebro dentro de uma moça baixinha e engraçada. Ela sempre soube que queria uma carreira, e que queria uma carreira no cinema. No entanto, mesmo sendo extremamente ambiciosa, aos 24 anos de idade tinha três filhos.

***

Eu entendo. Entendo por que ela teve filhos tão jovem. Ela queria uma família, e a que já tinha não servia. Então saiu procurando pelo que deveria ter tido em abundância, mas não teve: amor incondicional.

Que bom, então, que em 1984 ela tenha se casado com o comediante e artista Keith Allen, um homem famoso por ser narcisista e mulherengo.

EXATAMENTE O QUE EU ACHO

Mamãe e papai se conheceram por causa de um programa de rádio que meu pai fazia nos anos 1980 chamado *Breakfast Pirate Radio*. Fã do programa, minha mãe ligou para lá procurando trabalho. Papai disse que ela poderia trabalhar lá se conseguisse uma gravação em áudio de Ken Livingston. Na época, Livingston estava no Conselho da Grande Londres, e meu pai queria um clipe de 15 segundos dele falando. Mamãe, determinada como sempre, foi lá e conseguiu. Papai ficou impressionado. Acho que ele ficou ainda mais impressionado quando a viu, aquela pessoa inteligente e atraente com um sotaque característico e peitos enormes. Ele ficou tipo: *Sim, por favor!*

Mamãe era jovem quando chegou a Londres. Trazia consigo Sarah, uma criança pequena, e estudava na UCL, por isso morava em um dormitório universitário em Bloomsbury. O artista Cerith Wyn Evans morava no mesmo quarteirão que ela com seu namorado, Angus Cook, assim como Rose Boyt (a filha de Lucian Freud) e a artista Celia Paul.

Todos se tornaram amigos – era uma turma e tanto –, e Rose e mamãe ficaram próximas. Ela é uma das minhas madrinhas. Rose estava no comando das listas de convidados das boates mais legais da época, clubes como Zanzibar e The Wag. Ela era alta, com ombros largos e não havia como tirá-la do seu caminho se ela se lhe desse as costas. Por isso era conhecida como "The Back" ["as costas"]. Ela era "The Back" e mamãe era "The Shelf" ["a prateleira"].

Foi através da Rose que mamãe conheceu Neneh Cherry, Andrea Oliver e o irmão dela, Sean, e eles se tornaram um grupo de amigos. Alfie e eu crescemos com os filhos deles: a filha de Neneh: Naima; a filha de Andi: Miquita; e os filhos de Sean: Theo e Phoebe. A mãe de Phoebe é Tessa Pollitt, do The Slits. Eu era fascinada por eles. Sempre tinham música em sua casa (Neneh, Andi e Sean eram de uma banda pós-punk chamada Rip Rig + Panic) e sempre parecia que havia algo acontecendo ali: uma refeição sendo preparada ou alguém

MÃES

tendo os cabelos trançados; sempre havia alguém fazendo uma visita e, se não era um parente, ainda assim a pessoa parecia da família e era chamada de tia. Eu passava muito tempo na casa de Miquita. Adorava estar lá porque parecia uma comunidade. Nossa casa parecia chata e solitária em comparação com a deles. Em casa, eu comia macarrão com manteiga e queijo e via TV, muitas vezes sozinha.

Ainda somos todas muito próximas. Miquita e Phoebe foram damas de honra no meu casamento, e Theo dirige nossa gravadora, a Bank Holiday Records.

O casamento de mamãe e papai durou o suficiente para resultar em mim e em Alfie, mas não acho que eles tenham passado muito tempo juntos. Ambos estavam sempre ocupados com suas carreiras e suas vidas sociais. Dedicavam mais tempo a formar amizades com as pessoas que conheciam do que um com o outro. Essa é uma das razões pelas quais sou tão ligada aos meus padrinhos e muitos dos amigos dos meus pais – porque se estávamos passando tempo com meus pais, era provável que eles também estivessem com amigos (geralmente só de um deles). Tenho apenas uma lembrança de mamãe e papai juntos como casal. Eu estava no quarto da mamãe e vi um homem – meu pai – na cama dela. Isso é tudo.

Papai foi embora quando eu tinha quatro anos. Eu não era muito ligada a ele, então, em certo sentido, não foi um grande acontecimento. A ideia, elaborada anos depois, de eu ser "a queridinha do papai" foi inventada pela imprensa. Às vezes, encontro fotos de Alfie e eu quando crianças saindo com nosso pai, mas eram todas ensaiadas: Keith Allen e seus filhos fofos juntos em macacões de corrida de kart! Nós não andávamos de kart com o papai. Foi uma foto promocional para um documentário no qual ele estava envolvido. Keith Allen brincando com seus filhos e segurando um deles de cabeça para baixo! Essa foi outra foto de trabalho quando papai estava no The Comic Strip, um grupo de comediantes da década de 1980 que se tornou conhecido por sua abordagem alternativa para comédia. Não é que não tenha sido próxima do meu pai na infância e adolescência por ter raiva dele ou querer castigá-lo. Eu não o via o suficiente para desenvolver esses sentimentos. Eu não era próxima de Keith porque ele não estava por perto.

Logo depois que papai foi embora, mamãe começou um relacionamento com Harry Enfield. Eles se conheceram em um jantar oferecido pelo meu padrinho, Danny Kleinman, um diretor que minha mãe conheceu quando chegou a Londres e que ainda é um de seus amigos mais antigos e íntimos. Eles eram tão próximos, que Danny frequentemente parecia o pai que eu deveria ter tido. Harry também passava essa sensação. Acho interessante que mamãe soubesse que, apesar de todo o socialismo anárquico de papai, o que ele queria mesmo era ser um comediante rico e bem-sucedido. E ali estava ela, superando o fim com meu pai e indo morar com o comediante de maior sucesso da época. Eu aceitei Harry imediatamente. Pensava: *Bem, se a mamãe está bem, então eu estou bem.*

Eu fazia isso quando era criança: eu aceitava as coisas. É isso que você aprende a fazer quando criança, se as duas pessoas que mais ama parecem ter desaparecido para você. Torna-se alguém que está sempre tentando agradar os outros porque está sempre se protegendo contra novas rejeições. A rejeição foi a névoa em que vivi na infância. Minha reação automática a qualquer situação era: "Tá, tá, eu faço o que você quiser, sinceramente, o que quiser, desde que você fique por aqui". Era uma reação que eu passei a ter também com os homens à medida que fui ficando mais velha e comecei a ter meus próprios relacionamentos.

Harry não era apenas bem-sucedido e rico, ele era gentil e confiável. Ele e mamãe ficaram juntos por cerca de cinco anos e, enquanto moramos com Harry, em uma casa grande e adorável em Primrose Hill, ele nos deu estabilidade e estrutura.

MÃES

Quando éramos crianças, mamãe estava sempre fora, produzindo muitos filmes, no set ou no exterior. O cinema é muito exigente. Filmes exigem a atenção total e praticamente todo o tempo de um produtor, e mamãe dava tudo ao trabalho. Era Harry quem passava tempo com a gente e pensava no que seria melhor, não apenas para ele, mas para nós, como crianças. Todo sábado, ele e eu tínhamos uma rotina. Ele me buscava nas aulas de culinária em que havia me inscrito, depois íamos fazer compras na Gap Kids e então almoçávamos juntos em nosso restaurante chinês favorito.

Mamãe viajava muito por causa do trabalho, mas esse não era o único motivo da sua ausência. Quando eu tinha uns sete ou oito anos, ela começou a usar drogas com uma de suas amigas íntimas. Acho que foi meio que uma fase do uso de drogas de um jeito hilário e descompromissado que lembrava a série *Absolutamente Fabulosas*. Eu acho.

A amiga de mamãe morava na Talbot Road, perto da Portobello Road. Portobello foi um lugar onde minha mãe e eu acabaríamos passando muito tempo, juntas e separadas. Mais tarde, eu moraria naquela esquina com meu padrinho, Danny, e depois com meu namorado por um tempo, Seb, e novamente com outro namorado, Ed. Apartamentos diferentes, mesma esquina.

Dá pra ver pelas janelas das quatro propriedades a partir de cada uma delas, então, eu sinto que aquela esquina é um ponto-chave para mim; um ponto central no meu universo, um dos campos gravitacionais da minha vida. Também não pode ser coincidência. É um daqueles lugares que parece energético para quem vai lá, e é um ímã para todo tipo de pessoa: ricos e pobres, negros e brancos, velhos e jovens. Fica na esquina do Portobello Market e de toda a energia que um mercado vibrante traz para um bairro: é lá que ainda é possível encontrar roupas vintage baratas, bons discos e comidas de rua deliciosas, e onde há todo tipo de cafeterias, lanchonetes e boates que funcionam até de madrugada. Assim, o local inteiro atrai pessoas que, de alguma forma, estão determinadas a expressar suas individualidades e definir seus estilos.

Eu amava a parte oeste de Londres quando era menina. O pedaço de Sarah era Islington, no norte de Londres, e Alfie frequentava uma escola Steiner no norte de Londres, então, ele tinha seus amigos de lá. Mas minhas amigas – Jess, Phoebe e Miquita – e suas famílias haviam se mudado para o oeste, e Portobello era o nosso chão.

Acho que mamãe gostava de usar o apartamento da amiga como um lugar para onde fugir. Ela mantinha o fato de estar usando drogas bem longe de Harry. É uma maneira de se convencer de que se está contendo o hábito, não é? De isolá-lo em um lugar ou em uma parte diferente da sua vida. É também uma das razões pelas quais mamãe viajava tanto. *Não, não, eu estou bem, sério; colocar toda essa merda no meu corpo não é algo que eu faça na minha vida real, é só uma diversãozinha que eu tenho na minha vida paralela, na Talbot Road, ou quando estou trabalhando longe de casa. Meu relaxamento. Um jeito de lidar com a pressão. Sabe?*

Eu sei. Sei como tudo funciona porque fiz isso quando estava casada com Sam. A gente tenta segurar a onda quando está perto do parceiro, mas isso é difícil, e faz a gente se sentir sufocada e, então, planejamos mais uma viagem a trabalho. As viagens são legítimas e são para trabalho – não é uma mentira –, mas há mais viagens do que o necessário. Também não estamos sendo honestos. Prestamos mais atenção à nossa vida profissional para manter o hábito de usar drogas ao custo de negligenciar a família, o que nos faz sentir culpa e planejar mais viagens de trabalho para fugir do sentimento de culpa. É um ciclo exaustivo e destrutivo.

Quando éramos pequenos, mamãe voltava de suas viagens aos Estados Unidos com coisas para abrirmos: pacotes de doces americanos, adesivos, coisas da Disney, roupas de lojas que ainda não havia em Londres. Era um espólio de culpa. Eu ficava empolgada com os presentes, é claro, mas o que realmente me empolgava era:

A gente tenta segurar a onda quando está perto do parceiro, mas isso é difícil, e faz a gente se sentir sufocada e, então, planejamos mais uma viagem a trabalho.

EXATAMENTE O QUE EU ACHO

Mamãe voltou! Mamãe está aqui! Mas, muito rapidamente, ela partia em outra viagem. Era o que mamãe fazia. Eu sabia que ela ia trabalhar e aceitava, mas não sabia o que mais estava acontecendo naquela época. Entendo tudo muito bem agora. A gente deixa os filhos, e isso é doloroso. A gente se sente culpada. A gente se sente desconectada quando volta. Não conhecemos os filhos tão bem quanto deveríamos. Ser mãe deles parece estranho e difícil. Parece mais fácil continuar fugindo. Uma maneira de fugir é beber ou usar drogas. Outra maneira é continuar indo embora. Mamãe fazia as duas coisas. Assim como, mais tarde, eu fiz.

Eu amo a mamãe e sempre inicio histórias ruins sobre ela com o quanto ela é incrível e tenaz, e como realizou tanta coisa, porque é verdade. Passamos por muitas merdas juntas, mas aqui estamos, décadas depois, e ainda somos muito próximas. Então, algumas coisas deram certo.

Mas nem tudo. Quando eu tinha oito anos de idade, ia para uma escola em Camden chamada Cavendish. Mamãe tinha acabado de começar a trabalhar como produtora de filmes na Working Title, e, embora tenha conseguido ajuda conosco, nem sempre tínhamos uma babá ou alguém responsável por nós. Uma dia, na hora de me buscar na escola, como estava ocupada demais usando drogas na casa da amiga, ela telefonou para seu escritório e enviou um mensageiro que trabalhava lá para me buscar na escola e me levar até a casa de sua amiga. O mensageiro nunca tinha me visto antes, mas fez o que lhe foi solicitado. Ele pediu um táxi da Addison Lee, chegou na escola a tempo, pegou Lily, levou-a para o endereço da Talbot Road que minha mãe lhe dera e ficou olhando enquanto ela chamava o interfone e entrava no prédio. Então, ele voltou ao escritório. Lily entrou no apartamento, onde encontrou Alfie, de sete anos, e seu melhor amigo, Theo, vendo TV. Ela sentou e viu TV com eles.

MÃES

Mamãe e sua amiga estavam lá, mas não viram nem notaram as crianças. Elas estavam lá embaixo, juntas. Enquanto isso, momentos depois de Lily ter sido apanhada pelo mensageiro, a mãe de Lily chegou à escola para pegar sua filha. Só que ela não estava lá. O mensageiro havia pegado a Lily errada. A Lily errada estava na casa da Talbot Road, mas ninguém na escola sabia disso. Tudo o que se sabia era que essa Lily havia desaparecido com um jovem – que ninguém tinha visto antes – para dentro de um carro da Addison Lee. Enquanto isso, eu fui deixada na escola. E embora não tenha sido tão difícil desvendar o erro, ninguém atendia o telefone na minha casa (naqueles dias sombrios, a maioria eram telefones fixos), porque não havia ninguém lá. Estavam todos na Talbot Road, muito ocupados vendo TV ou bebendo e usando drogas para perceber o que havia dado errado. Demorou um tempo – horas, não minutos – para as coisas voltarem ao lugar certo e as Lilys serem devolvidas a seus devidos lares.

O incidente me fez sentir mal. Aumentou a minha sensação de que era como se eu não existisse.

Pouco tempo depois, as coisas chegaram a um momento de crise com a mamãe. Um dia, cheguei em casa da escola, e ela estava em seu quarto com vodca e vidros de comprimidos vazios ao redor. Ela estava rastejando pelo chão, dizendo: "A casa está gritando para eu sair". Ela estava muito angustiada. Liguei para Harry. Senti como se estivesse traindo a mamãe ao ligar para ele quando a vi naquele estado, mas não sabia mais o que fazer. "Tem alguma coisa errada com a mamãe", falei ao telefone. "Estou assustada."

***

Concluí os estudos na Cavendish após o sexto ano, aos 11 anos, e de alguma forma consegui uma bolsa de estudos esportiva (no fim

EXATAMENTE O QUE EU ACHO

das contas, eu era muito boa no hóquei) em uma escola preparatória esportiva chique em Somerset, chamada Edgarley Hall.

Eu provavelmente gostava da ideia de um internato porque, por volta dos 11 anos, comecei a ler livros infantis sobre a Segunda Guerra Mundial. Comecei com *Carrie's War* ["A Guerra de Carrie"] e havia então o livro com o memorável título de *When Hitler stole pink rabbit* ["Quando Hitler roubou o coelho rosa"] e, é claro, eu devorei *O Diário de Anne Frank*. Mas os que mais me atraíam eram sobre crianças evacuadas.

Foi a primeira vez, quando criança, que me senti identificada com qualquer coisa. Essas histórias me tocavam porque eu tinha o sonho de ser despachada para algum lugar. Mesmo sendo horrível que aquelas crianças tenham sido arrancadas de suas casas, colocadas em trens e mandadas para a zona rural, o que elas tinham, no final da viagem de trem, eram figuras maternas que cuidavam delas, cozinhavam para elas e as encorajavam a brincar no jardim com outras crianças.

Edgarley Hall, no entanto, não era o idílio que eu havia imaginado. Eu odiava o lugar. Era longe demais de Londres para voltar para casa com frequência e tradicional demais. Eu não entendia as referências à vida de "Sloane Ranger"[3] e não estava familiarizada com os rituais que eram naturais à maioria das crianças de lá: as piadas e maneirismos e códigos – um certo jeito de falar e de comer e de se portar – que se adquire quando você cresce em uma casa de campo grande com serviçais e pôneis e cães e pais arraigados no *establishment*.

Eu me sentia isolada das outras crianças e da minha família, e o sentimento não melhorou quando me deixaram esperando para ser buscada em um sábado à tarde. Quando se está em um colégio interno como Edgarley, é possível ir para casa por um fim de sema-

---

3 Estereótipo no Reino Unido de pessoas jovens, de classe alta ou média alta com traços de estilo de vida distinto e sofisticado.

MÃES

na, duas vezes por semestre. Esses fins de semana, ou "exeats", um em cada metade do semestre, são preciosos. Havia um ônibus que transportava crianças de Somerset para Londres, para que os pais que viviam na capital ou no exterior não precisassem dirigir por horas para pegar seus filhos apenas para dar meia-volta e voltar para casa. Mas quando o ônibus chegou ao Royal Albert Hall, o ponto de chegada designado em Londres, fiquei esperando com a professora alguém para me buscar.

Ninguém apareceu.

Mamãe havia pedido para minha irmã Sarah me pegar. Ela própria estava ocupada demais.

Sarah não apareceu. Eu me senti humilhada, esquecida e sozinha. O rosto da professora parecia um quadro: *de todas as crianças a serem esquecidas, só podia ser você*. Ela testemunhar minha humilhação apenas piorou a situação. Eu tive de entrar novamente no ônibus e voltar para Somerset.

É claro que, mais tarde naquela noite, minha mãe se apressou em reparar a situação e tentar me compensar: ela organizou para um amigo da família que morava perto da escola me buscar no dia seguinte. Mas não era o que eu queria. O que eu queria era que ela entrasse no carro e dirigisse naquela mesma noite, por mais tarde que fosse, me envolvesse em seus braços e me levasse para casa. A situação toda parecia confirmar meus sentimentos de que Sarah e mamãe tinham um vínculo especial do qual eu era excluída. Elas estavam em Londres. Eu estava no internato, fora do círculo mágico das duas. Não tinha permissão para entrar. Eu sempre me ressenti inconscientemente de Sarah por causa do vínculo dela com a mamãe, mas, depois desse incidente, eu tinha um motivo consciente para me ressentir: ela havia me esquecido. *Tudo era culpa dela*.

Eu também culpei Sarah inconscientemente quando Harry e mamãe se separaram em 1996 e nós nos mudamos da casa de Harry para Islington. Sarah se comportava muito mal quando adolescente. Ela era descontrolada. Harry era o terceiro pai em sua vida, e dois já haviam falhado com ela. Ela estava farta quando ele entrou em cena. Tudo era possível. Ela forçou todos os limites que pôde. Parecia mais velha do que de fato era e era alta, magra e linda. Era sensual e inteligente. As pessoas a queriam por perto. Ela poderia entrar em qualquer boate, ir a qualquer festa, e era isso que ela fazia.

Acho que Harry foi paciente por anos, mas chegou a um ponto em que deu à minha mãe um ultimato. Deve ter sido algo do tipo: você precisa dar um jeito na sua filha, ou eu não posso mais continuar morando com você, pelo menos não assim. Mamãe interpretou isso como tendo de fazer uma escolha entre ele e Sarah.

Obviamente, ela escolheu Sarah.

É claro que o término foi mais complicado do que isso, mas foi assim que eu enxerguei.

***

Às vezes, o horário de trabalho pesado da mãe funcionava em nosso favor. Quando eu tinha 14 anos, *Elizabeth*, um filme da mamãe, começou a ser produzido. O filme se tornou um grande sucesso e foi indicado ao Oscar sete vezes, apesar de não ter sido filmado com um grande orçamento ou considerado um material de sucesso com apelo comercial. Era um filme de época dirigido por um diretor indiano desconhecido, Shekhar Kapur, em que mamãe acreditava, e foi o primeiro grande papel de Cate Blanchett fora da Austrália. Mamãe estava bem quando trabalhou em *Elizabeth*. Estava sóbria e obtendo sucesso. Como eu estava mudando de escola, ela providenciou que eu viajasse com ela e tivesse aulas no set.

Eu tinha orgulho de mamãe e adorava estar com ela em seu mundo, mesmo que ela estivesse ocupada demais para realmente passar tempo

MÃES

com a gente. Ela era a chefe naquele set de filmagem. Foi ela quem montou tudo aquilo e era ela quem estava fazendo o espetáculo acontecer. Ninguém sabia o que aconteceria com o filme ou o sucesso que ele faria, mas dava para dizer que era incrível no dia a dia. Sarah, Alfie e eu tivemos papéis no filme como membros da corte, mas se eu não estivesse vestida e no set, ficava com a maquiadora Jenny Shircore, que eu conhecia desde pequena, porque ela fez muitos trabalhos com minha mãe e meu pai ao longo dos anos. Ela cuidava de mim. O pessoal de cabelo e maquiagem (quase sempre são mulheres) são sempre os mais agradáveis num set de filmagem.

Mamãe também gostava de sair com elas. Na noite do Oscar, em Los Angeles, Eric Fellner e Tim Bevan, que encabeçam a Working Title e também foram produtores do filme, não colocaram mamãe ao lado deles, de Shekhar e dos astros do filme. Colocaram ela, Jenny e Alexandra Byrne, que fez os figurinos, em assentos no fundo da sala, apesar de todas terem sido indicadas ao Oscar. Mamãe não se importou. Ela ficou animadíssima em se sentar com suas amigas e, no final, Jenny foi a estrela do show, porque foi a única que de fato ganhou um Oscar por *Elizabeth*. Mas eu achei estranho ver Tim e Eric, dois homens que raramente visitavam o set, sentados no que eles consideravam os assentos principais e levando todo o crédito.

Teve um dia estressante no set. Foi um dia de grande produção, com muita coisa acontecendo. Acho que estavam filmando uma cena complicada de dança na corte, com Cate e Joseph Fiennes no centro da ação. Eu fiz algo irritante no set. Não me lembro o quê, mas distraí Cate, e ela gritou comigo. Cate costumava ser agradável, mas havia muita pressão em cima dela naquele dia. Não foi grande coisa, só que eu tinha 14 anos e, para mim, foi grande coisa, sim. Eu fiquei horrorizada e envergonhada. Fui até o trailer da minha mãe e escrevi uma carta de desculpas de duas páginas.

No mais, adorei a experiência de estar no set com mamãe enquanto ela trabalhava e adorei interpretar a Moça à Espera E. Mas nem uma vez naquele set eu pensei que gostaria de me tornar atriz. O fato é que não sou uma performer nata.

Estar no palco diante de uma plateia não é fácil para mim, e não é o aplauso que me empolga quando estou lá. Não estou na minha zona de conforto naquela plataforma, de jeito nenhum. O que eu amo é ver as pessoas se conectarem com as letras que eu escrevi. Quando vemos que as pessoas decoraram e estão cantando as palavras que escrevemos, é incrível; ver mesmo que uma única pessoa reagindo às nossas palavras. O fato de eu também poder entretê-los é um bônus. É *isso* que me pega e me faz querer subir ao palco. Mas o palco não é onde me sinto em casa. Claro, eu poderia melhorar meu lado performático. Eu poderia escrever refrões maiores ou colocar mais trechos chiclete nas minhas músicas ou ter mais aulas de dança e aprender mais sobre movimentos e me contorcer pelo palco, mas não é por isso que subo lá.

Eu subo ao palco para cantar canções que escrevi. Escrever músicas é catártico, mas nada se compara a outra pessoa reagindo a elas. Parece um alívio. Quando escrevo, o que estou tentando fazer é entender algo da minha vida. Muitas vezes, é algo que não consegui resolver. Então, quando as pessoas se conectam, parece que estão dizendo: *Sim, eu entendo, e não, você não está sozinha, e está tudo bem, você não está ficando louca, e sim, eu também já me senti assim.*

Fico mais feliz trabalhando nos bastidores. Nesse sentido, sou como minha mãe. Ela faz isso encontrando material e montando uma equipe. Eu faço isso escrevendo e compondo uma música. Meu pai é diferente. Para ele, tudo é performance. Ele é um narcisista. Gosta de gente olhando para ele por qualquer motivo – bom ou mau, tanto faz – o tempo *todo*.

Estar no palco diante de uma plateia não é fácil para mim, e não é o aplauso que me empolga quando estou lá.

PAIS

Eu não sabia muito sobre papai quando era mais nova, exceto que ele era ator. Ele não tinha sucesso comercial. Ele era e é brilhante no que faz – escrever, atuar, fazer comédia, *stand-up* –, mas se sabota. Eu entendo, porque faço a mesma coisa. Ele fez parte do grupo The Comic Strip nos anos 1980, e eu o ouço ser homenageado por comediantes daquela época como um de seus heróis, mas, ao contrário de muitos deles, ele não conseguia canalizar seus dons cômicos para uma carreira propriamente dita. Na época, ele fazia um show solo no Docklands, em que subia ao palco nu e não fazia menção a isso pelos primeiros 12 minutos ou mais, e as pessoas ainda falam comigo sobre isso. Ninguém havia feito nada assim antes. Ele era novo, original e anárquico, mas não conseguia manter nada. Afinal, manter algo dá trabalho. Você pode ser brilhante uma vez, mas continuar fazendo isso é difícil e intimidador, e acho que era disso que ele tinha medo: continuar.

Papai conseguia ser encantador. Ele é inteligente. Era bonito. Quando penso nele na nossa infância, lembro principalmente dele

EXATAMENTE O QUE EU ACHO

nos levando a lugares – ele dirigia um Citroën – e nos largando por lá. Em qualquer lugar, na verdade: a banca de suco e nachos em Camden, administrada por um amigo dele, ou geralmente o Groucho Club. Às vezes, Alfie e eu passávamos fins de semana em um dos quartos de hotel do Groucho, comendo Toblerones do frigobar enquanto papai se embebedava no bar no térreo com os amigos.

O Groucho fez parte da minha vida desde muito pequena. Eu já sabia o número do telefone de cor aos seis anos. O quanto isso é deprimente? O nome também me parece verdadeiro, porque de fato é um clube do qual não quero fazer parte, e ainda assim eles me aceitam como sócia. Deus é testemunha de quanto tempo eu passei lá, o suficiente para, uma ou duas vezes ao longo dos anos, ser impedida de entrar por um mês depois de ser pega usando drogas no banheiro. Mas quando éramos crianças, um quarto de lá era o que papai considerava cuidar dos filhos. Papai não fazia muito disso – cuidar dos filhos, no caso. Na maior parte das vezes, quando era papai quem devia cuidar de nós, o que havia eram cancelamentos, desculpas e decepções.

Uma vez, ele se ofereceu para ajudar minha mãe, quando ela estava fazendo seu primeiro filme, *Escute minha canção*. Eles ainda estavam juntos, na época. O filme foi feito na Irlanda, e mamãe nos levou para lá enquanto trabalhava, nos matriculando na escola e na creche local, em Leixlip. Eu tinha quatro anos, Alfie, três, e Sarah, dez.

"Alison", imagino que ele tenha dito, "você está estressada. Vou levar as crianças para uma viagem de uma semana pelo sul da França, para que você possa continuar seu trabalho."

"Obrigada, Keith", ela deve ter respondido, presumivelmente surpresa por ele ter se prontificado. "Ajudaria bastante. Obrigada."

Papai havia reservado um hotel entre St. Tropez e Nice, e, quando fomos para o nosso quarto, descobrimos que sua amiga Nira, que trabalhava pro The Comic Strip como secretária da empresa, estava hospedada no quarto ao lado. Eles fizeram toda a cena: "Nossa, que estranho ver você aqui! Você está de férias? Você está com alguém? Fique conosco", mas não havia como enganar Sarah.

Alfie e eu acreditamos. Mas Sarah sabia. Papai e Nira já estavam tendo um caso. Eles planejaram a viagem para ficarem juntos. Logo depois disso, papai e mamãe se separaram, e mal víamos papai. Talvez mamãe, brava, tenha dito: "Você não vai ver as crianças!", ou talvez ele simplesmente não quisesse nos ver. Eu me lembro principalmente dele saindo do nosso apartamento em Bloomsbury, para longe de nós, sua família, e se mudando para um pequeno apartamento na Waldo Road, no noroeste de Londres, com um porco chamado Morris. Também não era um porquinho ou um daqueles barrigudos pretos, mas *a droga de um porcão rosa*, gordo e genuíno, da raça Gloucestershire Old Spot. Imagino que, pelo menos durante um tempo, os dois tenham sido felizes juntos.

Papai não gostou quando mamãe foi morar com Harry. Era horrível com ele. Chamava Harry de babaca. Pois é, papai. Você deixou mamãe em um buraco com três filhos para cuidar e Harry, que todo mundo adora e que *não* usa cocaína, assumiu sem reclamar a família que você abandonou. Que babaca.

Papai e Nira se casaram quando eu tinha 11 anos.

O casamento foi em uma igreja em Haverstock Hill, em Hampstead. Alfie cantou "Where is love?", do filme *Oliver!* Eu cantei a música que ficou famosa na voz de Bette Midler, "The Rose". A letra fala "há quem diga que o amor é um rio que afoga os juncos tenros". Eu tinha acabado de começar a ter aulas de canto na escola e gostei delas imediatamente, embora ainda não tivesse ideia de que usar minha voz se tornaria minha vocação. Meu avô estava sentado na primeira fileira. Ele tinha sido tripulante de submarino na Marinha Real por toda a vida, passando meses fora de casa, no fundo do mar, distante da família. A mãe de meu pai era galesa e de uma família grande e calorosa, mas o pai era de uma família inglesa rigorosa que valorizava a disciplina mais do que a alegria. Era um homem atarracado e forte. Não era um homem de espírito livre. Perto dele, estava Damien Hirst e, do outro lado do corredor, Eddie Izzard, usando botas de PVC na altura da coxa. Foi esse tipo de casamento.

O casamento não durou. Meu pai também não foi fiel a Nira.

Por exemplo, quando eu estava viajando pela Tailândia, em 2002, conheci uma garota na praia e conversamos. Ela disse: "Sabe, acho que talvez você conheça minha irmã, Tara. Ela costumava sair com seu pai". Eu me lembrei de Tara imediatamente, no instante em que ouvi o nome. Tara era a jovem que preparava os chás nos jogos de críquete para os quais meu pai nos levava quando ele e mamãe ainda estavam juntos. Ela tinha cabelos loiros descoloridos, usava batom vermelho intenso e tinha uma pinta no rosto, que nem a Madonna. Era incrivelmente sensual. Sem pensar, eu disse à garota: "Eles tiveram um caso, né?".

"Sim", respondeu a irmã de Tara de maneira direta. "Isso mesmo."

E eu pensei: *Bem, então é isso.* Mesmo aos três anos de idade, eu sabia em algum nível que algo não estava certo. Mas, por outro lado, você poderia mencionar qualquer mulher com quem meu pai "tenha saído" e é provável que ela, se estivesse disposta, tenha transado com ele. Parece que muitas mulheres estavam dispostas. Os galinhas transam bastante, não é? Quem tenta bastante acaba conseguindo.

Acho que papai tem cerca de onze filhos no total. Ou talvez sejam treze. Ou talvez eu esteja exagerando e sejam oito ou nove. Não sei. Somos eu, Alfie e minha meia-irmã Teddie, cuja mãe, Tamzin, está com o papai há 15 anos. Mas há muitos outros, alguns dos quais são semioficiais e outros sobre os quais não sabemos muito, mas de quem papai foi pai da mesma maneira.

Ainda vejo meu pai, mas aprendi ao longo dos anos que tudo gira em torno dele. Então, tudo bem, é como as coisas são. Parei de tentar

Parei de tentar brigar e me esforçar para encontrar um espaço livre no universo dele. Não existe.

EXATAMENTE O QUE EU ACHO

brigar e me esforçar para encontrar um espaço livre no universo dele. Não existe. Tenho certeza de que, quando pensa em como cuidou de mim, ele pensa: *Bem, eu fiz um trabalho melhor do que meu próprio pai. Eu não fui frio ou sem alegria. Não fui um cretino rígido. Fui divertido. Levei meus filhos para o futebol e para o críquete, mesmo que estivesse tendo um caso com a loira que fazia os chás. Eu era engraçado. Fiz valer os bons momentos.*

Papai estaria certo de várias maneiras, se pensasse isso. Ele compensou pelo que lhe faltou quando criança e se comportou de maneira diferente do próprio pai. Mas não importa o quanto alguém é divertido se esse alguém não estiver por perto. Ou se, quando estiver por perto, quiser apenas que todas as risadas sejam dirigidas a ele. Ir ao futebol com seu pai pode ser divertido, é claro, mas quando, toda vez, você é um apêndice enquanto ele se diverte com os amigos, o passeio perde parte do valor. Passei anos tentando gritar: *Papai! Eu estou* aqui! *O que preciso fazer para que você olhe para mim?* Nunca consegui. O que quer que eu fizesse, por mais bem-sucedida ou escandalosa que tenha me tornado, de qualquer maneira, jamais consegui que meu pai me desse atenção, nem como criança nem como adulta.

A ficha caiu com força quando toquei no Latitude, em julho de 2014. Eu era a atração principal do festival, o que é muito importante, pelo menos para a maioria das pessoas. Os festivais não convidam cantoras mulheres para esse posto com frequência – o que é uma pena – e, na verdade, só me convidaram para ser a atração principal no último minuto, depois que a atração original, o Two Door Cinema Club, cancelou porque o vocalista estava doente. Eu estava especialmente nervosa porque havia saído notícias de como alguns fãs do Two Door Cinema Club ficaram indignados ao receberem Lily Allen no lugar de sua banda favorita.

Papai estava no Latitude. Como era o encarregado de organizar a tenda de comédia do festival havia anos, era uma presença constante lá. Depois de Glastonbury, havia se tornado algo dele. Ele foi me ver no camarim antes de eu subir ao palco, mas depois disse que precisava sair de lá. "Boa sorte!", ele disse. "Estou saindo." Fiquei chocada que ele estivesse indo embora. "Tenho minhas próprias responsabilidades aqui, Lily", explicou ele. "Um trabalho a fazer no meu próprio palco."

"Papai", eu disse. "Não acho que alguém na Tenda da Comédia vá achar ruim se você disser 'sabe, pessoal, sei que esta tenda é minha, mas vocês podem segurar a onda por uma ou duas horas enquanto eu vejo minha filha liderar o festival em que todos estamos?'" Eu estava meio que dizendo: "Sinto muito, pai, mas não estou engolindo essa".

Lembro de pensar: Como diabos eu devo interpretar ele ir embora, a não ser como algo bem fodido?

Fui parabenizada por pessoas que estavam lá me assistindo: meus amigos, minha madrinha Henrietta, meu amigo Matthew, que me enviou uma mensagem de texto assim que terminei, dizendo o quanto estava orgulhoso de mim e como chorou enquanto me via e me lembro de pensar: *Eu quero isso do meu pai, que estava bem aqui, a um campo de distância de mim, mas não veio me ver fazer um dos shows mais desafiadores e importantes da minha carreira.*

Foi assim com meu pai a vida toda. Ele estava lá, por perto, na mesma cidade que nós, às vezes no mesmo prédio, mas nunca *conosco*. Estava sempre lá embaixo no bar com seus parceiros, perseguindo mulheres ou indo atrás de drogas. O que ele queria era atenção, o tempo todo. Não estava interessado em prestar atenção em nós. Em vez disso, nós vivíamos à margem da vida dele, e ali permanecemos.

Provavelmente, então, não é coincidência que uma das coisas por que eu ansiava ao atingir a idade adulta fosse ser o centro das atenções. Dá pra supor o mesmo do fato de eu ser atraída por homens mais velhos, com uma subsequente dependência emocional, não ser capaz de dizer não e ter o hábito de querer agradar as pessoas, assim como o desrespeito à autoridade. Essa última característica – que, acredito, se deva em parte ao fato de meu pai não ser confiável como qualquer tipo de voz de autoridade, além de ela estar gravada em meu DNA, já que sou filha de um comediante socialista anarquista que nunca deu a mínima por alguém que não fosse ele mesmo (risos) – provou-se particularmente contraproducente quando se tratava de minha educação.

Escute minha canção, o primeiro filme da minha mãe, por sinal, foi um sucesso. Diana, a princesa de Gales, foi à estreia. Eu entreguei um buquê de flores a ela. Alfie tinha uma caixa de lenços para entregar também, mas, de alguma forma, prendeu o pinto no zíper da calça momentos antes de conhecê-la. Ele estava chorando quando ela se aproximou.

"Você está bem?", perguntou ela.

"Não", ele respondeu. "Prendi meu pipi no zíper."

UMA EDUCAÇÃO

No total, eu frequentei nove escolas diferentes. A primeira foi uma primária pública chamada St. Joseph's, em Bloomsbury, enquanto morávamos nas dependências da minha mãe na UCL. Quando nos mudamos para um apartamento em Shepherd's Bush, uma amiga de mamãe, Siobhan, a convenceu a nos mandar para escolas particulares. Sarah e eu fomos para Queensgate, porque era onde a filha de Siobhan, Jess, estava inscrita. Quando mamãe se casou com Harry, eles nos passaram para uma escola ultratradicional em Chelsea chamada Hill House, onde as crianças usam uniforme de calça e meias cor de mostarda, parecendo que vão caçar na Escócia. Isso não durou muito, então fui transferida para uma escola primária mais local em Camden, chamada Cavendish.

Eu gostava da Cavendish. Foi onde fui incentivada a cantar pela primeira vez. Tinha uma professora lá chamada Rachel Santesso, e foi ela quem me deu as primeiras aulas de canto. A srta. Santesso era ótima. Eu gostava muito dela. Fiz meu primeiro solo na Cavendish também, e isso foi importante porque foi algo que fui escolhida para fazer. Para uma criança que se sente invisível, isso é incrível. A música era "Baby Mine", do filme *Dumbo*. A diretora da Cavendish também era uma pessoa gentil. Ela demonstrava, sem grandes cerimônias, que estava cuidando de mim. Mas a Cavendish era uma escola primária, e acabou quando completei o sexto ano e tinha 11 anos de idade. Foi depois disso que fui para o internato de Edgarley Hall.

Posso não ter gostado de Edgarley ou ficado lá por muito tempo, mas meu tempo lá foi importante, porque a escola levou a sério minha habilidade como cantora. Na Edgarley, tive aulas de canto propriamente ditas, que começavam fazendo escalas e ensinando a cantar árias e terminavam, uma vez feito o trabalho duro, cantando algo mais acessível, como uma canção de algum musical. Como a Edgarley era uma escola esportiva e poucas crianças gostavam de teatro ou canto, meu canto se destacou. No entanto, havia outra boa cantora lá. Ela se chamava Olivia e estava um ano acima do meu. Ela era loira, alta e extremamente bonita, e todos os meninos a adoravam. Quando cantamos juntas em uma reunião de alunos, ela cantou "The Rose", e eu cantei "Somewhere", de *Amor, Sublime Amor*. (Foi por isso que escolhi cantar "The Rose" no casamento de papai e Nira. Não foi pela letra, por mais apropriada que possa ter sido, mas porque eu queria tirar Olivia do topo e reivindicar sua música como minha.)

Ainda assim, por mais que eu tivesse inveja de Olivia, fui eu quem foi escolhida para cantar solo no concerto de Natal da escola na Catedral de Wells. A canção foi "In the Bleak Midwinter" ["No meio do inverno sombrio"], e o título não poderia ter sido mais adequado, porque, no caminho de Londres para Wells, mamãe e Alfie sofreram um acidente de carro e aquela foi, de fato, uma noite sombria. (A canção de Natal também adquiriu um significado extra anos depois, quando me mudei para Gloucestershire com Sam, porque descobri que Gustav Holst se inspirou para escrever a música por suas visitas de infância a Cranham, nosso vilarejo mais próximo.)

Eu achava que mamãe e Alfie estivessem me observando de um dos bancos da catedral, mas, quando voltei para a escola com o resto dos alunos, era a única criança cuja família não havia comparecido. Então imaginei que havia sido esquecida de novo, mas, logo quando estava começando minha cena de autopiedade, o Sr. McGuire, o diretor da casa, me chamou de lado. Ele explicou que mamãe tivera de desviar para evitar um caminhão que dirigia perigosamente no meio da estrada. Seu carro compacto havia caído em uma vala, e ela e Alfie precisaram ser retirados do carro e levados para o hospital. Alfie estava bem – abalado, mas não ferido –, mas mamãe havia rasgado o lábio inferior com os próprios dentes e estava levando pontos.

Eu me senti péssima ao saber disso. Também fiquei com ciúme de Alfie. Sim, ele havia sofrido um acidente de carro horrível e assustador, mas estava com mamãe, e estava com ela no hospital agora. Eles haviam passado por uma provação juntos e seria algo que eles compartilhariam, enquanto eu só poderia ouvir sobre a experiência de fora.

Deixei Edgarley depois de dois semestres, porque estava infeliz. O novo local depois de Edgarley acabou sendo uma escola preparatória chamada Dunhurst por um semestre letivo e, então, quando eu tinha 12 anos e setembro chegou, foi a vez da Bedales.

Várias vezes, logo que fiquei famosa e algum jornalista escrevia algo negativo a meu respeito, um dos clichês preferidos era me acusar de ser uma farsa. Achavam que eu fosse durona? Com minhas roupas, meu sotaque londrino e minhas opiniões grosseiras e desbocadas? Lily Allen, durona? Lily Allen, que frequentou um colégio interno chique como Bedales? A quem eu estava enganando? "Bebê chorão privilegiado", disse Julie Burchill em 2011. "Babaca de escola pública", ela continuou. "As coisas obviamente são diferentes em Bedales", disse ela, para explicar algo que eu havia dito ou feito.

EXATAMENTE O QUE EU ACHO

Às vezes, encontro pessoas que estiveram em Bedales, e elas me olham com certo tipo de admiração cautelosa, porque minha rebeldia lá se tornou uma lenda. "Ouvimos dizer que você colocou ácido na máquina de leite", dizem. Mas, na verdade, eu não fiz nada grandioso ou dramático assim.

De muitas maneiras, eu poderia ter me encaixado muito bem lá. Bedales é conhecida como uma escola artística e por dar tanta importância às atividades extracurriculares que oferece – de fotografia a assar pães – quanto ao currículo nacional que é obrigada a lecionar. Continuei cantando lá e comecei a aprender a cantar jazz – improvisando e fazendo *scat* com a voz enquanto alguém tocava piano.

Havia também um professor de quem eu gostei imediatamente. Ele se chamava Alastair Langlands e ensinava Literatura Inglesa e Estudos Clássicos. Ele não era um professor jovem ou descolado – estava na casa dos 60 anos e usava calça e paletó de tweed –, mas encarava o ensino como uma espécie de contação de histórias, o que eu adorava. Para suas aulas sobre clássicos, ele colocava quadros brancos nas paredes da sala de aula e, em vez de limpá-los ao final de cada aula, ele os preenchia mais e mais com os nomes dos personagens que estávamos aprendendo na mitologia grega e como todos se conectavam. Isso ajudava a minha memória, que é visual.

Da mesma forma, para nossas aulas de inglês, quando nos ensinou *The Day of the Triffids* ["O dia dos Triffids"], escrito por John Wyndham, que morou perto da escola, o Sr. Langlands nos levou para o ar livre para ler trechos do livro. Assim, ouvimos as palavras sentados na própria vegetação que havia inspirado Wyndham. Isso me ensinou que a narração de histórias pode ser pictórica e visual, e é uma lição que ainda uso nas minhas composições. Não quero escrever sobre um sentimento em particular ou me limitar a um refrão nas canções – *"Ah, meu coração partido; nossa, como eu te amo…"* etc. Em vez disso, tento construir camadas de detalhes – como as sacolas de supermercado que a velhinha em

UMA EDUCAÇÃO

"LDN" tem dificuldades para carregar; como o porão dos pais, onde meu "URL Badman" fica no computador, na música com seu nome – para mostrar uma imagem completa e contar uma história.

Mesmo assim, apesar de tudo isso, não consegui ficar em Bedales nem por um ano letivo completo e, enquanto estive lá, não me dediquei muito nem fiz muitos amigos da minha série. Isso porque, no verão antes de ir para lá, passei férias em Maiorca com a mamãe e sua amiga Siobhan e lá havia todo um bando de crianças e adolescentes com quem eu saía. Um dos garotos estava entrando no último ano em Bedales. Ficamos amigos e, quando começou a escola, os amigos dele se tornaram meus amigos.

As outras meninas não gostaram muito disso.

Internatos têm hierarquias. Rituais e privilégios são cruciais. É preciso subir lentamente na hierarquia para ganhar pequenas liberdades, como uma torradeira para a sala de convívio, luzes apagadas mais tarde ou acesso a mais tempo de televisão. E não é aceitável, se você for uma garota nova recém-chegada à escola, pular direto para sair com os meninos alfa do sexto ano superior. Eu não me importava. Nosso bando de amigos costumava sair e fumar cigarros e, uma vez por semana, nas quartas-feiras à tarde, íamos à cidade e comprávamos uma caixa de vinho com o cartão da loja John Lewis que um dos meninos havia roubado da carteira da mãe. Depois, sentávamos na floresta perto da escola, nos embebedávamos e deixávamos os meninos nos tocarem.

Tudo isso era ok, mas dois problemas surgiram à medida que o ano letivo avançava:

1) eu me dei conta de que meus amigos legais e mais velhos, todos no último ano, logo estariam saindo, e eu seria deixada para trás com o resto da escola que se ressentia de mim. Isso me deixou extremamente ansiosa. E 2) quando junho estava para chegar, a escola disse que não me deixaria ir a Glastonbury.

Nosso bando de amigos costumava sair e fumar cigarros e, uma vez por semana, nas quartas-feiras à tarde, íamos à cidade e comprávamos uma caixa de vinho com o cartão da loja John Lewis que um dos meninos havia roubado da carteira da mãe. Depois, sentávamos na floresta perto da escola, nos embebedávamos e deixávamos os meninos nos tocarem.

UMA EDUCAÇÃO

Eu fui, mesmo assim.

Acho que foi aí que Bedales ficou tipo: Não, não podemos mais ter essa pessoa em nossa escola. Em julho, eu havia sido expulsa.

Eu não ia perder Glastonbury.

Além disso, a essa altura eu sabia que podia sair de uma escola e começar outra. Vagar entre um lugar e outro estava quase se tornando um hábito. Eu traduzia meu sentimento de total desencanto (que era, acho, em relação a ser criança, ponto) em aversão à instituição em particular na qual eu estava. "Não está dando certo, mamãe", eu dizia sobre qualquer escola que frequentava. E como estava ocupada nos Estados Unidos e não muito envolvida com o que estava acontecendo de fato, ela apenas tentava resolver o problema imediato que eu estava lhe apresentando. "Claro, querida", ela dizia. "Você pode sair. Vamos colocar você em outro lugar."

Não estou dizendo que não merecia as críticas de Burchill. Provavelmente merecia. E de fato frequentei Bedales (por dois semestres e meio), mas me definir por uma das muitas escolas que frequentei, e da qual nunca me senti parte, não foi justo nem totalmente preciso. Por isso me ressenti do artigo de Julie Burchill e de como ela diminuiu e menosprezou meu trabalho, dizendo que ganhei tudo de bandeja. Keith Allen, chique? O Britpop pode ter tido a ver com cultura popular aparentemente unificando diferenças de classe, mas é exatamente essa a questão: diferenças de classe. Eu não nasci na elite. Claro, eu tinha conexões com a mídia por meio dos meus pais e passe livre na porra do Groucho Club, mas consegui ter uma carreira apesar disso e da minha educação – não por causa dessas coisas.

A educação que recebi certamente não me proporcionou nenhum treinamento ou qualificação útil. Eu não prestei nenhum exame vestibular, fosse A-level ou GCSE. Eu nunca fiz dever de casa. Nunca aprendi como fazer. Como ninguém nunca sentou comigo para isso,

EXATAMENTE O QUE EU ACHO

o dever de casa simplesmente ficava por fazer, embora tenha se tornado uma bola de preocupação dentro de mim: o dever de casa que eu nunca, nunca fiz.

Isso fazia parte do padrão da minha infância: a sensação de estar sempre despreparada. Por exemplo, quando fui para o internato pela primeira vez, todas as meninas tinham coisas como absorventes e desodorante. Ninguém me deu nada disso ou me ensinou como me cuidar, mesmo nas formas mais básicas. Acho que essa é outra razão pela qual eu, adulta, me apegava tão rapidamente aos homens e ficava, tipo, *Você! Você vai cuidar de mim agora!* Quando criança, eu ansiava pela idade adulta, mas, conforme fui ficando mais velha, parte de mim queria continuar criança para poder preencher o que sentia que faltava na minha vida: eu queria ser cuidada.

Depois que fui expulsa de Bedales, minha mãe tentou fazer com que eu continuasse meus estudos. Frequentei alguns cursinhos de Londres que ensinam o currículo por hora, sem os cuidados ou a estrutura de uma escola regular. São direcionados principalmente a quem foi reprovado nos vestibulares e precisa estudar uma ou duas matérias antes de refazer os testes.

A maioria dos frequentadores dos cursinhos a que fui eram londrinos safos. Eu havia acabado de sair do colégio interno e, embora me sentisse londrina demais para uma escola do interior, agora que estava de volta a Londres, me sentia um caipira do campo. Havia uma valentona no cursinho que mexeu comigo desde o primeiro dia. Como eu não sabia como lidar com isso, contei à minha irmã Sarah e sua melhor amiga, Emily, sobre ela. As duas frequentavam uma escola diurna em Londres e eram safas até demais.

"O quê?", elas disseram, indignadas. "Tem uma garota incomodando você?"

No dia seguinte, elas foram ao cursinho comigo.

"Nos mostre quem é a menina", elas disseram, e eu obedeci.

UMA EDUCAÇÃO

"Você está fazendo bullying com a nossa irmã?", as duas disseram para a garota.

"Não, não", ela respondeu, subitamente intimidada.

"Diz que não de novo", disse Emily, claramente se divertindo. "Diz na minha cara." Ela agarrou os óculos da valentona e os jogou no chão, os despedaçando em seguida. As duas bateram nela, não muito, mas o suficiente para assustá-la.

No dia seguinte, a diretora do cursinho, uma mulher chamada Julia, me chamou em sua sala.

"Você esteve envolvida no incidente de ontem?", ela perguntou.

"Não", menti. "Não tive nada a ver com aquilo."

"Vou perguntar de novo", disse ela. "E desta vez quero uma resposta honesta."

"Não", repeti. "Eu não toquei nela."

Então ela ligou a TV da sala e me mostrou uma filmagem das câmeras de segurança: Emily e Sarah espancando a valentona, comigo parada ao lado, assistindo à cena e rindo.

Foi meu último dia no cursinho.

"O que você vai fazer agora?", Julia me perguntou, enquanto me mandava sair.

"Quero ser cantora", respondi. Foi a primeira vez que disse isso em voz alta, e não estava falando sério. Eu nem sonhava em dizer, na época, que cantar era algo em que eu era boa o suficiente para levar a sério. Para mim, isso teria sido uma espécie de arrogância bizarra, que exigia o tipo de confiança que eu não tinha. Cantar? Eu nem havia feito aulas de palco. Ser cantora, tipo uma cantora conhecida? Até onde eu sabia, isso era coisa de conto de fadas. Era Whitney Houston sendo vista em seu coral gospel na igreja e depois sendo apresentada a alguém famoso e poderoso como Clive Davis, que agitaria sua varinha mágica e a tornaria famosa. Se isso fosse acontecer em meu mundo, não seria eu quem seria descoberta, de qualquer maneira; seria a garota mais bonita, mais loira, mais alta... a Olivia da Edgarley, digamos. Mas não eu.

Eu sequer nutria pensamentos secretos sobre ser essa a minha vocação – não naquela época. Eu sabia que era capaz de cantar. Eu sabia até que tinha talento, mas não estava preparada para assumir esse risco ou trabalhar pra caramba para melhorar nisso. Eu nunca disse à minha mãe: "Olha, na verdade eu quero ir para a escola de teatro Anna Scher ou para a BRIT School for Performing Arts em vez de outro internato chique", porque sempre que pensava nesses lugares, pensava que nunca entraria nessas escolas, e a última coisa que eu queria era me arriscar a sofrer qualquer tipo de rejeição.

Então, por que eu disse aquilo? Eu disse porque tinha de dizer *alguma coisa*, e pareceu lógico dizer a minha melhor hipótese para Julia; para pressioná-la com a única coisa em que eu sabia ser excelente: cantar. Sabia que ela não me levaria a sério, e estava certa. Além disso, eu sabia que nunca a veria novamente, então, não precisaria cumprir minha palavra, de qualquer maneira.

Exatamente como pensei, Julia pareceu encantada com minha resposta. Era muito fácil de descartar. "Se ainda não aconteceu, querida", ela disse, com acidez na voz, "não vai acontecer".

Julia! Eu não devia ter deixado minha irmã bater em alguém e não devia ter dado risada ou mentido, mas o que quer que eu não tivesse (um senso de identidade, integridade moral, qualquer tipo de educação útil, um conjunto de habilidades sequer), o que eu tinha pela frente era tempo. Eu tinha quinze anos de idade! Teoricamente, a única coisa que eu tinha era muito tempo para me tornar ou não cantora.

(Nota: se você ler a lista de agradecimentos do meu primeiro álbum, verá o nome de Julia lá. Agradeci a ela por me estimular. Sua descrença em mim me fez trabalhar mais.)

"Se ainda não aconteceu, querida", ela disse, com acidez na voz, "não vai acontecer".

EXATAMENTE O QUE EU ACHO

***

Depois disso, não houve mais escola. Como minha mãe não me deixava ficar sentada o dia todo vendo TV (que era minha tendência), consegui um emprego como mensageira na Princess Productions, a produtora de televisão da minha madrinha, Henrietta Conrad. Eu não tinha nenhuma grande ambição de trabalhar na TV, mas também não tinha *nenhuma* grande ambição. Em vez disso, passei de um lado para o outro nos anos seguintes. Fui mensageira. Fui garçonete – arrumei um emprego limpando mesas e recolhendo pratos em um restaurante chamado Latymer Place e depois no 192, o restaurante em Ladbroke Grove onde todo mundo descolado do mundo da mídia se encontrava para fofocar e fazer contatos durante almoços, drinques e jantares. Era como o Groucho Club do oeste de Londres.

Não tenho certeza se sequer era paga para trabalhar no 192, mas conheci uma garota mais velha, uma garçonete chamada Willow, que era a namoradinha do restaurante, por quem eu tinha uma queda e queria ter por perto. Lembro de ver Paula Yates lá, comendo o que viria a ser uma de suas últimas refeições – certamente a última em público – antes de ela ter uma overdose de heroína. Dava para ver que ela estava em apuros só de olhar para ela. Tive que falar com a polícia sobre tê-la visto, como parte da investigação de sua morte. Ela estava acompanhada no almoço por um cara que todos sabíamos ser traficante de heroína. Os dois saíram juntos do restaurante. Foi uma visão triste.

Mas, apesar de minhas ocupações temporárias, o que eu disse a Julia não foi um comentário aleatório de "vá à merda". Não poderia ter sido. Eu talvez ainda não estivesse me levando a sério, mas dizer algo em voz alta é importante. Significava que a ideia de cantar devia estar começando a se alojar ao menos um pouquinho na minha cabeça. Principalmente, quando pensava em mim mesma e o meu futuro, o que eu pensava era o seguinte: *Tenho 17 anos e não faço ideia de quem sou ou do que vou fazer da minha vida.*

Mas os 17 foram uma idade importante para mim. Foi nesse mesmo ano que conheci duas pessoas que mudaram a minha vida. Um foi um homem chamado George Lamb – e chegaremos a ele. O outro foi Lester.

UMA LIÇÃO

Conheci Lester através de minha melhor amiga, Jess. Ela era amiga da prima dele, Becca, e eles faziam parte de um grupo fechado de amigos, irmãos e primos que andavam juntos na zona oeste de Londres. Todos, ao que parecia, descendiam das mesmas famílias boêmias aristocratas que comandavam a vida descolada de Londres na década de 1960, e todos pareciam compartilhar a combinação inconfundível de tédio, privilégio e falta de propósito que caracteriza os filhos de famílias muito ricas.

O avô de Lester era David Ormsby-Gore, que tinha o título de lorde Harlech. Ele era uma figura lendária. Glamoroso, urbano e inteligente, ele era o embaixador britânico em Washington quando JFK era presidente e, depois que Kennedy foi assassinado, foi um dos homens em quem Jackie Kennedy procurou conforto. Os dois tiveram um caso. Seus filhos, os Ormsby-Gores, eram famosos nos jornais por serem bonitos, atrevidos e problemáticos, uma entre eles morrendo de overdose de drogas ainda jovem. Era a tia de Lester.

EXATAMENTE O QUE EU ACHO

Fiquei fascinada por aquele círculo próximo de amigos e parentes, muitos dos quais se conheciam por toda a vida, mas também sentia que nunca seria realmente aceita por eles. Eu não me encaixava. Apesar de tudo que as carreiras midiáticas de meus pais deram a eles, eles não haviam nascido chiques, e eu também não. Supostamente, isso não importava, e Lester não dava a mínima. Nós éramos os mais novos do grupo, gravitamos um em direção ao outro e então nos apaixonamos. Mas o problema se alojou dentro de mim. Mesmo que eu aparentemente pudesse acompanhar o meu novo grupo de amigos, eu nunca deixei de me sentir como uma intrusa. Como poderia ser diferente? Eu era a única que não descendia da classe dominante e, portanto, jamais poderia compartilhar da sensação mágica (e destrutiva) de poder deles. Eu sei agora como essa crença é insidiosa e inútil, e se eu tivesse sido uma pessoa mais forte na época, com um senso de identidade mais forte, tenho certeza de que poderia ter ignorado o tédio coletivo e o ar de superioridade do grupo; mas, naquela época, não havia como negar que eu me sentia fundamentalmente insegura perto das pessoas com quem passava todo o meu tempo.

Exceto Lester. Eu não me sentia insegura com ele. Quando o conheci, foi, tipo, *Bang!* Senti como se alguém me enxergasse pela primeira vez. Eu me senti uma pessoa. E embora tenha me apegado firme e imediatamente a ele, foi aí que comecei a formar minha própria identidade e a encontrar minha própria voz – não fora do mundo, mas dentro de mim –, e isso foi importante. Foi um passo.

Me apaixonar por Lester foi monumental para mim. Desencadeou muitas coisas. Algumas eram pequenas, mas ainda assim importantes. As lêndeas que me atormentavam quando criança e adolescente desapareceram. Simplesmente sumiram. (Aparentemente, elas não gostam dos feromônios que são liberados quando fazemos sexo.) Foi outra coisa que aconteceu: Lester e eu fazíamos muito sexo e, embo-

UMA LIÇÃO

ra eu não fosse virgem quando o conheci (vou falar mais sobre isso depois), ainda não havia explorado o sexo com alguém da minha idade ou com alguém que eu amasse e que também me amasse. Isso foi muito importante.

A maneira como lidei com o lado físico e não sexual das coisas com Lester foi reveladora. Assim que ficamos juntos, parei de abraçar e fazer carinho na minha mãe e no resto da família. Não sou uma pessoa particularmente tátil, mas me lembro do conforto de ser abraçada e acariciada por minha mãe quando era pequena. Afastei-me disso, não gradualmente, mas ativamente e de uma vez só assim que comecei a ficar com Lester. Não queria minha mãe me tocando depois disso. Lembro de sentir conscientemente que aquela parte de mim tinha ido para outro lugar, longe de minha mãe e da minha família, e passado para o meu homem. Era como se eu tivesse decidido que Lester forneceria *todo* o conforto de que eu precisava a partir de então.

Acho que esse foi o aspecto mais significativo da minha relação com Lester: eu substituí minha família por ele. Transferi a responsabilidade para ele e confiei a ele todas as minhas necessidades emocionais. Afinal, ali estava finalmente alguém que queria de fato ficar comigo, em vez de dizer que passaria um tempo comigo e depois me deixaria de lado.

Eu havia parado de trabalhar na Princess Productions quando conheci Lester. Começamos ficando na casa da minha mãe em Islington, mas depois encontramos nosso próprio apartamento em Ladbroke Grove.

Consegui um emprego de meio período em um pub na Golborne Road. Era jovem demais para servir bebidas, mas limpava as mesas e empilhava os copos na máquina de lavar, então ganhava um pouco de dinheiro assim. Minha mãe também me dava uma mesada toda semana, então eu claramente contava com ela para algumas coisas. O dinheiro era depositado na minha conta bancária todas as terças-feiras, e era o suficiente para que Lester e eu saíssemos e comprássemos um pouco de haxixe, dois chás gelados Lipton de pêssego, um maço de cigarros, uma cópia do *MCN Motorcycle News* e dois lanches. Então, a gente voltava para casa, fumava um baseado, tomava o chá gelado, comia os lanches e fazia muito sexo.

Éramos duas crianças – *muito* crianças – ainda em formação, mas, na época, eu achava que havia chegado à idade adulta. Eu tinha certeza de que Lester, aquele cara que eu amava, era meu destino na vida. Imaginei que nos casaríamos e teríamos filhos e eu ficaria com ele para sempre. Eu acreditava 100% nisso e agarrei essa suposição com as duas mãos e a usei para me definir. Isso me fazia sentir como se eu existisse e tivesse um caminho a seguir.

Em muitos aspectos, eu sinto que tive duas infâncias. A primeira foi o período nebuloso e cerceado da minha juventude real, com a sensação de invisibilidade, e a segunda foi meu tempo com Lester. Porque foi *naquele período* que comecei a descobrir o que era que eu queria. Foi *ali* que as pessoas começaram a me perguntar o que me interessava e o que eu gostaria de fazer com a minha vida. Foi quando comecei a perceber que precisava encontrar um rumo para mim, ou pelo menos ter uma espécie de narrativa: algo para dizer às pessoas quando me fizessem perguntas a meu respeito.

Às vezes, eu falava sobre o quanto adorava cantar, mas não sentia que poderia converter isso em um trabalho ou qualquer coisa com algum propósito. Em vez disso, sentia que meu estilo era algo que estava começando a me definir. Foi nessa época que meu interesse por roupas aumentou, e encontrar coisas diferentes (e baratas) para vestir no mercado de Portobello era uma missão semanal importante. Eu não pensava: *Vou encontrar uma carreira no mundo da moda*, porque não estava tão avançada em pensar em uma direção para mim como a maioria dos meus colegas, mas toda vez que ia ao mercado e encontrava alguma peça de roupa custando quase nada, e que eu sentia ser capaz de transformar em algo meu, era como se outra peça do quebra-cabeça que me retratava tivesse sido preenchida.

Como estava com Lester quando comecei a forjar essa noção de mim mesma, é claro que estar com Lester tornou-se absolutamente conectado à minha percepção de identidade. Eu estava com Lester e nós dois ficaríamos juntos para sempre porque *era isso que eu era agora*. Mesmo quando Lester me deixou, e eu descobri que poderia forjar minha própria identidade como cantora e compositora, aquela ideia de mim mesma – estar com alguém, casar com esse alguém e ter filhos – permaneceu impressa em meu interior, como se, por baixo de qualquer vestimenta que eu colocasse, houvesse aquele esboço permanente de dependência que se formou ao meu redor quando o encontrei e meu mundo finalmente sintonizou em imagens coloridas.

***

Lester foi embora. Olhando para trás, ainda bem, porra. Depois de ficarmos juntos por dezoito meses, eu trabalhando no pub e depois em algumas lojas de roupas, Lester partiu para viajar pelo mundo com quatro amigos.

Eu senti muito sua ausência. Me senti sem direção. Fiquei me lamuriando. Fiz dezoito anos em 2003, e minha única preocupação era esperar que Lester voltasse de suas viagens ao redor do mundo para mim em Londres. Só que Lester havia decidido, por conta própria, que não voltaria para mim.

***

Olhando em retrospecto, este foi o primeiro exemplo do que se tornou minha codependência *intensa*. A codependência significa ser viciado em estar em um relacionamento: você não pode e não aceita

EXATAMENTE O QUE EU ACHO

estar sozinho, não importa o que aconteça. Então, mesmo se você estiver com alguém que esteja prejudicando você ou a si mesmo – digamos um alcoólatra, um viciado em drogas ou alguém que abusa de você –, você não irá embora. Porque, por mais que isso seja equivocado, estar com essa pessoa (*especialmente* alguém assim) faz você se sentir necessário e amado. Essa pessoa depende de você, você depende dela e os dois dependem da dependência um do outro. É uma merda. Mas, como qualquer disfunção ou vício, é real e atinge muitos de nós.

Eu nunca estive presa em um relacionamento com um alcoólatra ou um viciado em drogas, como muitos codependentes, mas, ainda assim, esse é o meu negócio: estar com alguém, sempre. Eu direi o que acho que meu parceiro quer ouvir para ter certeza de que ele ficará comigo. Farei de tudo para garantir que não vá embora. Às vezes, ele vai embora mesmo assim. Às vezes, acontece de a pessoa de quem você depende não estar presa ao estado de codependência com você. Na verdade, ela se cansou da sua carência. Ela se encheu. Ela quer dar o fora.

Foi o que aconteceu com Lester. Ele decidiu fugir. Ele estava em um barco sob o sol do Caribe, e ter de pensar em mim, carente, esperando que chegasse em casa, era a última coisa que ele queria. Ele terminou comigo por telefone. Eu ainda por cima precisei pagar pela chamada, porque era assim que as chamadas via satélite para telefones celulares funcionavam na época – elas eram cobradas nas duas pontas. Por 10 libras por minuto, me custou centenas de libras receber a notícia de que Lester não queria mais nada comigo. (Foi algum consolo perceber que quanto quer que fosse que a ligação havia me custado, pelo menos monetariamente, custou mais a Lester, no telefone via satélite.)

Não me dei conta quando Lester me rejeitou. Eu não me sentia como alguém que tivesse perdido apenas o namorado. Parecia que eu havia perdido meu futuro. Também senti como se tivesse perdido

UMA LIÇÃO

meus amigos. Não me sentia mais bem-vinda entre as pessoas com quem vinha passando três noites por semana nos últimos dezoito meses. Eu me sentia sozinha e perdida e não sabia como lidar com esses sentimentos. Eu queria que os sentimentos fossem embora. Queria e precisava de ajuda para seguir em frente, mas sentia que não havia ninguém a quem pedir essa ajuda e achava que ninguém me escutaria, de qualquer modo. Então, o que fiz foi gritar da maneira mais dramática e punitiva possível.

Tomei uma overdose.

Minha mãe me encontrou (eu havia voltado para casa depois que Lester zarpou) e me levou para o hospital. Não demorei muito para me recuperar fisicamente. Os comprimidos que tomei eram paracetamol, e mamãe me encontrou muito antes de ser tarde demais. Mas ficou claro que eu precisava de ajuda de todas as maneiras.

Mamãe achou que seria construtivo me colocar no Priory.[4] De muitas formas, enquanto eu estava lá, recuperei totalmente a pessoa que era antes de tomar os comprimidos: Voltei a ser Lily Allen, co-dependente, apenas sem o dependente em si, e tinha um plano para consertar isso.

Eu iria encontrar Lester e reconquistá-lo.

Eu tinha apenas o suficiente nas minhas economias para comprar uma passagem de avião para a Índia, porque sabia que ele iria até lá em algum momento. Eu disse a mim mesma que, se eu fosse para lá, supostamente para fazer turismo, me recuperar e passear, havia chances de eu simplesmente topar com ele em algum lugar na trilha hippie do sudeste asiático. Achava que poderia obter informações sobre onde ele estava indo em sua viagem de barco estudando sua página no Facebook, mas ele não era muito bom em atualizá-la.

---

4 O Priory Group é um provedor de serviços de saúde mental no Reino Unido, conhecido por tratar celebridades especialmente por dependência de drogas. (N. da T.)

Seria uma viagem de ano sabático – sem saber exatamente do que ou para que era essa folga. Eu não havia acabado de sair da escola nem tinha planos de ir para a universidade.

Não encontrei Lester... claro que não! Às vezes, quando as pessoas me perguntam sobre a viagem que fiz sozinha (eu, sozinha, no mundo?), eu digo: "Ah, foi bom. Conheci pessoas na Índia e na Tailândia e me diverti muito. Li muito, vi o Taj Mahal, fiquei muito bêbada e andei por lugares lindos". Mas a viagem foi um desastre. A verdade é que foi péssima. A verdade é que eu não conseguia cuidar de mim mesma e sentia, mais do que nunca, que não poderia sobreviver sozinha no mundo grande e cruel. Graças a Deus, então, que pelo menos eu já havia descoberto um mundo alternativo para o qual poderia fugir e que, mais tarde, acabaria por habitar e tornar meu.

Graças a Deus pelo mundo da música.

MÚSICA

Eu não cresci em uma casa musical. Minha mãe tinha discos porque alguns de seus amigos eram músicos, mas ela não os colocava pra tocar. Ela não tinha um toca-discos. Eu descobri a música quando tinha dez anos e meu pai me levou à BBC para uma gravação do *Top of the Pops*. Na saída, o produtor me deu dez singles em CD do programa. As músicas não eram muito boas: incluíam "Cotton Eye Joe", uma música do Ace of Bass e outra da Des'ree, mas também havia "Over My Shoulder", de Mike & the Mechanics, que eu amo até hoje. Mas ter aquelas músicas só para mim me deixou fascinada. Eu ouvia aqueles CDs sem parar. Eles abriram a porta para esse outro mundo onde expressar a si mesmo e o que se sentia, desejava ou amava fluía naturalmente na forma de uma canção.

Quando fui para o internato, ganhei um álbum das Spice Girls, que adorei, e essa era a minha coleção de discos: o álbum *Spice* e aqueles singles do *Top of the Pops*. Foi o suficiente para me fisgar.

Em uma viagem escolar a Nápoles, sentei-me ao lado de um menino no ônibus que eu não conhecia muito bem antes da viagem. Ele tinha seu próprio porta-CDs (lembra deles?) cheio de música. "Você já ouviu isso?", ele dizia, me dando um álbum do Cast ou uma canção do Ash ou tocando uma música do Pulp and Blur. Ele me apresentou ao Britpop e tinha uma coleção de compilações do Ministry of Sound (não consegui entender nada quando ouvi), que ele declarou ser a coisa mais legal de todos os tempos.

A partir daí, a música estava na minha vida. Não houve um momento "eureca" único de, tipo, "Nossa! Agora o meu negócio é música...", mas ouvir música passou a ser algo que eu fazia. Eu ouvia canções e conseguia decorá-las com rapidez e facilidade. Eu economizava para comprar CDs. Colocava meus fones de ouvido na escola e cantava Oasis, Lauryn Hill, The Roots e Erykah Badu. Comprei a trilha sonora do filme *Romeu + Julieta*, do Baz Luhrmann, e adorei. Eu sabia imediatamente se havia gostado de alguma coisa; era capaz de me conectar com a melodia de uma música instantaneamente. Eu ouvia Finley Quaye (minha mãe tocou algo dele nas férias, provavelmente depois de ler a respeito no *Guardian*), TLC, Mary J. Blige e Aaliyah. (Minha irmã e as amigas dela curtiam R&B.)

Comecei a fuçar a coleção de discos do meu pai e descobri o punk e o reggae. Em um Natal, quando eu tinha catorze anos, papai me deu um par de toca-discos e eu aprendi a usá-los no apartamento dele em Holloway. Enquanto eu tocava seus reggaes antigos e me apaixonava pelo ska e pelo hip-hop, minhas amigas Miquita e Phoebe estavam descobrindo o rock e o grunge. Elas adoravam Nirvana e Hole. Quando começamos a ir a festas todo fim de semana e a usar drogas, o drum and bass se tornou nosso gosto comum.

Enquanto isso, meu pai e seus amigos, Alex James e Damien Hirst, haviam formado a banda Fat Les. Eles compuseram e gravaram uma música chamada "Vindaloo" para a seleção inglesa de futebol, que se tornou um hino não oficial da Copa do Mundo de 1998 e alcançou o segundo lugar nas paradas. De repente, havia

MÚSICA

dinheiro, e o estúdio de música se tornou um lugar divertido para papai e seus amigos se encontrarem e usarem coca. Papai e Alex James passavam muito tempo juntos – vários amigos deles iam e vinham no Fat Les, mas eram os dois que estavam por trás de tudo. Eu às vezes ia vê-los, porque ir ao estúdio (ou ao futebol) com o papai era uma forma de tentar estabelecer algum relacionamento com ele. Às vezes, ele me pedia para fazer *backing vocals* em uma faixa, e lenta e gradualmente isso o levou a dizer, quase casualmente, um dia: "Olha, tem uma coisa que nós podemos fazer juntos. Você pode cantar em um disco que vou fazer, e eu vou negociar um contrato com uma gravadora".

O contrato que papai conseguiu foi com uma gravadora de propriedade da Warner chamada London Records, mas não acho que ele o tenha feito apenas como uma forma de ganhar dinheiro. Acho que a ideia de fazer um disco juntos foi uma forma de papai mostrar que me amava e acreditava em mim. Acho que foi sua maneira de tentar me dar algo. Acho que veio de uma motivação nobre. Eu acho. Outras vezes, acho que talvez ele tenha recebido uma grande taxa de descoberta e fechar um contrato para a filha de 17 anos ser cantora *tinha* a ver com dinheiro, mas na maior parte das vezes eu rejeito essa ideia e prefiro a versão mais agradável, mais doce e melhor.

Foi assim que consegui meu primeiro contrato de gravação: foi um ato de nepotismo, puro e simples. Eu o consegui inteiramente por causa e por meio do meu pai. Papai e um músico amigo dele chamado Pablo Cook escreveram a maioria das canções juntos. Pablo foi o produtor do disco, e uma mulher chamada Octavia foi a coordenadora de A&R [Artistas & Repertório] por parte da gravadora. As músicas tinham estilo folk, e às vezes fazíamos uma versão cover de uma música que achávamos que poderia funcionar.

Não deu certo. Nada parecia certo ou sequer encaixou-se; nem as músicas, nem nós trabalhando juntos ou mesmo minha voz. A London

EXATAMENTE O QUE EU ACHO

Records perdeu o interesse por nós rapidamente. Nada foi dito, mas, enquanto trabalhávamos, as coisas começaram a ser cortadas. Por exemplo, Pablo mandava um e-mail para Octavia perguntando qual era o orçamento para instrumentos de cordas, e a resposta voltava dizendo: Não há orçamento para cordas, façam sem.

A coisa ficou menos divertida. Não parecia que estávamos indo a lugar algum, e eu certamente não sentia que estava em busca do meu sonho. Eu me sentia como se estivesse no sonho do papai. Eu tinha dois empresários na época (é de praxe arranjar um empresário quando se assina um contrato de gravação, assim como um advogado), e quando as coisas começaram a desmoronar, eles me disseram que eu teria que processar a London Records para me liberarem do contrato, embora estivesse claro que a London Records não tinha qualquer interesse ou entusiasmo por mim. Eles me disseram que esse era o procedimento padrão – uma maneira de encerrar um contrato.

Só que não pareceu tão padrão quando, em resposta à minha tentativa de deixá-los, a London Records me enviou uma carta dizendo que eu seria processada em 3,6 milhões de libras por violação de contrato.

Lembro de ler aquela carta e me sentir assustada e completamente desconcertada. A quantia, *3,6 milhões de libras*, era um número totalmente abstrato. Não tinha nada a ver comigo ou com a minha vida ou qualquer coisa que eu pudesse entender como palpável.

Foi tipo: Vocês o quê? Vocês vão processar eu e os meus 17 anos de idade por quanto?

Eu basicamente tentei ignorar. Escondi a carta debaixo da cama. Era o que eu fazia com as preocupações relacionadas a dinheiro, e foi o que continuei fazendo: deixar de lado. Eu de fato escondia contas impressas e cobranças embaixo da cama, mas parecia que havia um monstro escondido ali também.

MÚSICA

Mamãe imediatamente desdenhou da carta. "Isso é um absurdo", disse ela. "Como eles vão processar você? Você não tem nenhum bem. O que vão confiscar?"

Eu apenas pensei: *Por mim, acabou. Não sou cantora, afinal.* Eu não tive sempre medo de me declarar cantora? Bem, eu tinha razão. Tentei cantar e fui rejeitada.

Pensei: Tudo bem, acabou.

***

Mamãe estava decidida a não permitir mais que eu voltasse a acordar todos os dias sem uma rotina e sem um lugar para onde ir, então, juntas, tivemos a ideia de que eu deveria estudar floricultura. Era um ótimo plano. Eu adorava flores, e trabalhar como florista parecia algo que eu poderia fazer. E eu fiz isso mesmo. Levei adiante. Fiz um curso de floricultura em uma escola em Hackney e o concluí. Adorava aquilo. Eu estava com Lester, na época, então, ia para a escola de floricultura, fazia meus turnos no pub, fumava maconha e passava o tempo com ele. Isso foi até Lester ir embora, e eu, é claro, fiquei, tipo: *Quem sou eu e o que estou fazendo?* Como não tinha nenhuma resposta ou ideia, pensei: *Ah, não devo ser nada*, e acabei tomando muitos comprimidos e sendo internada em um hospital psiquiátrico.

Foi enquanto eu estava no Priory, no início de 2004, sendo tratada para depressão, que recebi um telefonema de meus empresários dizendo que agora eu estava oficialmente fora dos registros deles. Os advogados haviam me libertado. Eu não estava mais sob a ameaça de processo. Eu era uma profissional livre, disponível. Lily Allen: 17 anos, em reabilitação, tendo fracassado no trabalho e no amor, com nada além de um curso de floricultura e uma porção de processos judiciais no currículo.

Eu era uma profissional livre, disponível. Lily Allen: 17 anos, em reabilitação, tendo fracassado no trabalho e no amor, com nada além de um curso de floricultura e uma porção de processos judiciais no currículo.

MÚSICA

Desliguei o telefone, perplexa. *Tanto faz*. O telefone tocou de novo imediatamente. Era George Lamb, um homem com quem eu não falava fazia um ano e meio. "Estou ligando para ver como anda sua carreira musical", disse ele, perfeitamente alegre.

"Nada", eu disse a ele. "Acabei de ficar sem contrato."

"Ah, ótimo", disse ele. "*Timing* perfeito. Por que não viro seu empresário?"

TRABALHO, PARTE UM

Conheci George Lamb em Ibiza, no verão anterior a me apaixonar por Lester.

Todo mês de agosto, minha mãe e sua amiga Siobhan levavam todos os filhos – eu, Sarah, Alfie e a filha de Siobhan, Jess – de férias para uma casa que alugavam em Deià, em Maiorca.

Naquele ano, no verão de 2002, Jess, eu e um grupo deixamos nossas mães em Maiorca e pegamos a balsa para ir a uma boate em Ibiza no fim de semana. Eu gostava de Ibiza e conhecia um pouco do lugar porque havia estado lá com minha mãe dois anos antes, quando ela estava trabalhando em um filme para a TV.

Naquele fim de semana de agosto, não voltei para Deià com Sarah, Siobhan e Alfie. Eu havia me apaixonado pelas baladas e os clubes noturnos e decidido que me divertiria mais se ficasse sozinha em Ibiza.

Encontrei um quarto em um albergue galês em San Antonio, que dividi com um cara qualquer, e consegui um emprego em uma loja de discos chamada Plastic Fantastic, que também vendia ingressos para os grandes clubes da ilha. Parte do meu trabalho consistia em

EXATAMENTE O QUE EU ACHO

promover os ingressos na loja ou, melhor ainda, na rua principal de San Antonio. Como empreendimento paralelo, abri meu próprio pequeno negócio de venda de ecstasy. Afinal, se alguém quer quatro ingressos para o Manumission, é provável que também queira uns Es. Eu era um posto de conveniências pro pessoal. De onde caralhos eu consegui os Es, para começo de conversa, ninguém sabe; mas estamos falando de Ibiza, não é? Sempre há alguém com cem Es no bolso de trás feliz em vendê-los para você.

Só que eu não ganhava muito dinheiro com isso, e o que ganhava era gasto principalmente fazendo festa. Eu me diverti muito naquele verão. Mas entre as drogas, as madrugadas e não dormir muito, as coisas também saíram do controle. Houve vários minidramas, que sempre abracei. Parece que eu gosto de ter um monte de dramas para levar comigo. Por exemplo, fui expulsa do meu quarto no albergue galês por não pagar minha conta, então meu drama naquela noite se tornou: *Onde diabos vou dormir?* O problema foi resolvido quando encontrei um DJ que conhecia um pouco, chamado Jon Ulysses, que disse que eu poderia ficar no sofá dele assim que ele terminasse sua apresentação em um clube chamado Es Paradis.

Naquela noite, levei minha mala para Es Paradis e comecei a conversar com um cara chamado George. Ele me disse que estava trabalhando naquela temporada promovendo o clube, o Space, e que havia alugado sua própria casa para o verão. Ele viu minha mala e perguntou onde eu estava hospedada. "Fui expulsa do meu albergue", respondi. "Mas está tudo bem, porque Jon Ulysses me ofereceu o sofá dele. Vou ficar com ele esta noite."

"Não vai, não!", disse George. "Não sozinha. Jon Ulysses é um tarado. Olhe só", continuou ele. "Venha ficar comigo."

George estava em forma e era consideravelmente mais velho do que eu. Era exatamente o meu tipo. Imaginei que estivesse dando em cima de mim. Achei que ele estava na minha.

TRABALHO, PARTE UM

Mas George não veio para cima. Ele me levou para sua casa e arrumou seu sofá pra servir de cama para mim. Quando acordei, na manhã seguinte, ele me serviu uma xícara de café. "Espero que não se importe", disse ele, "mas peguei seu telefone enquanto você dormia e liguei para sua mãe. Disse a ela que achava que você não deveria mais ficar aqui. Vou levar você ao aeroporto e colocá-la em um avião de volta a Londres." E foi isso que ele fez.

Foi uma coisa incrível. Foi uma das primeiras vezes que um homem fez algo de bom para mim sem qualquer interesse sexual.

George ia transformar a minha vida. Eu não sabia disso na época e não pensei muito nele depois disso, mas ele guardou meu número e, quase dois anos depois, me ligou exatamente no momento em que eu precisava dele. E então ele me ajudou a me colocar novamente nos trilhos.

Às vezes, a gente encontra os mocinhos.

George e eu começamos a passar tempo juntos quando ele me contratou e se tornou meu empresário. Ele me levou à Yo Yo, uma balada no Notting Hill Arts Club, que era o ponto de encontro das pessoas da indústria musical na época. Foi lá que conheci Seb Chew, um produtor de A&R, que agora é meu melhor amigo, diretor criativo e alma gêmea. Ele é a pessoa com quem falo cinco vezes por dia e o homem em quem mais confio na vida.

Eu conto com Seb de todas as maneiras, na minha vida profissional e como amigo, mas não dependo dele, não mais.

Claro, quando conheci Seb e nos tornamos amigos, me apeguei a ele de todas as formas que pude – sendo a romântica e a sexual as mais adesivas e eficazes, ou foi o que pensei na época –, porque era o que eu sempre fazia. É a sua vez, Seb, de cuidar de mim. Foi mais ou menos a única opção que eu dei a ele por um tempo. Mas, na verdade, embora tenhamos sido namorados por um curto período, o centro do nosso relacionamento é uma amizade verdadeira. Começou na

95

Yo Yo, à qual eu ia todas as semanas, às vezes com George, mas mais frequentemente com Miquita e Phoebe. Usávamos tops cropped da Nike e jeans da Stussy com tênis e bijuterias douradas pesadas. A gente dançava, se embebedava, usava drogas e aos poucos foi conhecendo aquele grupo de garotos da indústria fonográfica que parecia ser todo do oeste de Londres.

Mas George não queria que eu fosse uma garota festeira, ou mesmo apenas uma cantora. Ele me dizia que eu devia escrever. "Veja bem", ele me disse. "Detesto te dizer isso, mas esse negócio não vale a pena se você não escrever suas próprias coisas, especialmente como artista mulher." Ele tinha razão. Naquela época, no início dos anos 2000, não havia muitas artistas solo femininas. Basicamente, o que se queria eram grupos de garotos tocando guitarras vibrantes. Os Libertines fizeram sucesso. O Razorlight também. O Coldplay havia arrasado. No lado mais pop fabricado, tudo se resumia a grupos formados por empresários. O Girls Aloud, formado em um programa de talentos na TV em 2002, estava crescendo.

"Está bem", eu disse a George, sem pensar muito naquilo. Afinal, eu sempre anotei meus pensamentos e anseios em cadernos. "Está bem", eu disse de novo, balbuciando. "Vou escrever."

Depois disso, George me mandou para Manchester para trabalhar com uns produtores que ele conhecia e que se autodenominavam Future Cut. Fui até lá dirigindo um carro que comprei em um leilão de carros em Chelmsford. Era um pequeno Peugeot 206 surrado e de baixa qualidade, mas eu o adorava. As pessoas costumavam deixar bilhetes no para-brisa dizendo coisas como: "Seu carro é hilário, posso comprá-lo?". Eu não me importava. Para mim, aquele carro significava independência. Era uma passagem para o meu futuro. Era como um parceiro, mas mais confiável. Ele estava lá esperando por mim, mesmo que as coisas nem sempre começassem muito bem.

TRABALHO, PARTE UM

Acontece que eu estava pronta para Manchester. Eu tinha um monte de fitas que havia gravado, cheias de pontos de referência musicais, e poderia ficar com o amigo do meu pai, Bez, que tinha sido da Happy Mondays e morava em Glossop. As coisas foram meio malucas por lá. Bez e a mulher dele, Debs, que eu amava, haviam se divorciado, e Bez tinha uma namorada louca chamada Heather. Eles brigavam muito. Para retribuir minha estadia, eu levantava cedo todas as manhãs e ajudava com os filhos de Bez, levando-os para a escola. Quando voltava, Shaun Ryder, que morava ao lado, geralmente havia ido tomar sua xícara de chá só de cueca. Muitas vezes, abríamos a caixa de correio juntos e ficávamos olhando para as contas, a maioria delas vermelhas. Lembro de pensar: *Mas, Bez, você foi da Happy Mondays. Como pode estar quebrado?*

Eu sei a resposta para essa pergunta muito bem agora.

Depois de deixar os filhos de Bez na escola, eu ia até a New Mount Street, onde a Future Cut montou um minúsculo estúdio em um daqueles prédios comunitários que são divididos em unidades de trabalho baratas. Era um lugar ruim e improvisado para trabalhar, mas nós não nos importávamos. Colocamos a mão na massa.

VOZ

Compus "Smile" no meu primeiro dia. Levei cerca de meia hora. Comecei a cantar os versos de Britney Spears, "Oh, baby, baby, how was I supposed to know" com alguns acordes, então substituí aquelas palavras pelas minhas. Então escrevi mais letras e encontrei minha própria linha principal, que se tornou a melodia. Aquela música, sobre Lester terminar comigo, estava dentro de mim. Tudo o que eu precisava fazer era deixá-la sair.

Eu sei que parece improvável. George me disse que eu devia escrever, respondi que ia tentar, ele me mandou para Manchester para trabalhar com uns caras incríveis e saiu "Smile". Mas foi assim que aconteceu, pelo menos como sequência de eventos. Claro, nada é tão simples. Nada vem do nada. Mas, por outro lado, eu vinha formando minhas canções lentamente dentro de mim há anos. Minha infância de silêncio (pelo menos metaforicamente, se não sempre literalmente) significou que, quando descobri a música, ela pareceu fundamental para mim como forma de expressão e me deu formas

EXATAMENTE O QUE EU ACHO

a seguir (verso, refrão, verso, refrão repetido, e assim por diante), o que significava que havia uma espécie de contenção para todos os meus sentimentos e pensamentos dispersos. Tudo o que eu precisava era de um estúdio e aquelas formas saíram, pequenos fragmentos do que eu pensava, sentia, via e observava. Meu tempo com Lester e o tempo que passei saindo no oeste de Londres, amando, sendo rejeitada, me sentindo insegura, tendo Alfie como irmão: todas aquelas coisas me forneceram meu tema.

Eu havia aprendido muito pouco na escola, mas me ensinaram a cantar. Eu havia cantado com meu pai e não deu certo, mas, ainda assim, eu havia usado a minha voz. Aquilo fizera parte do meu treinamento, mesmo que eu não tivesse percebido. Havia sustentado melodias e descoberto que, se não me conectasse com uma música, não seria capaz de cantá-la. Tinha descoberto a música e passado horas e horas juntando playlists e canções, justapondo uma música a outra dependendo do que parecia certo ou para criar um clima ou provocar uma surpresa. A música se tornou minha praia. Eu levantava de manhã e era o que eu fazia: ouvir música e descobrir coisas novas. Meus amigos e eu éramos parte da primeira geração a acessar música digitalmente. Então, não era preciso economizar para comprar um álbum que depois a gente ouviria de novo e de novo. Claro, fazíamos isso com nossas contas do iTunes, mas também podíamos explorar indefinidamente todo tipo de som em sites de compartilhamento de arquivos como o LimeWire. As fitas que eu fazia eram cheias dos meus pontos de referência musicais. E elas eram variadas, para dizer o mínimo. Havia Blondie, e The Streets, drum and bass, muitas variações de ragga, dancehall e ska, e velhas canções do Wall of Sound do Phil Spector.

A segunda canção que compus foi "LDN". Ela também saiu fácil. Eu havia passado todo aquele tempo em Londres no Falafel King ou em cafés na Portobello Road ou no ônibus ou metrô observando as

Eu preenchia as lacunas e criava histórias em torno das pessoas que via, inventando conversas que imaginava que estavam tendo, como se assistisse a um filme que inventava em tempo real.

pessoas e como elas interagiam umas com as outras. Eu preenchia as lacunas e criava histórias em torno das pessoas que via, inventando conversas que imaginava que estavam tendo, como se assistisse a um filme que inventava em tempo real. Eu pensava em como eram suas casas, ou se tinham filhos, e qual seria seu jantar. Eu tinha essa coisa de fantasia acontecendo o tempo todo na minha cabeça e, quando comecei a escrever, tudo saiu.

Mesmo assim, por mais que a prática da composição me ocorresse naturalmente, eu tinha muito que aprender. Depois de escrevermos os versos e o refrão de "Smile", Tunde, um dos caras do Future Cut, disse, "Está bem, ótimo, vamos fazer a ponte".

E eu fiquei: *que porra é ponte?* Precisei sair escondida e ligar para George para perguntar a ele, para não revelar minha total ignorância no estúdio.

"É aquele pedaço no meio que une duas partes de uma canção", George me explicou.

É por isso que a ponte em "Smile" é: "La la la la". Porque eu não sabia mais o que escrever. Na época, eu estava tateando meu caminho como compositora. Era como um experimento. Eu pensava: *Bom, eu já fracassei nessa brincadeira de cantar, mas cá estou eu inventando músicas. Qual é o pior que pode acontecer?* Eu sentia como se não tivesse nada a perder.

Eu me sentia livre e sem limites escrevendo aquelas primeiras canções; inconsciente e livre de expectativas. É uma bênção trabalhar assim, sem qualquer pressão, expectativa ou alguém tentando fazer você repetir uma fórmula, que é o que acontece quando encontramos o sucesso com uma música ou um álbum.

Além disso, os caras do Future Cut me levaram a sério. Eles acrescentaram seus próprios acordes e me ajudaram a construir as músicas adequadamente, mas gostaram do que eu estava fazendo o suficiente para construir em cima. Isso era novo para mim, e revelador. Eu comecei a pensar: *Será que posso ser eu mesma e fazer músicas de que eu gosto e que tudo isso funcione de fato?* Eu não queria que minhas músicas parecessem ser de outra pessoa.

Acho que parte do motivo pelo qual minhas músicas pareciam diferentes foi eu tê-las escrito sem conhecer regra alguma. Isso pode resultar em originalidade, e significa que não somos facilmente rotulados, o que é bom. Mas isso também vem com um problema próprio: se nossa música não parece com a de outras pessoas, a maioria das gravadoras não vai se interessar por ela.

Escrevi cinco canções com o Future Cut ao longo de duas semanas no outono inglês de 2004: "LDN", "Smile", "Knock' em out", "Take what you take" e "Friend of Mine". Todas foram parar no meu primeiro álbum. Duas delas, "Smile" e "LDN", viriam a se tornar grandes sucessos, vendendo quase um milhão de cópias somadas.

Mas, a princípio, ninguém as queria. Elas foram rejeitadas por todo mundo. No Natal, eu tinha aquelas cinco músicas no bolso para vender e um empresário para me ajudar a passar pelas portas certas. Mas não consegui um contrato com uma gravadora.

Sinceramente, eu também não teria me contratado. Eu não era apenas Lily Allen, compositora de um punhado de canções pop inspiradas em reggae. Eu era Lily Allen, a filha de Keith Allen que havia sido dispensada pela London Records e que agora tinha como empresário George Lamb, um novato que ninguém no ramo conhecia ou tinha ouvido falar a respeito.

Eu também era, no pequeno mundo da indústria fonográfica, Lily Allen, a namorada de Seb Chew. Seb estava trabalhando na Polydor na época, e havia assinado com Scissor Sisters, Feist e Rufus Wainwright. Ele estava arrasando. Além disso, ele comandava a Yo, onde todos os caras de A&R costumavam ir. Ninguém estava desesperado para pegar a namorada de Seb Chew. Era mais fácil ficar longe de algo que tinha todas as chances de não dar certo do que arriscar irritar Seb. E também não era como se eu estivesse

A confiança que eu havia encontrado em Manchester trabalhando com dois caras em uma pequena sala evaporou rapidamente no meu retorno a Londres. Eu honestamente não sabia se o que havia feito era bom ou significativo.

andando pela cidade dizendo: "Ei! Eu tenho cinco músicas incríveis comigo aqui!". A confiança que eu havia encontrado em Manchester trabalhando com dois caras em uma pequena sala evaporou rapidamente no meu retorno a Londres. Eu honestamente não sabia se o que havia feito era bom ou significativo.

"Talvez seja a hora de seguir em frente, Lil", Seb disse para mim, depois que George e eu havíamos passado por todos e sido rejeitados. Ele tinha alguma razão. Nós havíamos tentado e não tinha dado certo. Ninguém estava interessado. George educadamente deixou de ser meu empresário, e eu segui em frente também... por bem e por mal, na direção certa.

Por meio de George, consegui um novo advogado chamado Kieran e, por meio de Kieran, conheci Adrian Jolly, que era do escalão júnior da Empire Management. Eles me agenciaram e, no outono inglês de 2005, fechei um contrato com a Parlophone.

Foi um acordo abominável. A Parlophone me contratou por 25 mil libras. Quer dizer, 25 mil libras por *cinco* álbuns. Era um negócio de baixo investimento e baixo risco para eles e mostrava o quanto a Parlophone me valorizava pouco quando assinou comigo. Mas eles estavam ocupados, então não era como se eu fosse um novo projeto entusiasmante para trabalharem. Eles haviam acabado de lançar o álbum *X&Y*, do Coldplay, e *Demon Days*, do Gorillaz. Também haviam organizado um retorno da All Saints, então tinham isso pra administrar. Eles tinham peixes grandes para fritar. Lily Allen? Para os caras da Parlophone, era, tipo: *Quem diabos é Lily Allen?*

***

Mas Lily Allen agora estava determinada. Lily Allen descobriu uma plataforma de mídia social chamada MySpace, e a estava usando para desenvolver sua voz. Lily Allen estava se mexendo, construindo seu perfil e colocando suas canções no ar.

Foi a rapper Lady Sovereign quem me disse que eu deveria colocar minha música no MySpace. Eu a conheci em uma festa; nós conversamos e ela me disse que era assim que eu poderia assumir o controle e divulgar minhas coisas sem esperar que minha gravadora me notasse. Aquele conselho foi importante para mim e se tornou decisivo. Não seria um empurrão do meu pai ou do meu namorado. Seria eu assumindo o controle das coisas; eu sendo responsável por criar um espaço para mim e fazer minha música ser ouvida. Eu estava pronta para aquilo. "Se for bom", disse Lady Sovereign, "as pessoas vão ouvir. E vão falar para os outros também." Ela estava certa. Configurei minha conta e coloquei as músicas que tinha feito com o Future Cut.

Depois fiz uma música com Greg Kurstin e a coloquei lá também.

Greg Kurstin é um músico, compositor e produtor musical americano. Hoje em dia, ele trabalha com pessoas como Adele, Sia e Foo Fighters. Ele é enorme. Mesmo em 2005, ele já era muito respeitado na indústria musical. A Parlophone não o teria contratado naquela época apenas para trabalhar comigo. Eu era pequena demais. Eles o chamaram para trabalhar com o All Saints, que haviam recontratado por um milhão de libras logo após eu conseguir meu péssimo contrato. (Isso colocou as coisas em perspectiva muito rapidamente. Um milhão de libras por um retorno? Fiquei furiosa. Não podia acreditar.)

Se você contratou um grupo por tanto dinheiro, você não o ignora e o deixa seguir em frente. A Parlophone alugou para o All Saints um estúdio lindo e grande em Primrose Hill, trouxe Greg Kurstin de Los Angeles e pagou por um bom período de sessões.

O problema foi que as meninas não apareceram de primeira. Então a Parlophone ficou tipo, E aquela pessoa que contratamos recentemente para receber uns trocados? Ah, sim, Lily... leve-a lá para trabalhar com Greg enquanto reunimos o All Saints.

VOZ

Greg e eu nos demos bem. Começamos a compor a canção "Everything's just wonderful" na primeira noite em que fui ao estúdio. Terminamos na manhã seguinte.

Eu a coloquei imediatamente no MySpace. A gravadora não se importava com o que eu estava fazendo porque eu mal constava no radar deles, e isso me convinha perfeitamente.

Fiz mix tapes com Seb também. Elas tinham minhas músicas nelas, mas misturadas com músicas de artistas que me influenciaram: The Specials, Jay Z, Blondie e outros. Eu fiz duas delas, cada uma com uma tiragem de 200 unidades e fiz as capas cortando pedaços de cartão e pintando-os com seus títulos: *My First Mix Tape, My Second Mix Tape*. (As tábuas do piso da sala de estar da minha mãe ainda têm marcas de tinta da minha arte.) Coloquei os CDs caseiros na minha página do MySpace, junto com uma mensagem: *Alguém quer um desses?*

Também escrevi um blog. As pessoas liam o blog, pediam os CDs e baixavam as canções. Falavam aos amigos a meu respeito e, à medida que 2005 se transformava em 2006, meu tráfego no MySpace começou a aumentar. As coisas começaram a explodir. As músicas estavam sendo baixadas milhares de vezes. Eu tinha dezenas de milhares de "amigos". Com a ajuda da Parlophone, lancei uma das minhas demos, a música "LDN", em vinil de 7 polegadas e imprimi 500 cópias. Elas se esgotaram imediatamente.

Eu estava começando a me sentir animada e um pouco mais confiante. Sabia pelos meus pais como as coisas no show business podem mudar rapidamente. Também sabia pela minha experiência na London Records que a promessa inicial pode levar a nada e que os projetos podem ir até certo ponto e então serem abandonados. Eu sabia, pelo meu relacionamento com Lester e pelas histórias de meus próprios pais, que as pessoas podem amar você em um momento, mas esquecer de você (ou te odiar) no instante seguinte. Mesmo assim, comecei a pensar que, quando se tratava de minha música, eu *não* estava apenas brincando. Comecei a pensar: *Isso é o que eu deveria estar fazendo.* Comecei a pensar: *Isso é algo que eu posso fazer.* Comecei a pensar: *Sou cantora. Componho canções. Estou fazendo o que deveria fazer.*

Na primavera inglesa de 2006, uma jovem jornalista da *Observer Music Monthly* (OMM) entrou em contato comigo pelo MySpace. Ela se chamava Rosie Swash e me mandou um e-mail dizendo que queria escrever um artigo sobre mim. Ela me pediu para enviar algumas fotos de divulgação que pudesse usar para ilustrar seu artigo.

"Não posso", respondi. "Não tenho nenhuma foto de divulgação". Eu não tinha nada parecido com isso, e a Parlophone ainda não estava muito interessada em mim, minha música ou minhas atividades no MySpace. Em vez disso, entre nós, Rosie e eu organizamos uma minissessão de fotos na casa da minha mãe. Não havia estilista ou maquiador. Vesti o que gostava na época, que eram vestidos de baile com tênis e grandes bijuterias douradas.

Depois de ler o artigo de Rosie, a *Observer Music Monthly* decidiu fazer um artigo maior. O editor da revista, Caspar Llewellyn Smith, ligou para a Parlophone. "Posso falar com quem cuida de Lily Allen?", ele pediu. "Queremos colocá-la em nossa capa."

Ninguém estava cuidando de mim na Parlophone, mas Caspar foi encaminhado a Murray Chalmers, que trabalhava no departamento de publicidade e era a pessoa certa para qualquer coisa relacionada à imprensa. Murray e eu trabalharíamos juntos por onze anos, mas, naquela época ele ficou, tipo, "Lily quem? Aguarde um minuto." Em seguida, ele percorreu o escritório da Parlophone, batendo nas portas e interrompendo as pessoas em suas mesas.

"Alguém sabe quem é Lily Allen?", ele perguntava.

"Sim", alguém disse. "Nós a contratamos há alguns meses."

"Ah", disse Murray. "Bem, a OMM quer colocá-la na capa neste fim de semana."

VOZ

E foi aí que as coisas começaram a andar. A *OMM* me colocou na capa de sua edição de maio de 2006. Miranda Sawyer escreveu o texto. Foi comemorativo e preciso. Nos demos bem, e ela pareceu entender qual era meu negócio. E agora, a Parlophone também. De repente, eles ficaram, tipo: *"Ah, parece que temos um álbum aqui e deveríamos trabalhar nele. Vamos reunir Lily e Greg novamente para terminar, vamos lançar isso e ganhar algum dinheiro!"*

Quem é Lily Allen? Ah! Nós temos Lily Allen. O-lá, Lily Allen!

FAMA

A fama, quando se é uma estrela popular na indústria do entretenimento, é um jogo. É e não é, dependendo de seus níveis de sanidade e desapego e do grau de firmeza de seus pés no chão. É mais fácil do que se pensa perder o controle da direção e começar a acreditar que tudo isso importa e que você foi ungido por uma razão: que, na verdade, realmente é merecedora, e que as manchas na bolha da fama – as disputas e feridas, as zombarias e humilhações – são dramas urgentes que devem ser tratados e corrigidos. Quando estamos na bolha, pensamos: *Deus me livre que ela possa estourar.*

Às vezes, as feridas são reais. Ser perseguida por *paparazzi* parece ameaçador. No auge da minha fama, a primeira coisa que eu via quando acordava e olhava pela janela era uma parede de homens – vinte, trinta deles – sentados do lado de fora do meu apartamento, vigiando minha porta e esperando que eu saísse para que pudessem me seguir *aonde quer que eu fosse.* Isso era intimidante e me deixava paranoica. Ter a própria casa transformada em prisão é injusto. Da mesma forma, ser

EXATAMENTE O QUE EU ACHO

intimidada por jornalistas de tabloides é perturbador. Lidar com *trolls* online é angustiante.

Muitas vezes, mesmo quando estamos firmemente dentro da bolha da fama, sabendo o quanto tudo é absurdo: uma ilusão tênue. Sabemos que somos Alice e estamos do outro lado do espelho cercados por Chapeleiros Malucos, Tweedledees e Tweedledums; outras celebridades e parasitas, fotógrafos e jornalistas de tabloides: todos estão lá não porque seja importante ou edificante, mas para ganhar dinheiro. Onde quer que se vá, há provocadores, pessoas tentando fazer com que digamos bobagens – de preferência sobre outras celebridades, principalmente se forem mais jovens e mais bonitas do que nós. Essas são as maiores pontuações no jogo de fisgar celebridades. Mas mesmo quando *sabemos* que é tudo ilusionismo, às vezes ainda levamos a sério. Não conseguimos evitar.

Há dois motivos para isso. Um é que é fácil para qualquer um de nós nos levarmos a sério demais. Somos todos propensos à vaidade e à presunção, e é fácil perder a perspectiva quando somos lisonjeados até acreditarmos que tudo gira em torno de nós. Quando isso acontece, pequenos problemas podem se transformar em dramas ridículos. Digo, importa mesmo onde estamos sentados em um desfile de moda ou como aparece nosso crédito no cartaz de um festival? Não, não importa.

Acreditar que somos grande merda é algo que precisa ser resolvido. Muitas vezes, quando lemos uma entrevista com alguém famoso, a pessoa diz que é a família ou os amigos de longa data que a mantém com os pés no chão. *Tá, tá, legal que você seja o número um, mas o cachorro ficou epiléptico, então é com isso que estamos lidando aqui no mundo real*, talvez diga, a título de explicação sobre o que acontece quando se vai para casa. *Bum*, a pessoa volta e é lembrada do que é importante: família, saúde... problemas reais acontecendo em tempo real que precisam de atenção real.

FAMA

Um dos meus problemas, porém, era que minha família e meus amigos não colocavam meus pés muito no chão. Não estou transferindo a responsabilidade. Sei que não é trabalho deles esperar em solo firme para me ancorar quando eu estiver pronta para voar menos. Foda-se isso. Talvez algumas pessoas entrem na bolha e pensem: *Quer saber, vou trazer todos os meus amigos pra cá (minha comitiva!) e pagar a eles ou bancá--los para que possam se juntar a mim neste lugar tortuoso e sufocante onde podemos comprar o que quisermos, mas ninguém nunca nos diz a verdade.* Eu não podia fazer isso. Minha família e meus amigos conheciam a bolha por conta própria. Mamãe, papai, Sarah, Alfie, Jess, Phoebe, Miquita, Danny... eu poderia continuar indefinidamente. O trabalho, a formação ou as experiências deles permitiram que testemunhassem isso de perto até certo ponto, e não quando chegou a minha vez. Eles tinham conhecimento, a maioria deles, e não estavam a fim. Tentei fazer amizade com pessoas que já estavam estabelecidas dentro da bolha, e isso sem dúvida não funcionou. Não era amizade, era um jogo, e eu não estava interessada nisso.

Mas ajuda a explicar por que achei tão fácil perder o controle da realidade e por que não me saí melhor em, por exemplo, tratar matérias de tabloides como embrulho de peixe do dia seguinte. Parecia que todo mundo que eu conhecia trabalhava na mídia, e a fama era uma moeda de troca para todos nós. Como todos lidávamos com isso, foi difícil me separar de seu imenso poder.

Essa foi uma parte do meu problema. Mas a outra foi a confusão. Porque um dos efeitos colaterais mais marcantes da fama, de onde quer que a gente venha e quem quer que a gente seja, não passa disso: uma confusão total e absoluta. A fama, por sua própria natureza, é confusa. Ela cria outra persona ao nosso redor, como uma aura de brilho artificial. Claro, as multidões de pessoas que leem a nosso respeito ou ouvem nossos discos conhecem apenas uma versão nossa que foi projetada para o mundo. E pode não importar se essa versão é uma

Parecia que todo mundo que eu conhecia trabalhava na mídia, e a fama era uma moeda de troca para todos nós.

FAMA

versão benigna, talvez mais branda, talvez mais interessante de quem somos em tempo real, no mundo real. Mas meu problema era que a versão projetada da Lily pública – a Lily na mídia, a Lily que a maioria das pessoas via ou sobre a qual lia – ficou tão distorcida, que até eu mesma tive problemas em reconciliá-la com o molde original de onde ela saiu. Nas fotos, ela se parecia exatamente comigo. Claro, algumas das declarações e histórias publicadas nos tabloides eram falsidades puras, inventadas, mas se a Lily pública estava na TV ou no rádio ou escrevendo em seu blog, ela era eu – ou pelo menos uma versão de mim. Era confuso. Quem estava no comando de quem? Quem era real? A pessoa quieta que se sentia sozinha ou a barulhenta a quem todos ouviam, mas que parecia incapaz de controlar o que dizia?

Deixe-me explicar um pouco mais essa disparidade e como isso aconteceu. Assim que apareci na capa da *OMM*, eu sabia que havia interesse da imprensa em mim. Eu sabia que jornalistas falavam de mim no Groucho Club e esse tipo de coisa. Mas tudo parecia bem até então. Eu falava sobre a minha música, sobre como escrevia meu blog, e essas coisas eram contadas. Os jornalistas acrescentavam suas impressões a meu respeito ou o que achavam das minhas canções, e também estava tudo bem com isso. As coisas começaram a ficar malucas em termos de quantidade de cobertura que eu estava recebendo, mas pelo menos eu ainda conseguia me reconhecer no que estava sendo escrito. Às vezes, as pessoas cometiam um ou dois erros a meu respeito, mas pareciam erros simples ou uma pesquisa apressada, em vez de uma falsificação deliberada. Da mesma forma, a maneira como eu vivia não estava a milhões de quilômetros de distância da maneira como eu vivia antes de minha música começar a decolar.

Claro, antes do verão de 2006, eu não estava me apresentando no palco com um disco de sucesso, mas, em termos da minha vida real do dia a dia, as coisas eram reconhecíveis e pareciam familiares. Basicamente, eu ainda me sentia segura. Sim, eu estava em turnê fazendo o

EXATAMENTE O QUE EU ACHO

circuito de festivais com minha própria música, mas estava com Tunde e os meninos do Future Cut, com quem estive em Manchester, e conhecia minha assistente, Emily, fazia anos, porque ela era a melhor amiga da minha irmã Sarah. Conosco também havia um *roadie* chamado Derek, que tinha sua própria banda, chamada Peter and the Test Tube Babies, e um produtor chamado John Delph. A gente se dava bem. Falávamos a mesma língua. Estávamos juntos na estrada, dentro de uma van com uma mesa e nove assentos. Nossa ração consistia em latas de sidra Strongbow e salgadinhos Monster Munch, e nós sentávamos, comíamos e conversávamos. Não era nada deslumbrante ou maluco e ninguém ficava paranoico ou se comportava mal. Era risada certa. Foi uma época ótima. Gostaria de ter algo parecido agora.

Mas, mesmo assim, não era bem o que parecia.

Não ser capaz de confiar em todos, mesmo nas pessoas que conhecia havia anos, foi apenas uma das duras lições que tive de aprender naquele verão. Outra foi que minhas próprias palavras, mesmo em uma entrevista gravada, podem ser tiradas do contexto, e isso pode afetar o que eu disse. Por exemplo, no verão de 2006, bem quando eu estava fazendo muito sucesso, o jornalista Alex Bilmes (agora editor da *Esquire*) foi ao escritório do meu empresário para me entrevistar para um artigo na *GQ*. Nós nos demos bem imediatamente e, com o tempo, nos tornamos bons amigos. Mas ele foi a primeira pessoa a me sacanear em uma entrevista. Ele me incitou, eu disse coisas, ele riu e eu disse mais coisas para fazê-lo rir mais. Eu queria impressioná-lo com minha irreverência e inteligência ousada. Alex não me citou de maneira errada, mas como ele próprio não aparecia no texto, parecia que eu estava falando mal da Madonna, digamos, do nada, só por diversão.

Ele perguntava: "O que você acha da Madonna?"

Eu respondia: "Ela pode ter significado algo no passado, mas não conheço ninguém da minha idade que se importe".

FAMA

Mas para quem lia era como se eu simplesmente tivesse falado sobre Madonna e sua irrelevância, sem ser questionada especificamente sobre ela.

Basicamente, não importa como um jornalista consegue sua reportagem, contanto que ele não esteja inventando nada e o que você disse esteja registrado. Não adianta nos sentirmos prejudicados. Em vez disso, a gente aprende que tudo o que importa – para a curta vida daquele textinho sobre o qual eles têm controle total – é o que dissemos. Aprendemos a não dizer coisas ou como dizer tudo com mais cuidado. Aprendemos a ser mais cautelosos. Levei muito tempo para aprender essas lições.

Eu não me senti explorada por Alex e o texto dele ou por aquele tipo de jornalismo. Achava que fazia parte do jogo. Eu sentia como se estivesse aprendendo a jogar. Pensava: *Beleza, aqui é onde você começa a aprender. Fale mal da Madonna, e você acabará com a imensa base de fãs dela enlouquecendo contra você na internet. Ponto pra eles.*

Eu era frequentemente questionada por coisas que havia dito. E com razão. Quando escrevia meu blog no MySpace, antes de ser famosa, parecia que estava escrevendo para mim mesma. Eu sabia que as pessoas estavam lendo o blog, mas parecia um fórum seguro e íntimo. Eu não me sentia constrangida quando escrevia e não tinha nenhum plano em particular.

Um post típico era assim: "Tive o desprazer de ser acordada pelo rádio e aquela vagabunda da Edith Bowman tagarelando sobre como ela é a MELHOR amiga de quase qualquer um, desde que eles estejam em uma banda e de preferência usando jeans skinny e cardigãs listrados, e como os Magic Numbers são absolutamente brilhantes, DE NOVO."

Edith Bowman havia lido o que eu tinha escrito. Quando a conheci, ela me perguntou por que eu a chamei de vagabunda. Fui sincera. "Eu sinto muito", disse. "Você sempre me pareceu uma pessoa quadrada que tem vários amigos músicos. Além disso, eu estava zangada com você porque estava desesperada para que você tocasse um dos meus discos no seu programa. Mas você tem razão. Eu não conhecia você. Eu sinto muito mesmo."

Edith Bowman reagiu bem quando me desculpei. Ela é uma pessoa legal.

Alfie, por outro lado, ainda não me perdoou por ter composto uma canção sobre ele: "Alfie". Ele odeia a canção e ainda se ressente de mim por tê-la composto. Eu não o culpo. Quando escrevi os versos, não me ocorreu que seria um sucesso ou que a fama estava chegando. Mesmo que, naquela altura, eu estivesse compondo com Greg em um estúdio em Los Angeles, não havia um público esperando para ouvir o que eu havia feito. Não havia nenhum ruído externo entrando no estúdio. Eu estava apenas fazendo minhas coisas, compondo músicas sobre o que eu conhecia.

Mas Alfie *ainda* é questionado sobre a canção em entrevistas. Ele acha isso um tédio. Eu sei como ele se sente, porque quando comecei a me sair bem, todo mundo só queria falar comigo sobre meu pai. É assim que rola a bolha da fama. Eu fiquei famosa e meu pai também era meio famoso, então ele deve ter passado essa fama para mim. Então, mesmo que a reportagem seja sobre você, vamos falar sobre ele e como você na verdade trapaceou um pouco para entrar no clube, certo, Lily Allen? Correto? Como se eu tivesse entrado para a empresa da família – *Os Allen: nosso negócio é a fama!* – sem merecer minhas próprias insígnias. Isso é o que me irritava: essa suposição de que foi fácil para mim, de que eu simplesmente havia entrado sorrateiramente.

Tudo isso foi uma curva de aprendizado íngreme, e nem tudo foi agradável, mas pelo menos eu ainda podia detectar a mim mesma no que estava lendo, vendo ou ouvindo. Sim, eles haviam entendido as coisas um pouco errado. Ou, merda, eu deveria ter pensado por mais tempo antes de falar. Ou, puta que o pariu, melhor não tomar porres com jornalistas. Lições do jogo da fama, tudo isso.

O que não era uma lição, mas uma violação, era o que acontecia com os tabloides. Essa era uma experiência totalmente diferente e profundamente confusa. Isso me enlouqueceu, e não digo isso de maneira leviana.

***

Tudo começou em julho de 2006, depois que meu primeiro single, "Smile", foi lançado. Ele começou a subir nas paradas imediatamente e, no meio do mês, atingiu o topo, tirando "Hips don't lie", de Shakira, do primeiro lugar.

No fim de semana anterior, eu havia participado do festival T in the Park. Lá, um cara da *NME* pediu para me entrevistar. Concordei.

"Como você vai comemorar?", ele perguntou, com um brilho nos olhos.

"Ah, você sabe", eu disse, sarcasticamente, cheia de falsa sofisticação, "provavelmente usando um monte de cocaína." Eu tinha 21 anos, estava em um festival e gostei do cara. Achei que estávamos flertando.

Isso foi em um sábado. Na manhã seguinte, a capa do *News of the World* estava ocupada por uma foto minha com uma manchete dizendo algo como: "Estrela número um se enche de cocaína".

E assim começou.

Claro, eu usava drogas, mas me encher de cocaína? Como assim? Fiquei confusa. Foi naquele momento, em que a bolha de irrealidade explodiu e eu me vi flutuando – sem limites, sem caminho certo para cima, sem chão, sem âncora na terra –, que nasceu a Lily-caricatura.

Em retrospecto, acho que fiquei traumatizada com aquela primeira manchete. Eu certamente me senti oprimida, especialmente porque

Claro, eu usava drogas, mas me encher de cocaína? Como assim?

depois que essa relação com os tabloides começou, eu não parecia capaz de interrompê-la. Eu fazia ou dizia alguma coisa, fosse boa ou má, e os tabloides escreviam o que queriam, criavam qualquer história que decidissem publicar a fim de perpetuar qualquer narrativa que tivessem resolvido criar.

Às vezes, matérias de tabloides são totalmente falsas. Na sua maioria, elas contêm uma migalha de verdade – a pessoa estava em um determinado lugar em um determinado momento –, mas elas desviam para muito longe de qualquer verdade. Se somos fotografados chorando, é porque estamos tendo um colapso nervoso. Se frequentamos um internato por um tempo e nossos pais foram bem-sucedidos: isso explica nosso sucesso.

Se somos vistos brincando com Elton John em uma cerimônia de premiação: começamos uma briga e ofendemos um patrimônio nacional. Somos fotografados sem aliança: nosso casamento deve ter acabado. Nunca somos vistas com os filhos: somos uma péssima mãe. E assim por diante.

Às vezes, é fácil descartar essas narrativas. Sim, eu fui fotografada passando mal no Carnaval de Notting Hill no verão de 2016. Sim, eu tive um repé. Não, eu não estava perdendo a cabeça. Em outras ocasiões, de forma preocupante, eles podem começar a se autoperpetuar. É um processo insidioso. *"Como você está?"*, as pessoas que conhecemos perguntam, preocupadas, depois de ler sobre, digamos, nossos aparentes problemas conjugais. "Estou ótima", respondemos, animados.

"Não", eles continuam, bem-intencionados ou ávidos por fofoca.

"Como você está *de verdade?*"

Ai, meu Deus, pensamos. Como estão as coisas de verdade? Eu achei que estavam bem. Talvez não estejam. Talvez não esteja tudo bem, afinal.

Claro, se formos totalmente fortes e estáveis, conseguimos deixar todo esse ruído de lado. Se tivermos uma formação sólida e segura e um ótimo sistema de apoio, a fama talvez seja muito fácil. Eu não tenho como saber.

E existem os aspectos positivos, é claro. Teve outra coisa que aconteceu quando "Smile" foi lançada: eu recebi uma quantidade incrível de apoio das pessoas, e isso ajudou muito a aumentar minha confiança e foi maravilhoso para a minha autoestima. Eu recebia roupas e sapatos, e estava sendo vestida pelas melhores casas de moda. Mas tudo isso contribuiu para a montanha-russa: em um minuto eu estava, tipo, *Isto é incrível.* Mas então eu acordava e via os jornais e *Bang! De volta ao outro lado.* Se fosse positivo, era ótimo, mas, se fosse negativo – e era na maior parte negativo –, era horrível e desconcertante.

É também algo que nos isola de todas as maneiras. A mais óbvia é em relação à confiança.

Às vezes, os tabloides não inventam nenhuma história. Eles as compram. A primeira vez que isso aconteceu comigo foi logo depois do lançamento de "Smile". A canção era sobre Lester, e eu fui honesta quanto a isso nas entrevistas. Os repórteres perguntavam: "Sobre quem é a canção?". E eu respondia: "Meu primeiro namorado de verdade, por quem eu estava muito apaixonada". Toda vez que eu dizia isso, lembrava daquele telefonema triste que Lester fez do seu barco a vela, quando me disse que não estava mais interessado em mim.

Mas Lester, na verdade, voltou a ficar interessado em mim mais uma vez – quando "Smile" chegou ao número um da parada. Pelo menos, ficou interessado no que poderia ganhar vendendo sua versão de nosso relacionamento para o *News of the World.* A história era algo como: "Nossas aventuras sexuais na floresta loucos de Ecstasy", e ele aparentemente recebeu 80 mil libras por ela. É verdade, nós transamos ao ar livre, na festa da prima dele. Ela era rica e, como Lester, de classe alta, e a festa aconteceu em sua propriedade na Irlanda. Havia muitos lugares privados para fazer sexo em uma noite quente com o namorado de dois anos. Eu não me senti lasciva ou selvagem en-

FAMA

quanto fazíamos aquilo. Minha lembrança era de ter sido algo doce, íntimo e privado.

Mas a pior parte de Lester vender a história não foi o fato de ele ter feito isso, mas o fato de que nenhum dos amigos dele – que também eram meus amigos, ou pelo menos eu achava que fossem – não disseram nada a respeito. A impressão era de que não havia problema em trair alguém que você um dia amou por dinheiro. Eu achei isso confuso.

Pelo menos no caso daquela história, eu sabia que havia sido Lester quem vendeu. Mas a pior parte de pessoas serem pagas para vazar histórias sobre nós não é que elas façam isso (quem sou eu para julgar? Quem sabe em que situação financeira terrível elas podem estar?), é não saber *quem* está fazendo isso.

Todos os tipos de coisas passam pela nossa mente. A gente pensa: *É o companheiro da minha prima?* Quem caralhos tem como saber? E para quem já tem problemas de abandono, o que eu tenho, isso se torna bastante preocupante e solitário. A pessoa fica paranoica. Não se sabe em quem confiar. Não se sabe dá pra confiar em alguém.

A gente vê que as coisas ficam confusas, mesmo na vida real, com pessoas que conhece de verdade. É ainda mais confuso tentar manter o controle da persona que foi criada: quais partes foram criadas por nós e quais foram complementos ou criações dos tabloides.

Às vezes eu me perdi na fama, mas nunca a persegui por si mesma, nem tentei preservá-la. O que eu queria era encontrar minha voz, e isso eu fiz. Mas enquanto esse processo miraculoso acontecia e eu começava a perceber que podia escrever canções, sentia como se minhas bases recém-formadas tivessem sido arrancadas de mim e minha voz não fosse mais minha. Foi isso que fez a manchete do *News of the World*. Ela transformou minhas palavras em mentiras. Isso pesa muito quando nossa moeda se baseia em dizer a verdade. Não me refiro apenas ao mundo exterior, mas também a mim mesma. Pra mim, compor uma canção e depois apresentá-la para as pessoas exige um imenso artifício de confiança, e esse artifício não se baseava na técnica ou em uma habilidade aprendida, mas no desejo de me expressar – meu eu real e verdadeiro.

Era por isso que eu achava a fama dos tabloides tão arrasadora. Eu havia lutado anos antes de me tornar cantora, mas essa luta não era para obter reconhecimento externo. Eu sequer estava lutando para dominar meu ofício, ou qualquer ofício. Estava lutando *comigo mesma*. Lutava para sair da sombra da minha infância e da sensação de ser invisível e insignificante por tantos anos. Minha luta era para sentir como se eu existisse como ser humano. Então, depois de encontrar o Lester e me sentir amada (*voilà!*), enfrentei ter sido rejeitada, ter perdido o amor e a sensação de ter perdido o futuro. Fama e sucesso? Para mim era tipo: *Que seja. É oxigênio que estou procurando, uma porra de uma boia salva-vidas.*

Por isso ler aquela manchete foi tão arrasador.

E por isso que era tão confuso ter de pensar: *Eu disse isso?*

Eu pensava: *Mas eu não disse isso.*

Pensava: *acabei de encontrar minha voz, mas essa não é a minha voz.*

Parte de mim pensava: *Ah, merda, eu preciso dar um fim nisso.* Mas eu não conseguia. E também não queria. Sou cheia de opiniões e queria falar o que pensava. Eu me senti confusa e desnorteada, e como se parte de mim estivesse sendo devorada viva, mas não queria calar a boca ou deixar os tabloides me vencerem.

Além disso, as mensagens que eu recebia eram, empiricamente, misturadas. Às vezes, eram positivas: "É muito bom ter alguém que não tem medo de falar", as pessoas diziam. "O pop está estéril há muito tempo. Você é tão revigorante."

"Venha fazer parte da nossa turma", diziam outras pessoas famosas. "Por favor, participe do nosso programa de TV", pediam. "Venha ser engraçada no *Never mind the buzzcocks* ou no *Friday Night Project* ou qualquer outra coisa. Venha tirar sarro de si mesma e se juntar a nós aqui. Nós somos inteligentes e experientes e conseguimos fazer com que a bolha da fama nos remunere e nos recompense, mesmo enquanto fingimos que a estamos esvaziando. Estamos todos juntos nessa, nosso famoso grupo irônico."

Com mais frequência, ou assim parecia, eram mensagens negativas. "Você é uma vergonha", disse Lorraine Kelly, torcendo as mãos e me criticando em rede nacional. "Você é uma fraude", disse Julie Burchill no *Daily Mail*. "Você não passa de uma farsa de classe média."

Era exaustivo. Nada do que eu dizia era particularmente controverso ou fora do comum. Mas eu era uma jovem em uma indústria que preferia suas mulheres dóceis e subservientes, famintas – e de preferência um pouco frias e trêmulas por não estarem usando roupas suficientes. Em outras palavras, vulnerável e, portanto, mais manipulável e mais fácil de entrar na linha, sendo essa linha a ideia de que o que vende é juventude, apelo sexual e um corpo esguio, sem partes femininas flácidas e feias: nem no corpo nem na mente.

Eu queria protestar contra tudo isso, mas também era uma jovem adulta carente aprendendo a processar tudo o que estava aprendendo. Eu insistia em não ser objetificada e, ainda assim, meu Deus, me importava por não estar sendo objetificada o suficiente. Eu detestava que jovens cantoras estivessem sendo reduzidas a objetos de desejo, mas ansiava por ser intensamente desejada. Eu tinha 21 anos e não tinha muita experiência. Era caótica, carente, narcisista, temerosa. Era indignada, franca, destemida. Ficava na defensiva em um instante, não dava a mínima para nada no seguinte.

Minha maneira de lidar com todos esses sentimentos contraditórios e a enorme confusão que sentia…? Eu mandava tudo embora com bebida, álcool, sexo, compras e me apegando a homens. Às vezes, eu me agarrava por longos períodos a drogas, bebidas ou comida para ter uma sensação de cegueira entre mim e o mundo que agora

EXATAMENTE O QUE EU ACHO

habitava. E, às vezes, eu me encolhia, porque ser magra e enxuta me tornava menos: menos bagunceira e uma caricatura menos grotesca.

Você deve se lembrar da Lily-caricatura dos tempos dos tabloides, há mais de uma década. Ela esteve presente por anos e ainda me surpreende fazendo aparições ocasionais na imprensa ainda hoje. A Lily-caricatura era bem-sucedida em termos de carreira, mas era um desastre como pessoa. Ela usava drogas demais, ficava bêbada, não se importava com os modos, dizia o que pensava, não se cuidava e era displicente com dinheiro e sexo. O peso dela flutuava. O cabelo mudava de cor. Ela não era feia e ficava muito bem quando se arrumava, mas era possível ver fotos dela acabada. Ela era o sonho de um editor de tabloide.

Eu a via nos tabloides – aparentemente, ela era eu – conversando em uma festa ou voltando para casa um pouco bêbada e lia sobre como ela era repulsiva e pensava: *Sério? Essa caricatura sou eu? Ou: Não, na verdade, não?* Porque muitas vezes é difícil saber o que está de fato acontecendo ou o que importa de verdade. Por exemplo: *Vocês estão publicando fotos da minha vulva em um jornal? Sério?* Mas não é totalmente real, porque é uma fotografia de um jornal, e se você estivesse comigo na vida real, provavelmente não teria visto minha vulva. Não é como se eu a tivesse exibido. Foi só depois do evento e por meio de uma imagem digital, criada com uma fotografia com flash e um vestido semitransparente que eu fui exposta.

Então, por um lado, eu tenho uma vulva e há muitas câmeras na minha vida, então isso acontece e não é tão importante de modo geral, mas, por outro lado, é desorientador, porque dói quando alguém fala para você cobrir sua vulva em um jornal nacional. Mas é preciso se treinar para não se magoar, porque, na verdade, em termos de fama e de tabloides, esse tipo de coisa é o de menos.

Quando nos tornamos famosos rapidamente, é um novo terreno. Não sabemos onde estão as armadilhas, então é preciso aprender a

Quando nos tornamos famosos rapidamente, é um novo terreno. Não sabemos onde estão as armadilhas, então é preciso aprender a configuração do relevo em meio aos tropeços. Eu tropecei muito e caí em todos os tipos de armadilhas.

EXATAMENTE O QUE EU ACHO

configuração do relevo em meio aos tropeços. Eu tropecei muito e caí em todos os tipos de armadilhas.

Acho que em parte por isso nunca fui reverente com jornalistas. Muitos deles, me parecia, tinham seus próprios planos e iam escrever a narrativa que já tinham na cabeça, não importava o que eu dissesse. Ainda mais perigoso, às vezes, era a maneira como manipulavam situações (pagando pessoas para vazar histórias, inventando coisas, me seguindo ou me intimidando até que eu explodisse) para que se adequassem à narrativa deles (que eu era a nojenta e a idiota da Lily-caricatura, sempre me metendo em confusão) e me fazendo mudar meu comportamento real. Uma coisa é quando os tabloides distorcem a realidade, mas fica mais perigoso e preocupante quando as histórias começam a afetar a sua própria realidade.

Isso aconteceu comigo principalmente em 2007, quando eu estava saindo com Ed Simons, do The Chemical Brothers. Ele também é um ser humano real, e agora está estudando para ser psiquiatra, mas em termos de tabloides, nós não existíamos como seres humanos, com direito a privacidade e dignidade: éramos estrelas pop e, portanto, éramos alvos válidos. Quando comecei a sair com Ed, eu estava trabalhando muito nas composições para meu segundo álbum, *It's not me, it's you*, e minha carreira estava a todo vapor. Então, não muito depois de Ed e eu ficarmos juntos, os tabloides ligaram para meu assessor de imprensa para pedir confirmação de que eu estava grávida. Eu não estava, mas, embora meu assessor de imprensa negasse veementemente, o editor de notícias do *The Sun*, um cara chamado Chris Pharo, estava decidido de que seu jornal iria publicar uma matéria dizendo que sim.

Eu fiquei pasma. Por que o *The Sun* pensaria que eu estava grávida? Mesmo que estivessem vasculhando minhas latas de lixo, não poderiam ter encontrado um teste de gravidez, porque eu não tinha feito nenhum. Talvez alguém tivesse me seguido ao ginecologista, talvez soubessem (de alguma forma) que eu havia removido meu DIU por volta dessa época. Eu o havia retirado não porque queria engravidar, mas porque o estava usando fazia cinco anos e estava hora de dar ao meu corpo uma pausa e usar outro método contraceptivo.

Realmente não importava por que ou como o *The Sun* tinha uma teoria da gravidez (talvez estivesse apenas blefando para conseguir alguma reação minha). Do meu ponto de vista, o que importava era que não chegasse às manchetes. Minha avó católica estava muito doente na época (ela morreu meses mais tarde), e a ideia de que uma mulher moribunda teria de ler algo falso que a aborreceria gravemente parecia insuportável para mim. Eu precisava impedir aquilo.

Escrevi a Chris Pharo um e-mail comedido. Achei que ser educada ajudaria a não causar agitação. Disse a ele que minha avó estava muito doente e que ela não sobreviveria lendo algo assim no jornal. "Por favor, não publique isso", escrevi.

Então, uma semana ou mais se passou, e minha menstruação atrasou.

Eu estava, de fato, grávida, e pirei em muitos níveis.

Como diabos o tabloide descobriu que eu estava grávida antes de mim? Isso é loucura, pensei. Minha paranoia explodiu. Se o *The Sun* souber que estou grávida, e eu não anunciar a gravidez, eles estarão à espreita para uma história de aborto. Como fiquei literalmente traumatizada com a história de primeira página sobre meu suposto uso excessivo de cocaína pouco mais de um ano antes, não sabia como lidaria com aquilo. Com o choque, combinado a hormônios, estar sendo seguida por toda parte por vários homens com câmeras em motos e geralmente me sentindo caçada, acabei ficando totalmente paralisada de ansiedade. Eu estava ainda mais assustada porque havia enviado um e-mail diretamente para Chris Pharo do meu e-mail pessoal, negando estar grávida. Achei que eles poderiam me causar problemas se, digamos, o *Mirror* conseguisse a notícia e a publicasse primeiro.

Eu não sabia o que fazer. Eu não tinha planejado a gravidez e sabia que não queria ter o bebê. Mas, agora, teria de interromper a gravidez aos olhos do público e sob os holofotes dos tabloides, o tempo todo suportando a moralidade hipócrita deles. Parecia uma perspectiva terrível. Também me preocupava que Ed, que era um cara de sucesso na casa dos quarenta (um bom parceiro, em outras palavras), pudesse pensar que eu havia engravidado "acidentalmente de propósito", como uma forma de prendê-lo. Por outro lado, também me preocupava que, se dissesse a Ed que não queria o bebê, seria o mesmo que declarar que nosso relacionamento não tinha futuro e, assim, correr o risco de ser abandonada. E é de mim, Lily, que estamos falando: eu faria qualquer coisa para não arriscar ativamente que um cara me deixasse.

Então, naquela noite, tive de contar a Ed que estava grávida e fingir que estava feliz com isso. Então tive de contar ao mundo que estava grávida. E fingir que estava feliz com isso. E então, três semanas depois, precisei fingir um aborto espontâneo. Pareceu a única forma de explicar a minha gravidez e terminar a história com alguma dignidade. Eu tinha 24 anos, estava grávida de cinco semanas e com os hormônios nas alturas. Me sentia uma pessoa má, porque estava exigindo muita atenção para anunciar minha gravidez ao mundo cedo demais, fingindo estar feliz com isso e, em seguida, fingindo estar transtornada por um aborto espontâneo. (Ed e eu terminamos alguns meses depois, de qualquer maneira – o que não é de surpreender, dada a minha disfunção.)

Os tabloides ficavam dizendo que eu estava fora de controle, bebendo demais e tomando drogas demais, e então comecei a pensar: sim, essa sou eu. Eu era jovem. Não podia falar com ninguém sobre a verdade. Eu sentia como se estivesse cumprindo uma pena, e essa pena era: *Você não pode falar com ninguém . Você não pode confiar em ninguém. Você está sozinha.*

Cumpri essa sentença por muitos anos e paguei muito caro por meus sentimentos de desconfiança e paranoia. À medida que avan-

FAMA

çava, tentava disfarçar o sentimento de isolamento de todas as maneiras: apegando-me muito rapidamente aos homens (como poderia estar solitária se havia encontrado um parceiro?) e prestando atenção demais ao que flutuava ao meu redor, na superfície: como eu estava (ou não estava) bonita, as roupas que eu podia comprar, as festas a que eu podia ir, o sucesso que eu podia conquistar, a diversão que podia ter (não era tudo ruim), a bebida e as drogas que eu podia consumir. Em vez ficar sóbria e provar que eles estavam errados ou simplesmente ignorá-los completamente (o que eu achava impossível), reagi àquele discurso constante usando muitas drogas.

Leitor, eu arranjei e usei muitas drogas.

GLASTONBURY

Comecei a usar drogas recreativas quando tinha 15 anos. Minhas amigas e eu íamos a festas todo fim de semana para ouvir drum and bass e jungle music, e havia muita cetamina disponível. A gente tomava cetamina porque era barata. Naquela época, cocaína era algo que os garotos mais velhos davam a quem era jovem e bonita. Não tínhamos dinheiro para comprar. Mas o que a gente queria mesmo era Ecstasy.

Eu descobri as alegrias do E em Glastonbury. Glastonbury sempre fez parte da minha vida, e as drogas, para mim, sempre fizeram parte de Glastonbury. Por isso que não tenho estado presente nos últimos tempos. Não quero mais ir a algum lugar por três dias e usar um monte de drogas, mas tenho dificuldade em ir lá e *não* usar drogas. É uma pena. Conheço pessoas que vão lá sóbrias e se divertem muito, e há reuniões de NA em Glastonbury atualmente. Mas eu ainda não cheguei lá. Eu ainda fico, tipo: *Por que fazer isso com você mesma?* Para mim, estar com meio milhão de pessoas drogadas comigo estando sóbria seria um ato de masoquismo.

EXATAMENTE O QUE EU ACHO

Eu conheço meus limites. Não consigo fazer isso.

A primeira vez que fui a Glastonbury foi em 1985. Eu tinha oito semanas de idade. Para nós, os Allen, Glastonbury era mais importante do que o Natal, e certamente era quando mais membros da nossa família se reuniam. Mas mesmo sendo uma coisa de família, nós, crianças, tínhamos nossas próprias identidades no festival, porque tínhamos nossos próprios amigos lá dentro do grupo maior e podíamos sair, em nossos grupinhos, e encontrar a música que queríamos ouvir ou as tendas em que queríamos dançar ou a comida que queríamos comer, e isso parecia bem especial. Acho que era por isso que eu gostava tanto. Podíamos ser independentes e encontrar o que gostássemos por conta própria, mas havia uma grande unidade familiar construída ao redor da fogueira que sempre estava lá esperando nosso retorno.

Nem tudo era idílico. Glastonbury não é o festival da primavera. Os adultos usavam drogas, às vezes demais. À medida que fui crescendo, comecei a reconhecer a ansiedade relacionada às drogas dos outros. Sabe como o clima pode mudar às 4 da manhã, quando as pessoas estão loucas? Quando as coisas ficam complicadas? Quando as coisas param de ter graça e as pessoas param de compartilhar drogas e começam a ir ao banheiro sozinhas ou com sua pessoa escolhida, e a atmosfera fica amarga e agressiva em vez de divertida e comunitária? Aprendi a reconhecer esse momento quando era criança. Acho que é por isso que agora eu sempre paro quando a atmosfera muda. É uma zona proibida para mim. Eu peguei pesado nas drogas e na bebida e, como você verá mais tarde, cheguei ao fundo do poço com a bebida. Mas, até aquele momento, eu nunca fui alguém que ficava insistindo depois de a festa ficar sombria. Tenho certeza de que sou capaz de reconhecer isso instantaneamente, porque testemunhei em Glastonbury com meu pai e seus amigos ao redor da fogueira. Minha reação é fugir. Eu me afasto, rápida

GLASTONBURY

e silenciosamente, de onde quer que esteja, e vou embora ou, se a festa for na minha casa, vou para a cama, mesmo que isso signifique tomar soníferos ou calmantes para dormir.

Mas, antes das coisas azedarem com as drogas, tomá-las pode ser incrível. Eu adorei a minha primeira experiência com ecstasy. Eu tinha 15 anos e experimentei com Miquita e Phoebe. Acho que tínhamos vinte libras somando entre nós, então conseguimos três Es. Cada uma pegou um e, de alguma forma, nos separamos. Pode ser assustador estar em um festival sozinha e drogada, especialmente se for a primeira vez com ecstasy, mas eu estava bem. Uma coisa que meu pai me ensinou em Glastonbury ao longo dos anos foi a arte de enrolar as pessoas, e eu consegui convencer alguém a me levar para a barraca de drum and bass, onde eu sabia que eles estariam dançando. Depois, passei uma conversa no MC para falar no microfone e pedir para elas se encontrarem comigo no meio da tenda. Deu certo. Por outro lado, parece que muita coisa dá certo em Glastonbury. Ao longo dos anos, experimentamos de tudo lá. Às vezes, recebíamos passes para os bastidores de alguns shows graças ao amigo de papai, o músico Joe Strummer; mas, na maior parte das vezes, tínhamos que dar um jeito e nos esgueirar pela lateral do palco se quiséssemos ver alguém de perto e estar no meio da ação.

Quando crianças e adolescentes, a gente não apenas conquistava coisas na conversa em Glastonbury, a gente roubava também. Éramos uns terrores. Como nunca tínhamos dinheiro vivo – mesmo que ele tivesse dinheiro naquele momento (e isso variava), meu pai não nos dava nada, e certamente não em Glastonbury, onde sabia que a grana seria gasta em drogas –, a gente costumava afaná-lo dos adultos. Roubávamos outras coisas também. Se fosse um ano com lama, passávamos pelas bancas de bijuterias arrancando anéis e brincos dos mostruários, jogando-os na lama das nossas botas e nos afastávamos. Lavávamos as peças e depois as vendíamos. Não se ganhava muito

EXATAMENTE O QUE EU ACHO

com um pouco de prata hippie, mas dava para comprar uns smoothies, uma bandeira ou qualquer outra coisa que quiséssemos naquela época.

Papai não prestava muita atenção na gente, mas isso não parecia importar em Glastonbury. Ele *estava lá*. Mas, às vezes, as coisas davam errado. Em 1998, ele teve um ataque cardíaco em Glastonbury. Aquilo foi muito intenso. Eu tinha catorze anos e lembro de voltar à fogueira para encontrar a mulher de Joe, Lucinda, esperando por mim. Ela me disse que papai havia sido levado ao hospital de campanha em uma ambulância e que eu deveria ir vê-lo.

Quando cheguei ao setor de emergência do festival, eu me senti tranquila, porque papai estava lá, todo arrumado em uma cama de hospital, ligado a vários tubos e máquinas, parecendo relativamente bem.

O ataque cardíaco foi provavelmente resultado de um consumo excessivo de cocaína.

Ao lado de papai estava uma garota que havia perdido o controle com ácido. Ela se aproximou e se ajoelhou na minha frente. "Você viu Dave?", ela perguntou.

"Não", respondi.

"Perdi meu namorado", continuou ela, com uma expressão distante nos olhos. "O nome dele é Dave, mas não sei onde ele está. Pode me ajudar a encontrá-lo?"

"Tudo bem", respondi. "Como ele é?"

Ela levantou os dedos separados por uns dois centímetros. "Ele é *deste* tamanho", disse ela, piscando os olhos como se o estivesse medindo. "E tem cabelo castanho."

Lembro de pensar: Não sou a adulta nesta situação, mas vou assumir esse papel e tentar tranquilizar essa garota.

"Dave vai aparecer", eu disse a ela. "Talvez ele seja um pouco maior do que você esteja esperando."

Papai teve alta da tenda do hospital no dia seguinte. Foi levado de volta para o nosso acampamento e colocado na cama em um dos

GLASTONBURY

trailers de lá. Fui ver como ele estava e o encontrei com uma cédula enrolada na mão e um livro no colo, prestes a cheirar uma carreira de cocaína. Fiquei furiosa. "Você acabou de ter um ataque cardíaco por usar cocaína demais e agora está *usando cocaína?*", gritei.

Ele não se importou. Cheirou a carreira mesmo assim.

Glastonbury deixou de ser uma coisa de família depois que Joe morreu em 2002. Papai continuou indo depois disso, mas era diferente. Comecei a ir com Miquita e Phoebe em vez de papai. E quando estava com o Lester, fui com ele. Depois que Joe morreu, os Eavises abriram uma seção do local e chamaram-na de Strummerville, e todos os anos ganhávamos um lugar especial lá.

Isso tornava a apresentação em Glastonbury ainda mais especial. Eu tenho uma conexão real com o lugar, então, tocar lá foi algo absolutamente incrível para mim. Fiz meu primeiro show em Glastonbury em 2007. Eu estava no Pyramid Stage. Receber aquele palco me fez ter a sensação de ter subido direto ao topo. Foi mágico. Foi incrível. Eu passei anos enrolando pessoas em Glastonbury, afinal, e sempre havia sido uma grande conquista simplesmente conseguir uma pulseira para os bastidores. E então, aos 22 anos, ganhar um bloco de cinquenta passes para distribuir eu mesma, porque dessa vez eu *era* a banda? Aquilo foi mesmo uma loucura. Uma das questões de tocar em um festival é que há muito mais coisas acontecendo. Algumas pessoas querem ver nosso show, mas ainda não chegaram ao palco. Quando começamos a tocar, vemos pessoas correndo na nossa direção. O que parece um campo vazio de repente começa a se encher nos quatro cantos. É uma coisa incrível de se assistir e faz a gente se sentir muito bem. Às vezes, porém, o campo simplesmente não enche.

Em Glastonbury, o campo sempre encheu para mim, mas houve festivais em que toquei e isso não aconteceu, e foi horrível. Artistas chamam isso de "o medo do festival", porque é preciso conquistar as pessoas, mesmo as que estejam bem perto do palco, nas primeiras fileiras – especialmente essas pessoas, na verdade. Provavelmente, eles vieram para ver quem quer que seja a atração principal do festival, não você, e estão apenas esperando o seu show passar para manter o lugar conquistado a duras penas. Se conseguimos conquistar essas pessoas e reunir uma multidão no festival, nos sentimos capazes de fazer praticamente qualquer coisa.

Às vezes, não conseguir se conectar, mesmo que seja com apenas uma pessoa, pode fazer a diferença em um show, e fazer você se sentir como se tivesse feito um show insatisfatório. Em 2007, quando toquei no Pyramid Stage em Glastonbury, também fiz um show improvisado na sexta à noite para lançar o Park Stage. Foi a primeira vez que Emily Eavis teve sua própria seção do festival para planejar e administrar. Emily me pediu para tocar no Park no último minuto para substituir a cantora M.I.A., que havia cancelado faltando apenas algumas horas para o show dela.

Não foi uma experiência boa, principalmente porque havia uma garota na frente que estava claramente furiosa por M.I.A. não aparecer. Ainda sou capaz de ver o rosto dela e seu olhar de indignação quando viu que era eu no palco, em vez da M.I.A. Ela ficou gritando insultos diretamente para mim durante todo o show. O Park Stage é relativamente pequeno, e a gente se sente perto do público, o que é uma coisa boa. Mas também fez com que a reação e a raiva da garota me abalassem. Eu entendia o que ela dizia e concordava com ela. Eu também não me achava tão legal quanto M.I.A.

Na maioria das vezes, apesar de toda a minha arrogância, eu não me achava nem um pouco legal. Era por isso que ficava tão na defensiva quando era criticada em público. Claro que eu deveria dar risada de tudo, e hoje em dia faço isso. Mas, quando estava no meio de toda a fama e confusão e só me sentia em casa quando tinha um monte de dramas acontecendo, achava impossível não levar tudo tão a sério.

CELEBRIDADE

Gordon Ramsay: "O que você acha de Lily Allen? Garota escrota?"

Cheryl Cole: Acena com a cabeça. Risos. Acena com a cabeça novamente.

Meu Deus, puta merda! Cheryl Cole basicamente me chamou de garota escrota em rede nacional, caralho.

***

Quando "Smile" foi lançado como single, um dos lados B era uma canção chamada "Cheryl Tweedy". É um pequeno número alegre sobre minha própria autoaversão. A primeira estrofe diz:

"I wish I had qualities	*Queria ter qualidades*
like Sympathy/	*como compaixão/*
Fidelity/ Sobriety/	*fidelidade/ sobriedade/*
Sincerity/ Humility.	*sinceridade/ humildade.*
Instead I got lunacy"	*Em vez disso, tenho loucura*

O refrão é assim:

I wish my life was a	*Queria que minha vida fosse*
little less seedy/ Why	*um pouco menos decadente/ Por que*
am I always so greedy?/	*sou sempre tão gananciosa?/*
Wish I looked just like	*Queria ser parecida*
Cheryl Tweedy	*com Cheryl Tweedy*

EXATAMENTE O QUE EU ACHO

Cheryl Cole, nascida Tweedy, ainda era naquela época uma estrela pop na banda Girls Aloud, fantasticamente popular. Ela era pequena e tinha um corpo impecável, uma linda e perfeita princesa do pop que estava sempre linda. Enquanto isso, eu me sentia muitas vezes uma bagunça. Ela falou sobre a minha canção em uma entrevista. Ela disse que se sentia meio que honrada com ela, mas conseguiu ser um pouco desdenhosa ao mesmo tempo.

Eu não aceitei aquilo.

Respondi escrevendo no meu blog do MySpace: "Cheryl, eu não quero me parecer com você de verdade. Eu estava sendo irônica. Ninguém quer se parecer com você *de verdade*, as pessoas só acham que querem."

Alguns meses depois, em maio de 2007, Cheryl e sua colega de banda, Kimberley Walsh, apareceram em um programa de TV de Gordon Ramsay chamado *The F Word*. O formato do show envolvia pessoas famosas comendo em um restaurante de estúdio, enquanto Ramsay andava em volta das mesas com seu traje branco de chef, repreendendo-os por não gostarem de sua comida o suficiente e fofocando sobre outras celebridades. "O que você acha de Lily Allen?", Ramsay perguntou a Cheryl, depois de descobrir que ela não tinha comido seu *foie gras*. "Garota escrota?", ele perguntou, incitando-a. Ela riu quando ele disse isso. Ela claramente achou graça. "Garota escrota", ela respondeu, balançando a cabeça e rindo um pouco mais.

Foi aí que as coisas azedaram. "Cheryl", escrevi no meu blog, "se você está lendo isso, posso não ser tão bonita quanto você, mas pelo menos eu escrevo e CANTO minhas próprias músicas sem a ajuda de um Auto-Tune... Devo dizer: tirar a roupa, fazer dança sensual e casar com um jogador de futebol rico deve ser muito gratificante para você. Sua mãe deve ter muito orgulho, sua vaca idiota."

Imagine escrever isso. Foi uma coisa horrível de se dizer. Claro que a mãe de Cheryl tinha orgulho dela. Por que não teria?

148

CELEBRIDADE

Foi ridículo. Eu ofendi Cheryl porque ela me insultou depois que eu a provoquei. Dá para ver como rola, essa brincadeira. A parte maluca é que agora tínhamos essa rivalidade, como se o ódio entre nós fosse real. Nós duas não *nos conhecíamos*. Quando tudo isso aconteceu, eu nunca havia *visto* Cheryl Cole em pessoa. De fato, eu me ressentia do sucesso do Girls Aloud naquela época. Lá estava eu, no canto esquerdo, toda autoproclamada no feminismo, desafiadora usando vestidos de baile com tênis, orgulhosa de escrever minhas próprias canções e falar o que eu pensava. E, no canto direito, a meu ver, estavam Girls Aloud e sua laia, coniventes com os opressores e perpetuando o que todas enfrentávamos, vestindo poucas roupas e cantando canções escritas por outras pessoas. Eu era a liberada, certo? Eu estava do lado certo. Eu estava falando sobre o que importava.

Que piada. Agora, percebo, é tudo muito mais complicado. Agora, eu penso principalmente: *Por que julgar as pessoas desse jeito?* E, de qualquer maneira, eu liberada, naquela época? Que nada. Eu usava vestidos de baile porque odiava minhas pernas e queria cobri-las. Liberada? Eu tinha inveja. Estava frustrada. Estava enfrentando meus próprios problemas em termos de sexualidade. Eu nunca havia sequer tido um orgasmo. E então ali estavam aquelas garotas lindas – minhas iguais, colegas, por assim dizer, e companheiras de ofício – tirando as roupas e sendo amadas e recompensadas por isso. Eu não aguentava aquilo. Sinto muito, Cheryl. Eu estava com raiva porque ainda não tinha gozado.

Acho que Cheryl Cole levou o que eu disse a sério. Eu imaginei que ela se voltaria contra mim e que nossa luta continuaria e que todos em todo o país leria o *The Sun* e seguiria acompanhando nossa disputa. Era o quanto eu me sentia famosa em 2007.

EXATAMENTE O QUE EU ACHO

***

Quando somos famosos, nos pedem para fazermos coisas para as quais não temos qualificação. Por exemplo, eu nunca tive a ambição de atuar, mas, quando era famosa, recebia roteiros para ler e papéis para considerar. Fui convidada para fazer o papel *principal* na peça teatral *Fat Pig*, de Neil LaBute, por exemplo. Como poderia fazer isso se nunca atuei e não recebi nenhum treinamento para isso? Deve levar os atores de verdade à loucura. Na maior parte das vezes, eu simplesmente recusava esse tipo de coisa. Mas tem as coisas que a gente faz porque estão à margem do nosso setor. Apresentação na TV, por exemplo.

A rigor, então, eu sabia o que estava fazendo quando fui convidada a apresentar o *GQ Awards*, em setembro de 2008. Já havia feito bastante TV até então e sabia como me manter sob controle. Mas, cara, é uma longa noite até chegar ao final. Naquele ano, a *GQ* se associou à AIDS Foundation de Elton John para a premiação. Elton seria o anfitrião da noite, a *GQ* se beneficiaria com a publicidade que ele geraria e dinheiro seria arrecadado para a fundação. (Basicamente, pelo menos enquanto o pessoal pagasse pau um para o outro, o dinheiro estaria sendo recolhido para uma boa causa.)

Elton me perguntou se eu gostaria de apresentar aquela noite ao lado dele. Eu disse que ficaria encantada. Elton e eu nos conhecíamos muito bem naquela época. A empresa dele, a Rocket, estava gerenciando minha carreira. Estávamos acostumados a provocar um ao outro.

Eu bebi durante toda a cerimônia: era uma festa da *GQ* com muito champanhe grátis. Beber muito é o que todo mundo faz. Eu fiquei um pouco grogue, um pouco zonza. Fiquei alta. Todo mundo sabia. Ninguém se importou, muito menos Elton.

"Agora, chegamos a um momento muito especial da noite", disse eu, lendo o teleprompter, quando chegou a hora de apresentar um dos prêmios finais.

CELEBRIDADE

"O quê?" Elton improvisou. "Você vai tomar outra bebida?"

"Vá se foder, Elton", eu disse, e estava sendo sincera. "Sou quarenta anos mais nova do que você. Tenho toda a minha vida pela frente."

Sem ficar para trás, Elton se virou para mim e disse: "Ainda posso cheirar você por baixo da mesa". Ele enunciou cada palavra com absoluta precisão.

"Não sei do que você está falando", disse eu. Mesmo bêbada, eu sabia que não devia levar aquilo adiante. O salão estava cheio de jornalistas. Nós estávamos sendo filmados. "Normalmente não fazemos isso...", eu comecei, tentando voltar ao curso.

Elton começou a me interromper novamente.

"Vá se foder, Elton, de verdade", falei alto para ele. "Sério."

"Tudo bem", disse ele, repentinamente na defensiva, e voltamos para o roteiro.

Foi engraçado. O público riu. Estávamos tirando sarro um do outro. Nada demais.

No dia seguinte, foi relatado que havíamos nos "desentendido espetacularmente" em um "barraco público", que marcou o capítulo de abertura de uma "rivalidade". Segundo os tabloides, nós "entramos em conflito", embarcando em uma "contundente guerra de palavras". Obviamente, foi tudo culpa minha. Eu parecia "bêbada e desgrenhada", e meu comportamento havia sido "vergonhoso".

Que monte de besteiras. Até Elton precisou interferir e comentar sobre a reação da imprensa. "Aquilo foi uma bobagem", disse ele em uma entrevista. "Nós nos divertimos muito... eu amo a Lily. Ela não estava magoada, eu não estava magoado. Eu estava sóbrio, ela, não, mas não importa... Certamente não brigamos no palco."

É desconcertante quando o que é relatado fora da bolha é diferente do que aconteceu dentro dela. Eu fiquei bêbada em uma festa de premiação e troquei gracinhas no palco com meu coapresentador. Fomos fotografados juntos, abraçados. NÃO! Os jornais disseram.

Obviamente, foi tudo culpa minha. Eu parecia "bêbada e desgrenhada", e meu comportamento havia sido "vergonhoso".

CELEBRIDADE

Você é uma brigona, uma bêbada vergonhosa e agora está armando uma rivalidade com sir Elton John.

Esse é o tipo de coisa que acontece dentro da bolha da fama e sua casa de espelhos no show de horrores, e quase que no mesmo instante em que entrei, sabia que queria sair. Sabia que queria uma vida real com bebês, um lar e um parceiro de vida e, cada vez mais, percebia que queria isso logo.

***

Eu já havia conhecido Sam, o homem com quem iria me casar, e um mês depois parei de usar drogas e beber e fui morar com ele. Eu achava que ele ajudaria me dando minha rota de fuga.

Acabou sendo mais fácil do que isso. Acabou que assim que parei de beber e me drogar e fiquei com a cabeça limpa, tudo o que precisei fazer foi me retirar da bolha da fama e ela saiu flutuando, sem mim. Acabou que o título do meu segundo álbum foi tão premonitório quanto eu esperava.

It's not me, it's you: não sou eu, fama, sua desgraçada; no fim das contas, *é você.*

TRABALHO, PARTE DOIS

Seria de pensar que eu poderia ter me sentido insegura ou sob pressão quando se tratou de fazer meu segundo álbum. Fazer um novo álbum costuma ser um pesadelo para muitos artistas que tiveram uma estreia de sucesso. Eles se sentem paralisados por dúvidas em relação a si mesmos ou imobilizados por altas expectativas. Se o primeiro álbum foi um sucesso, eles provavelmente estavam vivendo na bolha da fama também. É difícil escrever sobre sucesso e fama em uma música sem parecer um idiota, e muitas vezes esse é o único material que se tem: ser famoso e surfar nessa onda é tudo o que se andou fazendo.

Claro, existem momentos de glamour: as festas e a bebida, e você pode transar a qualquer hora. As drogas são abundantes, as flores chegam com frequência, o dinheiro sobra, brindes são despachados e você é bem-vindo em qualquer festa. Algumas pessoas se divertem com tudo isso. Outras desprezam. A maioria fica em algum lugar no meio, tentando encontrar uma maneira de manipular a situação para poder aproveitar tanto o sucesso como algum tipo de vida privada e significativa. Mas não importa como você se sente em relação a tudo isso; sucesso e fama não são necessariamente tão interessantes em termos de material criativo. Lembro de pessoas conversando comigo e rindo. "Você conseguiu uma vez", diziam, falando sobre ter sucesso com meu primeiro álbum. "Boa sorte na sequência!" É, obrigada! Eu pensava: *Que hilário. Não seria engraçado se eu perdesse tudo?*

Isso não aconteceu. Meu segundo disco veio facilmente. Eu passei um ano e meio na estrada antes de entrar no estúdio, e as músicas pareceram sair todas de uma vez. Não tenho certeza se os artistas jovens hoje sofrem da síndrome do segundo álbum da mesma forma que as gerações anteriores, agora que o *streaming* substituiu a compra tradicional de discos e "o álbum" perdeu seu significado totêmico. Eu estava à beira dessa mudança. E, na verdade, a experiência da fama provou ser um acréscimo valioso no meu caso. O deslocamento entre minhas vidas interna e externa e a diferença entre como eu me sentia e como era retratada na imprensa pareciam tão imensos que mereciam ser explorados. Era, para mim, um material interessante e relevante.

Meu primeiro álbum, *Alright, Still*, foi uma espécie de colcha de retalhos, feito de uma música aqui, outra ali. Eu não queria que meu segundo álbum fosse assim. Queria que parecesse mais delineado, como uma história completa. Eu também sabia que a pessoa com quem eu queria trabalhar era Greg, e apenas ele. Já tínhamos um modelo de trabalho, e ele entendia minhas referências. Eu também gostava dele. Ele não é do tipo showbiz. Eu me sentia confortável escrevendo com ele, e não ficava insegura quando precisávamos resolver coisas.

Começamos a escrever *It's not me* em um chalé alugado em Moreton-in-Marsh, em Gloucestershire, em 2007. Eu queria fugir de Londres e tinha ouvido falar desses estúdios residenciais no campo que as bandas às vezes alugam: locais privados, com uma suíte de gravação

TRABALHO, PARTE DOIS

ao lado do bar e uma banheira de hidromassagem na horta. Achei que uma temporada em um lugar assim seria divertida e produtiva. Mas a resposta da gravadora foi: *O caralho que vamos pagar todo esse dinheiro para você trabalhar.*

Então, pedi um pequeno chalé no lugar. Tinha uma sala de estar com uma parede estranha no meio. Eu me sentava de um lado e escrevia no sofá, e Greg ficava do outro, com o computador instalado na mesa de jantar. Trocávamos de lugar para tocar as coisas um do outro. Eu cantava *riffs* e versos ou criava uma linha principal (a melodia que impulsiona uma música), ou ouvia os acordes em que ele estava trabalhando e dizia coisas como: "Isso, ficou bom", e a letra vinha a seguir.

Precisávamos ficar com as cortinas fechadas o tempo todo porque um bando de garotos sabia que estávamos lá, e eles ficavam escutando, batendo no ritmo e tentando aprender a letra que eu estava tocando. Dá para ouvi-los cantando em algumas das primeiras demos. Mas, além dos garotos, não houve muitas distrações. Não tínhamos Wi-Fi, e não sentimos falta.

No final da primeira semana, havíamos escrito três canções: "Go back to the start", "The Fear" e "Who'd have known". Quando escrevi "Who'd have known", pensei: *Certo, esta vai pegar. Que gancho ótimo!* Normalmente, não costumo pensar isso sobre a minha música. Foi o mesmo com "The Fear", que se tornou o primeiro hit do segundo álbum. Eu não fazia ideia de que havia composto o que se tornaria uma música seminal para mim. Componho para contar uma história e me expressar; minhas letras estão alojadas em experiências e lugares particulares, em vez de serem hinos premeditados. Escrevo canções, não sucessos. Se uma música é boa, as pessoas se conectam a ela. Não é preciso manipulá-las para isso.

Greg costumava dizer que eu componho melhor quando estou chateada, de ressaca, sem dormir ou dirigindo. Ele tem razão. É por-

EXATAMENTE O QUE EU ACHO

que metade do meu cérebro está ocupada com outra coisa e não tem energia para ser crítica ou atrapalhar a parte criativa. Geralmente, se algo vem de maneira rápida e natural para mim, tende a ser bom. Pode então passar por um processo extremamente complexo e se tornar uma tarefa árdua para terminar e produzir, mas se vier rápido no começo, geralmente é um sinal de que estou no caminho certo. E foi o que aconteceu com "Who'd have known". Greg tocou um acorde, e meu cérebro acompanhou esse acorde com o refrão. Não teve esforço algum.

Tocamos para a Parlophone quando vieram nos visitar no final da primeira semana para ver como estávamos nos saindo. "É", alguém disse. "Ótima canção. Apenas um problema: já é o número um." Sem perceber, eu havia plagiado aquela canção "Shine", do Take That. Devo tê-la escutado no rádio, no supermercado ou no mundo afora em Moreton-in-Marsh, e a música penetrou na minha cabeça e depois saiu novamente como o refrão da minha canção. Agora existe um programa de computador capaz de dizer se a música que você compôs é uma cópia da de outra pessoa e quanto você deve alterá-la para torná-la diferente o suficiente para não precisar pagar direitos autorais. Eu não gosto de fazer isso. Se uma música é boa, ela é boa. Não mude para economizar dinheiro. Em vez disso, pague o dinheiro para quem escreveu a música original que você refez.

Cruzei com os caras do Take That em Londres assim que terminei o álbum e contei a eles sobre "Who'd have known".

"Preciso dizer que tenho uma música no meu novo disco que roubei de vocês", falei.

"Que engraçado", eles disseram. Pode apostar que eles deram risada. Eles ganharam uma boa quantia de dinheiro com a minha música. A maior parte da receita de publicação daquela canção vai para eles. E é assim que a coisa funciona. Eles escreveram o gancho, eles recebem o dinheiro.

TRABALHO, PARTE DOIS

***

Ganhei três prêmios Ivor Novello por *It's not me, it's you*, em 2010. Esses são os únicos prêmios que significam alguma coisa para mim. Os prêmios Ivor não são tão conhecidos fora do mercado musical porque não são televisionados, mas são os que realmente contam na indústria. Eles são concedidos por excelência em composição, e a banca de jurados é formada por compositores, em vez de chefes de gravadoras ou executivos. Quatro anos mais tarde, em 2014, eu mesma fiz parte da banca de jurados, então, sei como é levado a sério. Todos na banca – um grupo de semelhantes – ouvem a música várias vezes e, em seguida, discutem incessantemente cada canção e discutem sobre as letras e as progressões de acordes.

Tenho orgulho desses prêmios. "The Fear" ganhou dois, um de melhor canção por melodia e letra e outro de canção mais executada. Naquele ano, também ganhei o prêmio de melhor compositor.

"The Fear" trata de se sentir perdida de várias maneiras e, depois de ganhar o prêmio, eu me senti encontrada. Eu me senti escutada. Parecia que meu trabalho havia chegado a algum lugar digno e com peso. Esqueça disso com outros prêmios, pelo menos na indústria da música.

Claro, eles aumentam nosso valor comercial, e isso é alguma coisa, mas têm a ver apenas com dinheiro, não mérito.

Gostei de receber o prêmio Mulher do Ano da *GQ*, embora soubesse que era um absurdo. Eu gostei de todo mundo fazendo: Sim, aplausos, você é a melhor mulher, e eu sorrindo em resposta, trotando para pegar o prêmio e pensando: *Vocês têm razão, eu sou uma mulher e sou muito boa em ser mulher.* É melhor curtir um pouco do teatro, mesmo sabendo que é tudo bobagem e você não teria recebido o prêmio se não tivesse concordado em posar de topless para a capa deles.

Os BRIT Awards não são assim. Eles não são divertidos da mesma maneira, nem um pouco. São administrados pelo lado parasita do

EXATAMENTE O QUE EU ACHO

negócio (os homens do dinheiro) e parecem um festival gigante de egos. Cheiram a desperdício. É, tipo, "olha todo o dinheiro que estamos gastando para ajudar artistas já estabelecidos a vender ainda mais discos". Eu não sou inocente nisso. Eu contribuí para toda essa farsa.

Abri o show em 2010. Fiquei feliz de ser convidada – é uma massagem e tanto para o ego. Mas, principalmente, o convite me deixou ansiosa, e eu detestei a minha apresentação. Eu não tinha um ótimo relacionamento com a cerimônia de qualquer maneira, porque me senti desprezada por eles em 2007, quando fui indicada para cinco prêmios com *Alright, Still*, mas não ganhei nenhum. Foi o ano em que Amy Winehouse ganhou tudo. Lembro-me de vê-la se apresentar com Mark Ronson naquele ano e pensar: *Então é isso, é o show da Amy. Ela vai levar tudo.* E ela mereceu ganhar tudo. Sou uma grande fã do trabalho de Amy e também gostava dela, embora nunca a tenha conhecido bem. O que eu não gostei foi da maneira como a indústria nos colocou uma contra a outra. Na imprensa, só se falava "esta é Amy, um gênio talentoso e problemático, enquanto Lily é *consideravelmente* talentosa, mas não se iguala a Amy". Por que precisávamos ser comparadas assim? Havia outras 55 pessoas nas paradas, então por que pegavam aquelas duas, que eram muito diferentes musicalmente, e as comparavam? Só porque eram duas mulheres?

Mesmo assim, em 2010, concordei em me apresentar. Para tornar ainda mais difícil dizer não, eles sugerem que você vai ganhar algo, então é melhor entrar na brincadeira. Lembro de me dizerem que eu venceria a categoria de melhor artista solo feminina. Quando ouvi isso, pensei: *Merda, não quero ser a melhor "feminina".* Tudo bem para a revista *GQ*, mas um prêmio de música deve estar relacionado ao meu trabalho. Eu queria o melhor álbum. (Florence + The Machine ganhou e, que bom para ela, mas ela ser uma vencedora digna não me fez querer menos aquele prêmio). Eu cantei "The Fear", o que é duplamente irônico, visto que a música foi escrita como uma reação

TRABALHO, PARTE DOIS

contra os próprios valores que os BRIT personificam. Lá estava eu, cantando uma canção satírica sobre fama e dinheiro em uma plataforma que consistia em celebrar fama e dinheiro e, cara, para eu cantá-la, eles certamente gastaram dinheiro.

A gente não pode decidir, ou pelo menos eu não pude, como será o seu show. Eles dizem a visão que têm para a sua apresentação. Você vai entrar em um foguete, Lil, e o palco vai ficar cheio de dançarinas com carrinhos de bebê. Depois, mais dançarinos, desta vez homens, vão descer do teto sem calças, usando capacetes rosa. Certo, Lil? Pegou a ideia?

Eu me lembro de me sentir desconfortável. "Sério?", perguntei. "Precisamos ter tudo isso?" Pensava: Que porra é essa? Nós, mulheres artistas, não somos o suficiente? Por que precisamos ter todas essas outras merdas acontecendo atrás de nós? Então, eles dizem que vai ser ótimo e que eles têm uma coreógrafa incrível, Bianca Li, para encená-lo, e ela é incrível, e você pensa: Mesmo assim, eu não gosto disso, me sinto desconfortável. Então, você pensa: Tem tanta coisa que faço pelo trabalho que me deixa desconfortável, e isso não está entre as piores, então, tudo bem, não vou comprar essa briga. Pode me colocar na porra do foguete. Mande os palhaços entrarem.

A questão é que esses prêmios são vazios. Eles giram em torno dos acordos e negociações em andamento entre as gravadoras. É o show deles. Foi por isso que você viu Skepta e Stormzy serem indicados em 2017, mas nenhum deles ganhar um prêmio sequer. Como assim eles não ganharam? Qual outro artista teve um impacto maior na indústria da música nos últimos anos? Nenhum! Mas seria um desperdício de um prêmio ou dois no que diz respeito às grandes empresas, porque ambos os caras são independentes ao invés de estarem contratados por qualquer grande gravadora.

Ainda assim, pelo menos eles não precisam tirar metade das roupas para se apresentarem nesses tipos de shows. Não acho que Stormzy

Lá estava eu, cantando uma canção satírica sobre fama e dinheiro em uma plataforma que consistia em celebrar fama e dinheiro e, cara, para eu cantá-la, eles certamente gastaram dinheiro.

TRABALHO, PARTE DOIS

já teve de lidar com um comentário sobre a bunda dele. Eu provei meu valor como compositora com *It's not me, it's you* e ainda assim era esperado que eu estivesse o mais gostosa possível. Eu sei, eu concordei com isso. Tirei minhas roupas para as sessões de fotos e muitas vezes me apresentei no palco com pouco mais do que calcinha e sutiã. Eu me senti sensual com esse álbum. Eu estava magra e em forma e sentia que havia começado a tomar posse da minha própria sexualidade.

Enfatizo a palavra "começado". Eu e sexo? Esse é um capítulo à parte.

SEXO, PARTE UM

O segundo single lançado do meu segundo álbum foi "It's not fair". É uma música sobre sexo ruim, e acho que muita gente se identificou com ela. Todos achavam que eu havia escrito sobre o negociante de arte, Jay Jopling, com quem estava saindo naquela época, e daria uma história melhor se fosse sobre ele, mas não é. Não se trata de nenhum cara específico. Trata-se de um monte deles. Caramba, eu queria que sexo ruim tivesse sido uma experiência única.

Eu nunca havia tido um orgasmo quando compus aquela canção, nem unzinho sequer, nem com outra pessoa e nem sozinha. Eu não me masturbava quando era jovem, na adolescência, ou mesmo durante a maior parte dos meus vinte e tantos anos. É difícil para mim desvendar por quê. Certamente, satisfazer a mim mesma de alguma forma nunca esteve no topo da minha lista de prioridades. Por isso, a ideia de explorar ativamente uma zona aparentemente dedicada ao prazer parecia impossível. Eu não sentia que merecia aquilo. Quando se passa a maior parte da infância se sentindo invisível, parece estranho começar a prestar atenção demais em si mesma quando se está sozinha. Parece estranho e errado, porque é o oposto do que aquilo com que se está acostumada.

Quando comecei a fazer sexo, também não gozava, então, pensei que era apenas alguém que não podia, que não gozava. Não gozar fazendo sexo com um cara é comum, especialmente para mulheres jovens, que tendem a ser pouco exigentes na cama. Pedir por algo parece ousado demais para muitas de nós e, por alguma razão, nós como um todo recuamos para a passividade com frequência demais. Em vez de explorar o que nos faz gozar (sendo um bom sexo oral o caminho mais seguro), nós apenas fingimos. Eu havia passado anos fingindo orgasmos quando escrevi "It's not fair". A música era sobre se sentir como um recipiente para o prazer masculino.

Eu estava com Jay fazia três ou quatro meses no início de 2009, assim que *It's not me* estava sendo lançado. Era uma aventura. Ele era alguém que eu havia conhecido através de um amigo do meu pai, Damien Hirst. Jay estava de um lado da vida de Damien, meu pai, do outro. Papai odiava Jay. Achava que ele era um idiota de alta classe. Essa provavelmente foi uma das razões que me fizeram gostar dele: eu sabia que irritaria meu pai. E era um cara mais velho, e eu gostava disso. Gostava que me levasse a festas e de, em janeiro, ele ter mandado um jatinho particular para me levar a St. Barth para ficar com ele no iate que alugou. Eu gostava, ou achava que gostava do fato de ele ser rico, de alta classe, seguro, charmoso e gostar de me dar presentes caros. Achei que era a mesma coisa que ele cuidar de mim.

Algumas fotos de *paparazzi* de nós dois juntos tiradas naquele iate foram publicadas nos tabloides. Foi assim que meu pai descobriu que eu estava saindo com alguém do mundo dele. Ele mandou uma mensagem de texto para Jay quando viu aquelas fotos. Sei disso porque vi Jay receber a mensagem. O rosto dele ficou branco quando leu.

SEXO, PARTE UM

"Aguarde, Jay", meu pai mandou uma mensagem. "Espere só até Angelica fazer 16 anos." Angelica é a filha de Jay. Ela tinha 11 anos em janeiro de 2009. A ex-mulher de Jay, Sam Taylor-Johnson, também mandou uma mensagem para ele quando viu as fotos. "O que você está fazendo saindo com essa anã?", ela escreveu.

Nosso relacionamento se esvaiu. Não me lembro exatamente como terminou. Não acho que as matérias de jornal, a mensagem de texto do meu pai e Sam me chamando de anã tenham ajudado. Sou muito baixinha, mas foi cruel da parte dele me mostrar a mensagem dela. Lembro de ter pensado: *Não preciso saber que sua ex-mulher me chamou de anã, muito obrigada.*

Ainda estava saindo com Jay quando fechei um contrato com a Chanel, para ser modelo em uma de suas campanhas. Liguei para ele assim que recebi a notícia. Era algo extremamente emocionante para mim. Achei que ele também ficaria empolgado. "Espero que você esteja ganhando dinheiro suficiente para isso", disse ele, secamente, me fazendo murchar imediatamente.

"Mas, olhe só!", o meu eu codependente queria gritar. "Esqueça o dinheiro! Isso significa que eles acham que eu sou bonita. Eles me acham bonita. Está vendo? Você não me acha bonita também? Você não me ama? Você não quer se casar comigo agora? Você não pode ser aquele no qual vou amarrar o meu burro? Porque eu sei que somos extremamente inadequados um para o outro, mas você está aqui, perto de mim, então você serve. Você pode ser *ele*. Você pode ser aquele que vai cuidar de mim!"

Era o que eu fazia com todos os caras com quem namorava. Eu me apegava a eles com a maior firmeza que podia e com a maior intensidade que eles permitissem. Eu me convencia de que eram certos para mim e que havíamos sido feitos um para o outro, mesmo se realmente fôssemos melhores como amigos. Inclusive, continuei amiga de todos os meus ex-namorados, o que talvez reforce o argumento em

EXATAMENTE O QUE EU ACHO

questão. No início da minha vida sexual, eu era confusa em relação a meu próprio desejo por outras pessoas. Muitas vezes, se um cara fosse a fim de mim, isso bastava para nós dois. Como minha autoestima era baixa, alguém ser a fim de mim era algo que eu traduzia como ser desejada (e, portanto, amada) e parecia inebriante o suficiente para eu concordar em fazer sexo.

Claro, hoje sei que um cara querer me comer não é o mesmo que me querer. Muitas vezes, ele vai me comer mesmo que não me queira, simplesmente porque pode fazer isso. Ele vai comer você se for a fim de você e se não for também. Inclusive, vai comer você enquanto estiver no processo de rejeitar você. Às vezes, um cara vai implorar para comer você, não porque queira muito fazer isso, mas porque derrubar a parede que você ergueu é excitante para ele. Ou talvez não seja o ato de conquista que o excita, mas em uma versão distorcida de sadomasoquismo, ele gosta de se sentir humilhado por suas tentativas de rejeitá-lo. Ou talvez goste de testemunhar sua humilhação. Quem sabe? Caras comem mulheres por motivos de todos os tipos, que às vezes incluem um desejo genuíno de intimidade e de se conectar em qualquer nível, mas, muitas vezes, não.

É por isso que a única coisa importante é saber o que *você* quer como mulher, como ser humano e como pessoa sexualmente ativa. Você pode não conseguir e pode ser vencida pela realidade, mas saber o que quer e certificar-se de que tenta afirmar isso significa que pelo menos você *começa* de um ponto de poder e força.

Eu não tinha nada desse poder quando comecei a fazer sexo. Não tive isso por muitos anos. Não o reivindiquei ou sequer sabia que ele existia. Muitas mulheres fazem o mesmo. Em vez disso, eu me doava. Eu me entregava, mas os homens também tiravam de mim. Eles se serviam de mim (sim, estou falando de me foder) quando sabiam ou deveriam saber (tinham idade e experiência o suficiente) que eu era jovem, ingênua e complacente demais para dizer não. Sei que muitas

SEXO, PARTE UM

mulheres saberão exatamente do que estou falando. Acontece o tempo todo, e não é estupro e não é exatamente uma agressão, mas não está certo e não deveria acontecer.

Perdi minha virgindade com um cara chamado Fernando. Eu o conheci no Brasil, de férias com papai e Alfie quando eu tinha catorze anos. Havia um bar para adolescentes no hotel onde estávamos hospedados, e foi onde nos conhecemos. Fernando tinha vinte anos, e eu fiquei lisonjeada por ele gostar de mim. Então lá fui eu, atrás dele, quando ele sugeriu que fôssemos para o seu quarto. Não consigo me lembrar do sexo. O que me lembro foi de acordar tarde na manhã seguinte no quarto de Fernando e me sentir em pânico. *Merda*, pensei, *papai vai se perguntar onde estou.*

Papai havia mesmo feito isso. Não só eu estava desaparecida, como também estava usando uma blusa azul na noite anterior quando desapareci, e uma blusa parecida havia sido encontrada na praia naquela manhã. Havia barcos vasculhando o mar. Uma equipe de busca foi chamada. A polícia havia chegado. Eu gerei uma comoção. Meu pai ficou furioso.

A segunda vez que fiz sexo não foi mais estimulante. Eu estava vendo meu pai jogar um jogo de futebol beneficente para celebridades com um astro da televisão. Depois da partida, o astro da TV deixou seu equipamento de futebol no carro do meu pai e eu fui enviada ao hotel para devolvê-lo. Combinamos de nos encontrar no bar. Ele me pagou algumas bebidas, depois me levou para o quarto e fez sexo comigo.

Eu tinha catorze anos. Ele tinha dezenove, mas para mim parecia alguém de uma geração diferente. Depois, eu me senti estranha em relação ao que houve. Sabia que o que tinha acontecido não estava certo, então contei a um amigo do meu pai, e ele contou ao meu pai. Acho que eu queria que meu pai soubesse. Queria que ele consertasse

EXATAMENTE O QUE EU ACHO

a situação. Na minha cabeça adolescente, queria que meu pai explodisse de raiva protetora, fosse atrás do cara da TV e batesse nele.

Em vez disso, meu pai transformou isso em uma piada com os amigos dele. Eles inventaram esquemas elaborados para chantagear o cara e ensaiaram como o chamariam e o perturbariam. Talvez tenham chegado a fazer um telefonema. Não sei. Só sei que meu pai transformou o fato de eu fazer sexo com um cara que mal conhecia em uma piada entre ele e seus amigos. O que não me fez bem.

Não foi uma coincidência que meus primeiros parceiros sexuais tenham sido mais velhos do que eu. Cinco anos não é muito quando os dois são adultos, mas quando um é uma adolescente jovem e o outro está próximo da casa dos 20, é uma grande diferença. Muita experiência, especialmente em termos de sexo, é acumulada até o final da adolescência. Eu me apaixonava por homens mais velhos porque sentia que, se pudesse provar a alguém mais velho que também poderia ser madura, eu mesma seria uma adulta. Eu não me sentia confortável sendo criança (como devo ter mencionado 800 vezes). Dormir com homens mais velhos era uma forma de tentar dar o pontapé inicial no próximo capítulo da minha vida. Tenho certeza também de que qualquer psiquiatra do planeta explicaria isso como eu tentando encontrar uma figura paterna, porque a que eu tinha sempre se ausentou desse papel.

Eu não flertava com os meninos com quem andava, que também eram, na maioria, mais velhos do que eu. Estava acostumada com o comportamento implacável de homens jovens por passar tempo com meu pai e seus amigos quando ele me levava para jogar futebol aos sábados ou para ficar no Groucho até as cinco da manhã. Então, eu sabia como falar merda com os caras. Mas sexo era diferente. Eu também achava que um cara mais velho estaria mais bem equipado para me mostrar como era toda essa coisa de sexo, porque eu mesma achava tudo muito misterioso.

Só sei que meu pai
transformou o fato de
eu fazer sexo com um
cara que mal conhecia
em uma piada entre
ele e seus amigos.
O que não me fez bem.

Eu não era sexualizada quando jovem. Minha irmã sempre foi a sensual na nossa infância e adolescência. Eu não era como ela – ela aparentava ser mais velha do que era, eu parecia mais jovem; ela era alta, eu era baixa; ela parecia sofisticada, eu não – então, eu não tentava competir com ela, especialmente quando se tratava do sexo oposto. Ela poderia fazer sexo com quem quisesse... mas quando começou a fazer, isso não pareceu empoderá-la. Para mim, parecia que os caras a usavam para sexo. Como não queria que isso acontecesse comigo, evitei explorar o sexo ativamente, fosse sozinha ou com meninos próximos da minha idade. E, no entanto, é claro, a mesma coisa aconteceu comigo. O sexo não me empoderou por anos. Aqueles homens mais velhos com quem fiz sexo no início não tinham interesse em me ajudar a explorar ou descobrir o sexo. Eles não davam a mínima para mim ou qualquer coisa parecida. Por isso, hoje penso que queria ter começado explorando o sexo com um semelhante, em vez de deixar fazerem sexo em mim. Também gostaria de ter insistido em um sexo melhor mais cedo na vida, ou, pelo menos, sexo mais justo ou mais engraçado, sexo mais divertido ou mais sensual. Mas eu não fiz isso. Não são muitas de nós que fazemos.

O relacionamento em que estou agora é a primeira vez, acho que desde sempre, em que sexo representa um fator importante. Isso é revelador por si só.

Eu não era amiga de Dan antes de ficar com ele. Eu o conheci no Carnaval de Notting Hill em agosto de 2015, quando fui até ele e perguntei se ele tinha uma seda Rizla. Gostei dele. "Melhor do que isso", disse ele, abrindo uma caixa de óculos cheia de baseados já enrolados.

Estou na casa dos trinta agora e tenho orgasmos regulares. Eu faço questão. Se volto do trabalho no estúdio e tiver 20 minutos antes de pegar as crianças na escola, penso: *Maravilha, posso começar a preparar o jantar e ainda tenho tempo para uma siririca rápida.* Agora sei o que acontece

SEXO, PARTE UM

quando gozo, mas, durante anos, quando fingia orgasmos o tempo todo, nem sabia qual era o meu verdadeiro som de "gozar". Eu só fazia aqueles gemidos e sons que a gente vê na TV e nos filmes. Os caras com quem eu transava pareciam acreditar. "Você gozou?", eles perguntavam. "Ah, sim", eu dizia. "Sim, gato, eu gozei."

Ainda assim, embora não gozasse aos vinte anos, eu fazia muito sexo. Não foi tudo ruim. Parte do sexo que fiz, quando estava com Lester e depois com Seb e com Ed, foi amoroso e íntimo, mesmo que não tenha sido orgástico. Outras vezes, quando eu estava solteira e viajava, podia ser emocionante. Se eu não chegava ao clímax no final do sexo, a parte inicial – a perseguição, a sedução – eu achava inebriante.

***

Em 2004, quando eu tinha dezenove anos, tinha uma queda por Mike Skinner, do The Streets. A maioria das adolescentes, quando se apaixona por um cantor ou estrela de cinema, cola pôsteres nas paredes. Algumas esperam do lado de fora dos hotéis ou fazem fila por horas para chegar perto do palco nos shows. Quem estiver realmente determinada, pode tentar se tornar uma *groupie*. Mas é preciso ser linda, exótica e ter truques de sexo na manga para conseguir esse posto, e ser superdurona para sobreviver a ele.

Eu não iria me contentar com um santuário caseiro ou em ir a alguns shows, mas também sabia que, em um festival na Inglaterra lotado de garotas, Mike Skinner do The Streets jamais me notaria.

Mas, no Japão? Talvez no Japão, pensei, onde Skinner não conhece ninguém, talvez lá ele possa me enxergar com meus Reebok Classics.

O Fuji Rock Festival acontece todos os anos em Naeba, uma estação de esqui a 190 quilômetros de Tóquio, no último fim de semana de julho. No circuito internacional de festivais, é o segundo maior

EXATAMENTE O QUE EU ACHO

depois de Glastonbury. Eu conhecia o cara que comandava o festival pelo irmão dele, Gaz, cuja noite de blues no Soho eu frequentava havia anos.

Então consegui um trabalho dirigindo um carrinho de golfe pelo festival, transportando artistas entre as barracas, as áreas VIP e o palco. Eu não quis o trabalho apenas porque Mike Skinner estava tocando no festival (eu sabia que seria o máximo, o que quer que acontecesse), mas isso com certeza era um bônus. Além disso, não havia garantia de que eu levaria Mike Skinner no meu carrinho, de qualquer modo. Eu precisava ser mais maquiavélica do que isso. Então, descobri em que voo ele e a banda iriam para o Japão e reservei uma passagem para mim no mesmo avião. Isso significava que também estaríamos na mesma longa viagem de ônibus de Tóquio para as montanhas de Naeba.

Você entendeu meu plano. E ele funcionou também. Quase bem demais. Todos os meus desejos se realizaram, e eu acabei na cama com Mike Skinner do The Streets no Fuji Rock Festival. Na verdade, não fizemos sexo. Mas nos divertimos muito, e eu me apaixonei por ele.

Era o que eu achava, pelo menos, e quando acreditamos que estamos apaixonados, mesmo quando é tudo baseado em fantasia, parece vital e urgente estar com aquela pessoa. Mas assim que voltamos para a Inglaterra, Mike Skinner não queria mais ficar comigo.

Eu fiquei, tipo, "O que está acontecendo?"

E ele disse: "Pare de me ligar, senão minha namorada vai descobrir".

Foi horrível.

Três anos depois, em 2007, nos encontramos novamente quando estávamos ambos tocando no festival Big Day Out, na Austrália. Eu subiria no palco logo depois dele.

Para ele, eu era apenas uma garota qualquer que ele havia pegado em um festival no Japão. Mas eu não era mais "uma garota qualquer".

SEXO, PARTE UM

Eu era maior e melhor do que ele, e poderia dizer a ele para sair do palco porque *agora era minha vez.*

Eu poderia ter sido magnânima, me comportado bem e sido educada. Mas não consegui. Fiquei bêbada de Jägermeister no palco e, depois do show, quando o empresário de Mike Skinner foi rude comigo, em vez de dar a volta por cima, eu perdi o controle. Chutei portas, atirei coisas, gritei, chorei e tive de ser arrastada pelos caras do Kasabian, que estavam tocando no mesmo festival. Acho que alguma coisa saiu do controle.

E, na verdade, eu nunca fui melhor do que Mike Skinner. Eu estava maior do que ele naquele momento, em 2007, e estava me saindo melhor comercial e financeiramente, mas artisticamente e em termos de composição? Ele. Ele é melhor.

Cerca de 18 meses após a briga na Austrália, acabei contratando a banda de Skinner. Os caras que eram parte do The Streets tocaram no meu segundo álbum e fizeram turnê comigo. Então, quando voltei ao Fuji Rock Festival em julho de 2009, não era mais a garota tentando andar com a banda. Eu *era* a garota, e eles eram *minha* banda.

A essa altura, as coisas haviam se tornado uma loucura. A temporada de festivais de 2009 foi, para mim, uma névoa de drogas e álcool. Eu estava na estrada, bebendo de show em show.

Então, quando eu – junto com minha banda e equipe – estava a caminho do Japão, a bebida começou a rolar no saguão VIP da Virgin em Heathrow. Era onde estávamos quando Liam Gallagher e o lado dele da equipe do Oasis apareceram (o Oasis ainda estava junto em 2009, mas Liam e Noel viajavam separadamente, por mais distantes que fossem os destinos, e cada um tinha sua própria equipe.)

Todos tomamos um porre juntos no bar. Bebemos ainda mais no avião. Em algum momento, Liam e eu acabamos juntos no banheiro, fazendo algo que não deveríamos estar fazendo – e não eram drogas. Em seguida, estávamos juntos em uma cama.

EXATAMENTE O QUE EU ACHO

Quando pousamos em Tóquio, Liam disse, em seu sotaque nasal característico: "O que você vai fazer agora? Por que não vai para o nosso hotel?". Ele e a equipe estavam hospedados no hotel do filme *Encontros e Desencontros* em Tóquio, o Park Hyatt, ao passo que nós estávamos em um muquifo. Então eu disse, "Tá, OK, tudo bem".

Foi só no dia seguinte, quando ele disse algo como: "Ninguém pode saber sobre isso, por causa da Nic" que me caiu a ficha de que ele era casado. Eu sabia que Noel era casado e que Liam *fora* casado com Patsy Kensit. Em parte, era por isso que gostava dele. Eu cresci sendo fã do Oasis. Tinha 12 anos quando ele e Patsy Kensit apareceram na capa da *Vanity Fair* como o casal mais descolado do mundo, e Liam era assim para mim 12 anos depois: o mesmo cara descolado. É claro que eu transei com ele. Não pensei em Nicole Appleton, embora devesse saber vagamente que Liam estava com ela. Quando ele me lembrou da existência dela, fiquei horrorizada, embora não fosse eu quem era casada ou houvesse traído.

Também significava que eu não poderia contar a ninguém o que havia acontecido. Porque claro que parte do objetivo de transar com Liam Gallagher é poder contar aos amigos sobre isso. É tão deprimente, não é? Por que nos validamos com nossas conquistas sexuais? Os homens fazem isso o tempo todo e nos ressentimos por isso, mas, na verdade, somos tão ruins quanto eles nesse sentido.

Então, não contei a ninguém – exceto a alguns amigos próximos. Um deles era amigo de Jaime Winstone, que por sua vez era amigo de Melanie Blatt, do All Saints. De uma forma ou de outra, Nicole Appleton ouviu falar do que havia acontecido no Fuji Rock Festival naquele verão.

Seis meses depois, eu estava no carro com meu motorista quando o telefone tocou. Não reconheci o número, mas conhecia a voz. Era Liam. Ele parecia péssimo, como se tivesse passado a noite acordado. "Lil", ele disse. "Só preciso que você pegue o telefone. Estou com Nic

SEXO, PARTE UM

aqui, certo. Um dos seus amigos está, tipo, tentando fazer confusão, dizendo que você e eu ficamos juntos ou coisa parecida, e preciso que você fale com Nic e diga que é tudo bobagem."

Ah, Liam, sim, claro, é tudo bobagem. Vamos dizer que é tudo bobagem; claro que direi a Nicole que é tudo bobagem, se é isso que você quer. E não vamos pensar muito sobre isso ou não vamos pensar nunca nisso, e assim talvez isso vá embora e não atrapalhe o que realmente importa: as pessoas que amamos e com quem contamos, as pessoas em quem confiamos e que merecem, em troca, confiar em nós. É bobagem, Liam, claro que é. Exceto quando, de repente, se nada dentro da bolha importa, então, alguma coisa importa, não é? Claro, foi apenas uma trepada e em turnê, mas o problema é, como descobri muito bem, se continuamos negando e menosprezando nossas próprias experiências, ainda mais as íntimas, tudo fica menor. É insidioso. Todo o nosso sistema de valores muda. Nosso senso de integridade fica embaçado.

Não apenas comecei a desvalorizar a intimidade quando me tornei famosa, como também passei a ficar descuidada com outras coisas: minha saúde por exemplo, meu bem-estar. E com dinheiro.

DINHEIRO

Não sei quanto dinheiro ganhei. Sinceramente. Ninguém diz, e eu nunca perguntei. Assim que "Smile" saiu, eu sabia que podia gastar dinheiro, e foi o que fiz. Meu Deus, aquilo foi ótimo, sem dúvida. Mas ninguém me falou sobre manter controles e saldos. Ninguém me disse como realmente funciona quando se assina um contrato com uma gravadora e depois se faz um disco que pode dar certo ou não.

Claro, eu sabia quanto havia recebido como adiantamento pelo meu primeiro álbum, porque recebi um cheque de 25 mil libras. Isso foi em 2005, quando a Parlophone me contratou para um contrato de cinco álbuns. O que isso significa é que estou presa a este contrato, com o valor que eles concordaram em me pagar em 2005, por anos e anos e anos. (Faz doze anos até agora, e eu estou no quarto álbum.) É claro que, naquela época, eu fiquei agradecida por ter um contrato com qualquer um, e era a Parlophone quem estava assumindo o risco. Eles poderiam não ter recebido aqueles 25 mil de volta, nem as despesas de produção, se "Smile" tivesse sido um fracasso. Além disso,

EXATAMENTE O QUE EU ACHO

conforme o artista faz cada álbum, consegue renegociar o adiantamento, dependendo das vendas de cada disco anterior, mas *só*, e isso é crucial, até certo ponto. *Apenas* dentro dos termos estabelecidos pela gravadora, quando ela ofereceu o contrato naquele primeiro dia.

Muitas bandas e artistas ficam presos em negócios extremamente desfavoráveis e restritivos, e muitos (incluindo Coldplay, Radiohead, George Michael e Prince) pagaram a advogados centenas de milhares de libras para tentar liberá-los desses contratos. Isso não é porque querem privar a gravadora de uma fatia justa do bolo, mas porque descobrem que, na verdade, o bolo não está sendo dividido de forma justa, e eles querem trabalhar em seus próprios termos.

A questão é que, no início da carreira, a gravadora detém todas as cartas. Você só quer entrar. Ninguém explica as regras. E certamente eu, como muitos de meus colegas, não fiz perguntas o bastante ou examinei o que estava sendo oferecido com cuidado suficiente. Agora, é claro, algumas das discrepâncias são mais transparentes – a enorme disparidade salarial entre homens e mulheres, por exemplo –, mas naquela época não teria me ocorrido fazer perguntas sobre meus colegas homens ou sobre meu próprio valor potencial.

Eu não apenas aceitei imediatamente o que me foi oferecido como também nem pensei direito sobre o dinheiro. Eu havia me distanciado de dinheiro depois que a London Records ameaçou me processar por milhões de libras. Na época, se eu tentava pensar nessas grandes quantias diretamente, sentia pânico e falta de ar. A única maneira que eu me sentia capaz de lidar com tal demanda era me dissociando e fingindo que não tinha nada a ver comigo. Não foi uma boa maneira de embarcar nas minhas finanças e tomar as rédeas.

Eu entendia que o álbum precisava dar o retorno do meu adiantamento antes de eu receber royalties, ou seja, dinheiro adicional de outras vendas. Mas eu não me dei conta de que o dinheiro que eles gastaram para me mandar para LA para terminar o álbum, por exem-

Eu não apenas aceitei imediatamente o que me foi oferecido como também nem pensei direito sobre o dinheiro.

plo, mais um milhão e mais despesas, também teria de ser recuperado antes de eu receber mais dinheiro. Não estou dizendo que isso não seja justo. É claro que um disco precisa cobrir todas as suas próprias despesas antes que alguém receba um bônus, mas teria sido útil se alguém tivesse explicado tudo isso para mim. Em vez disso, o que minha agência fez foi arranjar uma contadora para mim. Ela, por sua vez, abriu uma conta para mim em um banco chique, que, por sua vez, me deu um talão de cheques chique e cartões bancários. Eu? Eu passava muitos cheques. Muitas vezes passava cheques quando usar dinheiro seria mais fácil, mas gostava de usar um talão de cheques porque aumentava minha visão do dinheiro como tendo uma qualidade abstrata e aleatória: algo que não me era palpável, quase literalmente. Muitas vezes eu passava cheques para traficantes quando estava comprando drogas.

Não estou me absolvendo por não ter sido mais cuidadosa ou responsável. Eu deveria ter tomado mais cuidado. Mas assim que obtive minha contadora, além de *efetivamente* a contratar – e pagar – para lidar com todas as minhas contas, que é o propósito de se ter um contador, eu também me absolvi *mentalmente* de qualquer responsabilidade nesta área, que não faz parte do propósito. Esse foi o meu erro. Ninguém me ajudou me dizendo para tomar mais cuidado. Nem meu empresário, nem a própria contadora, nem a gravadora, nem minha família, nem o gerente do banco.

Deveria haver um curso de iniciação para jovens entrando no negócio da música – e, na verdade, por que habilidades básicas com dinheiro e contabilidade não são ensinadas nas escolas? Certamente aprender a preencher declarações de impostos e como solicitar uma hipoteca seria mais útil do que álgebra, certo? Porque é ótimo você saber compor uma canção de sucesso, mas isso não significa que você tenha conhecimento de negócios ou saiba como lidar com o que pode ser um fluxo de renda repentino (e, na maioria das vezes, de curta duração).

DINHEIRO

Eu não sabia fazer isso. E ainda não sei. Mas estou aprendendo a controlar melhor as coisas e a tomar mais cuidado. A primeira coisa que fiz com meu adiantamento foi dar metade para minha mãe. Eu devia a ela por todas as multas de estacionamento que havia recebido nos anos anteriores. Eu havia gastado dez mil em multas de estacionamento. Dez mil *no mínimo*. Acho difícil entender essa quantia agora, mas, naquela época, quando era adolescente, eu me comportava como se as restrições de estacionamento (ou quaisquer restrições) não se aplicassem a mim.

Comprei meu primeiro carro assim que fiz 17 anos. Eu não fui desorganizada em relação a isso. Acreditava que ter minha carteira de motorista e um carro resolveria tudo: eu seria capaz de dirigir para longe da minha infância em direção ao futuro. Então, assim que pude, comprei meu veículo de fuga mágico: aquele Peugeot 206 marrom da Chelmsford Car Auctions, do qual as pessoas costumavam rir abertamente. Inevitavelmente, bati com ele ao voltar do leilão para casa, mas não foi uma colisão grave o suficiente para imobilizar o carro ou a mim mesma. Só fez com que meu carro de comédia parecesse ainda mais absurdo.

Eu o estacionava em todos os lugares. Eu pensava: "Quem colocou essas duas linhas amarelas aqui? Não estou entendendo".

Eu pensava, tipo: *Esta vaga é do tamanho certo e é exatamente onde eu quero ficar. Vou estacionar aqui.*

Pensava, tipo: *Este é o meu mundo e a minha versão da realidade, e isso é o que eu vou fazer.*

Eu estava morando na casa da minha mãe em Islington quando comprei o Peugeot e ajustei meu despertador para as 7h30min todas as manhãs para acordar a tempo de abrir a caixa de correio e recolher quaisquer multas de estacionamento que pudessem ter chegado, antes que alguém as visse. Elas vinham quase todos os dias.

Eu as escondia debaixo da minha cama. As multas começaram a aumentar, viraram ordens judiciais e estas se transformaram em

EXATAMENTE O QUE EU ACHO

ameaças de oficiais de justiça. Tudo isso me deixava ansiosa. Como na vez em que fui ameaçada de processo, sentia que estava com um monstro debaixo da cama. Sempre que pensava no que sabia que seria minha desgraça financeira iminente, minha garganta começava a se fechar e eu me sentia sufocando. Isso veio à tona quando saí da casa da minha mãe.

As coisas, como você pode imaginar – dada a maneira como eu lidei com algo tão simples como estacionar meu carro – estavam ficando um pouco complicadas entre mamãe e eu, então fui morar com meu padrinho Danny e a mulher dele, Judy, em Talbot Road, na zona oeste de Londres.

Fui organizada o suficiente para registrar o Peugeot no endereço de Danny, o que significava que eu poderia conseguir uma autorização de estacionamento local, mas ainda recebia multas de estacionamento, que escondia debaixo da minha cama na casa de Danny e Judy.

Danny não demorou muito para descobri-las. Ele ligou para minha mãe para sugerir um encontro entre os dois. "Olhe só", Danny disse a ela. "Tenho um envelope grande cheio de ordens judiciais, multas de estacionamento e ameaças de oficiais de justiça para Lily, e vou levá-lo ao almoço para você lidar com isso."

Minha mãe pegou o envelope. Voltando do almoço, ela parou para fazer um telefonema de trabalho. Ela sentou em uma mureta, perto do Green Park, absorta em sua conversa telefônica. Ainda falando, ela se levantou e começou a andar novamente... e deixou o pacote em cima da mureta, por acidente. Mas, como Danny havia usado um envelope velho, ele ainda tinha seu endereço na frente, e quem encontrou o pacote teve a gentileza de colocá-lo no correio. No dia seguinte, enquanto examinava sua correspondência, Danny descobriu que o envelope monstruoso do qual ele havia acabado de se livrar havia voltado para ele. Ele pensou: *Qual é o problema dessa gente?*

DINHEIRO

Depois que o carro foi apreendido, minha mãe ficou boa em contestar multas de estacionamento, dizendo a vários tribunais que sua filha era deprimida e louca (ela não tinha ideia de que estava descrevendo meu futuro eu), mas ainda assim teve de pagar muitas delas.

Eu não recebo mais nenhuma multa de estacionamento. Essa dívida acumulada foi a última vez que peguei dinheiro da minha mãe. Eu a paguei e venho ganhando meu próprio dinheiro desde então – exatamente como deveria ser. Nem deveria ser algo digno de nota – pois é o que se espera que os adultos façam, afinal –, só que muitas vezes sou acusada de ser uma espécie de diletante: que faço música enquanto vivo de uma poupança, como se minha profissão fosse um passatempo com o qual pude me envolver e tive sorte. Eu me ressinto disso porque é condescendente, depreciativo e não é verdade.

Quando estava trabalhando neste livro e quase terminando meu quarto álbum, Mark Ronson me convidou para passar um feriado com ele em uma *villa* que ele alugou em Ibiza.

Somos amigos há muito tempo e trabalhamos juntos ao longo dos anos: ele produziu duas canções no meu último disco. Mark tinha cinco amigos hospedados na *villa* também, todos homens. Todos trabalham na indústria musical e todos já ganharam mais dinheiro do que eu. Não sei se eles trabalharam mais do que eu ou se são mais talentosos ou melhores no que fazem. Acho que não necessariamente. Acho que é simples: eles são melhores do que eu em ganhar dinheiro. Eles são mais atentos a isso e mais bem-sucedidos. Eu os observei durante o feriado. Eles falavam muito sobre dinheiro. Eram competitivos quanto a isso e provocavam uns aos outros. *Ah*, pensei, é assim que funciona a indústria da música. São meninos medindo o tamanho do pau. É assim que os contratos ficam cada vez mais altos. Não é o conteúdo em *si que vale mais, é quem tem a coragem de elevar mais o valor e agitar o mastro com mais força.*

Mark foi generoso naqueles dias em Ibiza. Ele nos mimou. Mas comecei a pensar mais e mais: Espere aí. Não deveria ser eu quem convida as pessoas para passar feriados na minha casa? E espere aí um pouco mais... certamente, se a indústria funcionasse da maneira certa e eu fosse uma pessoa mais esperta, não deveria ser eu a dona da porra da casa de férias?

Nunca fui capaz de guardar dinheiro ou economizar direito. Eu fiz um investimento inteligente, que foi comprar meu primeiro apartamento em Queen's Park. É a única propriedade que possuo e é onde moro agora, e, embora não seja enorme para nós como família (é um apartamento grande de dois quartos), é ótimo. Eu o comprei quando comecei a ganhar dinheiro com *Alright, Still*. Mas não consegui comprá-lo imediatamente. Era caro e, embora eu pudesse pagar o depósito, precisava de uma hipoteca. Isso se mostrou difícil, porque eu tinha um histórico de crédito ruim por causa das multas de estacionamento não pagas.

Lembro de pensar: estamos fodidos neste país. Eu sou número um nas paradas e estou ganhando muito dinheiro e estou com dificuldade para conseguir uma hipoteca. Então, porra, sabe lá como outras pessoas estão conseguindo comprar suas casas. Esse sistema não funciona e há toda uma geração de pessoas se perguntando como vai comprar casa própria, e isso é um horror. Eu me senti muito sortuda por ter conseguido.

Ele já me viu passar por muita coisa, o apartamento de Queen's Park. Épocas boas e ruins. Foi minha primeira casa própria e um refúgio da fama. O prédio é recuado da rua. Então, mesmo quando os *paparazzi* estavam no auge, não conseguiam chegar perto do apartamento, porque a propriedade tem seu próprio pátio para os moradores estacionarem. Eu podia entrar no carro sem câmeras no rosto. Isso me dava apenas alguns momentos de liberdade e privacidade, mas eram momentos cruciais. Além disso, pintei as paredes e o teto do meu quarto com uma cor escura chamada "Hague Blue", então ele parecia uma caverna, meu lugar seguro. Mais tarde, no entanto, a pri-

DINHEIRO

vacidade do apartamento foi uma desvantagem. Quando eu tive um perseguidor, ele conseguiu ficar à espreita próximo ao apartamento sem ser detectado e acabou invadindo minha casa e me ameaçando.

O apartamento era a minha casa, mas também se tornou meu antro de cocaína e uma espécie de prisão. Entrei e saí dele ao longo dos anos, por razões positivas (para morar com Sam) e por razões negativas (para fugir do sentimento de medo e vulnerabilidade). Mas eu o reocupei agora e o vejo pelo que é: um lugar prático, conveniente, acessível e confortável para minhas filhas e eu vivermos.

No segundo semestre de 2009, anunciei que estava me aposentando do mercado musical.

Mais do que tudo, foi uma boa tática de negociação para tentar melhorar o terrível contrato de gravação que havia aceitado em 2006. Também estava desesperada por uma pausa. Pareceu um momento natural para eu me distanciar da música e dos shows e fazer outra coisa por um tempo.

A ideia de abrir uma loja de roupas parecia extremamente atraente. Eu tinha algum dinheiro no banco e estava começando a reconstruir um relacionamento com minha irmã, Sarah, que também adorava roupas. Então, sem jamais evitar grandes gestos, apresentei a ela a ideia de abrirmos um negócio de roupas retrô juntas.

Nenhuma de nós tinha qualquer experiência em negócios ou varejo, mas seguimos em frente mesmo assim.

As coisas não eram fáceis entre Sarah e eu desde o início. Sarah nasceu em 1979. Ela é seis anos mais velha do que eu, e mamãe sempre disse que Sarah ansiava por uma irmã mais nova que pudesse vestir e que a admirasse, a amasse e brincasse com ela. Em vez disso, ela ganhou a mim: eu rejeitei o papel de irmã mais nova de cara. Enquanto crescíamos, Sarah e eu desenvolvemos personalidades diferentes, mas também éramos parecidas de várias maneiras. Ambas ansiávamos por atenção, principalmente dos homens (nenhuma de nós teve pais atenciosos). Sarah usava seu apelo sexual como moeda, enquanto, naquela época, o que eu queria era ser aceita como um dos rapazes. Dava para imaginar que poderíamos nos dar bem, visto que não estávamos em competição direta, mas isso não aconteceu. Acho que Sarah tinha ciúme do respeito que eu recebia dos meninos, e eu, da minha parte, tinha ciúme da aparência e do corpo dela. Ela ficava bem usando qualquer coisa. As roupas se tornaram uma forma de expressarmos nossos sentimentos – separando-as umas das outras, reivindicando-as, estragando-as, perdendo-as, não as devolvendo. Conforme obtive sucesso, comprei muitas roupas.

Eu também era o centro das atenções aonde quer que eu fosse. Quando éramos menores, receber atenção era algo raro e, como era escasso, tinha um valor enorme. De repente, eu estava sendo inundada de atenção. Sarah não se importava que eu fosse cantora – ela nunca teve vontade de estar em um palco –, mas as roupas que não paravam de aparecer e o que elas representavam: dinheiro, sucesso, aprovação (*Você merece essas coisas, Lily; por favor, use isso, Lily; nós te amamos, Lily; você é ótima, Lily; você ficará fantástica com isso, Lily*)... isso deve ter sido difícil de suportar.

Eu me ressenti de Sarah por anos. Eu a amava também. Ela é minha irmã. Nós conhecemos a história uma da outra, fomos testemunhas uma da outra e sabemos o peso da bagagem que cada uma carrega. Sarah é brilhante, engraçada e inteligente, e eu queria consertar meu relacionamento com ela. Eu escrevi a música "Back to the Start" ["De volta ao começo"], no meu segundo álbum, pra falar sobre ela e nosso relacionamento. Na canção, perguntava se podíamos começar de novo. Pensei que abrirmos um negócio juntas seria uma maneira de fazer isso; uma maneira de fazermos algo juntas e construirmos algum tipo de futuro bom: duas irmãs fazendo negócios juntas, sem exploração, abusos ou jogos mentais, apenas vendendo roupas lindas.

As roupas se tornaram uma forma de expressarmos nossos sentimentos – separando-as umas das outras, reivindicando-as, estragando-as, perdendo-as, não as devolvendo. Conforme obtive sucesso, comprei muitas roupas.

EXATAMENTE O QUE EU ACHO

Mesmo quando tinha pouco dinheiro, eu colecionava roupas. Como disse antes, quando era adolescente, passava muito tempo no mercado de Portobello, procurando coisas. Nunca teve a ver com ser superchique. Em vez disso, o que me empolgava era misturar as coisas: pesado com leve, áspero com liso, extravagante com básico. Eu não saía em busca de velhos vestidos Ossie Clark naquela época, mas ficava feliz ao conseguir um macacão do Mickey Mouse ou um jeans da Stussy para então combinar meus achados retrô com roupas esportivas novas: sutiãs esportivos brancos da Nike, moletons pretos e largos com capuz e pares de tênis. Para deixar tudo mais sensual e acrescentar aquele toque, usava camadas de delineador preto e muitas bijuterias douradas.

Meu truque era saber o que funcionava para mim. Os vestidos de baile que usava quando comecei a cantar combinavam com meu corpo e cobriam as partes dele de que eu não gostava. Eu gostava de combiná-los com acessórios inesperados: um pingente de arma e tênis da Nike, ou tênis da linha Reebok Classics e uma jaquetinha da Def Jam. Era o que eu fazia com a minha música também. Você ouve tons alegres e ensolarados quando uma música começa e acha que vai ouvir algo doce, mas o que você pode acabar ouvindo é uma música chamada "Fuck you" ["Vá se foder"].

Minhas amigas costumavam arrancar páginas da *Vogue* com fotos de como queriam ficar, mas eu nunca fiz nada assim. Para mim, isso era perseguir algo inatingível. Em vez disso, eu gostava de desfazer os looks e torná-los meus, em vez de seguir qualquer tendência prescrita. Também gosto de detalhes. Foi assim que formei meu relacionamento com a Chanel: fazendo perguntas sobre os detalhes que via.

No começo, eu era convidada para os desfiles simplesmente porque era uma celebridade que usava roupas deles. Comecei a fazer compras na Chanel assim que fiquei rica o suficiente. Eu comprava uma bolsa ou um par de sapatos e, inevitavelmente, fotos

DINHEIRO

de *paparazzi* comigo usando a grife acabavam na mesa das relações-
-públicas da marca.

Parece que Karl Lagerfeld perguntou "Quem é essa garota?" à sua
equipe quando viu uma das fotos. "Por que estamos enviando tudo
isso para ela?"

"Não estamos", a equipe de RP respondeu a Karl. "Ela está comprando."

Depois disso, a Chanel começou a me convidar para seus desfiles,
e tenho certeza de que teria continuado assim – comigo indo a alguns desfiles por ano por um período (e teria sido ótimo) –, se eu não
tivesse conhecido Karl. Aconteceu por acidente quando estava trabalhando como DJ com Seb em uma festa após o desfile de setembro de
2008. Eu estava procurando o banheiro e tropecei em uma sala onde
Karl estava sentado com seu braço direito, Virginie.

"Sinto muito", eu disse, começando a sair da sala. "Desculpem,
desculpem, eu só estava procurando o banheiro", fiquei falando sem
parar, sentindo como se tivesse invadido um santuário interno.

Mas Karl e Virginie agiram de maneira descontraída e acolhedo-
ra. "Não, não", disseram eles. "Por favor, entre." Havia um sapato
em cima da mesa que estava em frente a eles. Eu havia ficado vidra-
da nele durante o desfile, porque tinha um disco de jade no meio
do salto que me deixou intrigada. Eu não conseguia entender como
o salto poderia aguentar qualquer peso com aquele círculo delicado
implantado nele.

Vi o sapato e disse a Karl: "Por favor, pode me explicar como funciona o sapato? Não entendi a física dele. Por que o círculo de jade
não se parte quando o sapato é usado?".

"Sente-se", disse Karl, começando a desenhar o sapato e a en-
genharia por trás dele. Foi a primeira vez que falei com ele direito. Conversamos um pouco, e ele me disse o quanto gostava da
minha música.

EXATAMENTE O QUE EU ACHO

Foi pouco depois disso que recebi um telefonema me pedindo para ser o rosto da Chanel para uma campanha publicitária. Receber aquele telefonema foi um bom momento, com certeza. Foi incrível. Parecia que eu tinha vencido. E aprender sobre a Chanel e as roupas em mais detalhes, incluindo como elas são feitas, só aumentou meu respeito pela habilidade envolvida na alta costura em particular, mas, na verdade, em qualquer peça de roupa que tenha sido pensada e produzida com cuidado e consideração. Para mim, isso é parte da atração do vintage. É a montagem de um visual. E fazer isso bem exige um pouco de imaginação ou esforço. Eu estava animada para despejar todo esse entusiasmo na loja.

Lucy in Disguise foi uma boa ideia. Mas boas intenções não tornaram Sarah e eu boas parceiras de negócios. Nossa loja não fez sentido financeiro desde o início. Devíamos ter começado mais devagar, com menos despesas gerais, talvez lançando online e desenvolvendo o negócio antes de pagar o aluguel de um espaço grande no centro de Londres. Mas deixamos tudo fugir do nosso controle, o negócio ficou grande demais rápido demais e não administramos a coisa direito. Recebemos muita divulgação da imprensa (o que criou muita pressão), e uma equipe de documentários nos acompanhou o tempo todo também, o que eu detestei, e o que significava que não tínhamos espaço para tentar tatear o caminho a seguir. Mas a questão principal era que nenhuma de nós era boa em administrar negócios.

Percebi rapidamente que deveríamos reduzir as perdas e fechar o negócio.

Perdi muito dinheiro com a loja. Acho que por volta de 1,5 milhão de libras. Fui ruim em lidar com dinheiro minha vida toda e, como sempre me senti sufocada com a ideia de lidar com isso, deixei que outras pessoas cuidassem dele (como pessoa codependente, isso era bem fácil para mim).

DINHEIRO

Sei que não é uma atitude particularmente saudável ou útil, mas pelo menos sempre foi contrabalançada por aquilo em que sou boa e que gosto de fazer, que é trabalhar pra caralho para ganhar dinheiro. O que quer que eu tenha feito, certo ou errado, na minha vida adulta eu sempre fui uma provedora – primeiro para mim e, depois, mais tarde na vida, para minha família.

AMOR

Eu conhecia Sam havia anos, desde antes mesmo de ficarmos juntos. Ele fazia parte da turma de Lester no final da minha adolescência. Quando viramos um casal, a imprensa costumava se referir a ele como "construtor Sam Cooper" ou "pintor e decorador Sam Cooper", mas Sam é de alta classe. Ele dirige uma empresa de construção, mas não fica em cima de uma escada com um pincel na mão. Era um dos caras que estava no barco com Lester quando ele me deu o fora do outro lado do mundo. Estavam todos em uma grande viagem, estilo ano sabático: meninos nascidos com privilégios usando drogas e explorando a mesma trilha hippie que seus pais boêmios haviam percorrido um dia. A família de Sam é muito grande e, ao contrário de seus irmãos – Tarka (um músico que morreu tragicamente em 2008) e Barney (que dirige uma gravadora chamada Room 609) –, ele não entrou no mundo da música ou das artes. Ele quebrou esse molde. Ele não é um operário, mas trabalha duro. Construiu sua empresa, a Bonchurch, ao longo de mais de 15 anos de trabalho árduo.

EXATAMENTE O QUE EU ACHO

A primeira vez que pensei em Sam *desse* jeito foi em uma festa que dei no Claridge's no meu aniversário de 24 anos. Havia passado um ano da morte de Tarka e, embora eu tivesse visto Sam no funeral, não falava com ele direito fazia muito tempo. "Como estão as coisas?", perguntei a ele, antes de levá-lo ao banheiro, não para usar drogas, mas porque era o único lugar tranquilo onde poderíamos conversar. Eu *queria* conversar com ele. Queria conversar com ele por horas e horas e horas. Percebi que queria conversar com ele pelo resto da minha vida.

Nada aconteceu entre nós naquela noite, mas foi quando pensei pela primeira vez: *Ai, meu Deus, Sam*. Sam. Antes disso, eu gostava de Sam, mas nunca havia pensado nele de forma romântica. De repente, parecia imperativo que eu o visse novamente, e logo. Então, convidei ele e alguns amigos em comum para me verem em Glastonbury algumas semanas depois. Eles foram. Sam diz que sabia que algo ia acontecer quando o grupo estava sentado na parte de trás do veículo a caminho do heliporto (vai, Glasto!), e eu descansei meus pés nas pernas dele. Foi quando ele percebeu, ele me contou mais tarde, que eu definitivamente estava flertando. Ele tinha razão. Eu definitivamente *estava* flertando. Gostava muito dele.

Lembro de pensar: Isso, simplesmente estar com ele, é empolgante. Estar no mesmo cômodo que ele é empolgante. Lembro de também pensar: estou indo a um milhão de quilômetros por hora, minha vida é caótica e eu não posso continuar assim por muito mais tempo, e esse homem parece poder me oferecer uma maneira diferente de seguir em frente. E é uma maneira melhor.

Ainda assim, eu não segui o caminho de Sam imediatamente. Como eu disse, não demorou muito para que eu deixasse Londres e fosse para o Japão para tocar no Fuji Rock Festival. Sam havia se estabelecido na minha cabeça, mas ainda não na minha vida. Na minha vida, eu ainda estava correndo, bebendo, usando drogas e transando.

AMOR

E inclusive à vista de Sam, porque o ditado "o que acontece na turnê fica na turnê" não parecia ser muito correto. Apareceram nos jornais fotos minhas bêbada e fora de mim. Em uma delas, estou me inclinando para beijar um cara que conheci em Fuji – um cara chamado Wade, da banda The Virgins. Sam, esperando por mim, viu aquela foto em um dos tabloides. Ele não gostou. Ele me ligou e falou o que estava pensando. "Eu gosto de você de verdade", disse ele. "Quero mesmo ficar com você, mas não consigo lidar com seu comportamento. Se quer ficar comigo, você precisa parar."

Adorei que Sam tenha sido tão direto. *Certo*, pensei, *está bem, então, vou parar e me colocarei ao lado de Sam.* "Vou mudar", eu disse a ele. "Vou parar de correr por aí, mas você precisa prometer que vai cuidar de mim." Em algum lugar da minha cabeça, meu pensamento era: *Se eu conseguir alguém que me ajude a lidar com tudo, não vou precisar de drogas e álcool.*

Embora quase não tivéssemos passado tempo de verdade juntos, assim que Sam disse que queria ficar comigo, peguei as chaves dele e botei meu apartamento em Queen's Park para alugar. "Estou aqui agora", disse eu, apresentando-me inteiramente a ele. "Você vai cuidar de mim."

Sam e eu ficamos juntos por seis anos. Não posso escrever sobre todos os bons momentos com ele, porque não estamos mais juntos. Tomei uma decisão consciente de encerrar nosso relacionamento e não posso reviver esses momentos. Não é que eu esteja optando por não fazê-lo, pelo menos não conscientemente, mas eu não consigo mais acessá-los. Meu cérebro os desligou. Claro que *tivemos* bons momentos. Tivemos um casamento de verdade. Cuidamos um do outro. Ouça minhas músicas "Life For Me", "Close your eyes", "As long as I got you" ou "L8 CMMR": são todas canções de amor e foram escritas para Sam e sobre nossa vida juntos.

Sam e eu nos amávamos e também tínhamos coisas importantes em comum. Ambos passamos pelos divórcios de nossos pais quando tínhamos quatro anos de idade. Ambos temos muitos irmãos, a maioria deles nascida como resultado de nossos pais terem mais relacionamentos com outras pessoas. Éramos ambos, relativamente, as ovelhas negras de nossas famílias: aqueles que haviam sido subestimados, mas tiveram um sucesso inesperado. Lembro-me de Mia, a mãe de Sam, dizendo a ele quando ficamos juntos: "Eu nunca teria apostado em você, Sam, para ser aquele que acabou com uma namorada famosa e fazendo parte do cenário do *show business*. Nunca, em meus sonhos mais loucos, pensei que seria *você*". Lembro-me de ter pensado: *Do que você está falando?*

Sam é engraçado. Ele me fazia rir. Nós temos um senso de humor idiota parecido.

Ele também é neurótico. Tem mania de controle. É um planejador avançado. Gosta de saber o que vai fazer com semanas de antecedência. Ele é bastante tradicional. Ele era um par de mãos seguro.

Eu precisava disso.

Eu adorava que ele não tinha reações exageradas sobre as coisas. Ele era calmo. Não era dramático. Logo depois de ficarmos juntos, dormi além da hora na casa dele e perdi um ensaio de dança para algo importante; acho que era minha apresentação no BRIT Awards. Eu sempre ficava nervosa com esse tipo de apresentação e, como estava atrasada, minha ansiedade se transformou em fúria. Eu descontei em Sam. "Você não colocou a porra do despertador para tocar", gritei. "É sua culpa, porra." Ele não reagiu. Ele não gritou ou me repreendeu por estar sendo ridícula e exagerando no drama. Apenas me ignorou e deixou passar. Ele não tocou no assunto mais tarde, não usou isso contra mim, não deixou que a situação piorasse. Foi uma experiência nova para mim. Foi um alívio.

Assim que Sam e eu ficamos juntos, montamos nosso ninho. Morávamos no apartamento dele na Great Titchfield Street, em Marylebone. À noite, eu cozinhava e íamos ao pub ou às vezes

Lembro-me de nós três dormindo juntos na cama e de eu pensar: *Eu quero isso. Eu gosto disso.* **Foi como um ensaio, um prenúncio da nossa própria familiazinha.**

ao Groucho. Nos fins de semana, assistíamos críquete, que ambos adorávamos. Num fim de semana, meu pai e a mulher dele, Tamzin, deixaram minha irmã de três anos, Teddie, conosco para cuidar enquanto eles saíam. Lembro-me de nós três dormindo juntos na cama e de eu pensar: *Eu quero isso. Eu gosto disso.* Foi como um ensaio, um prenúncio da nossa própria familiazinha.

Me mudei para o apartamento de Sam em outubro de 2009. Poucos meses depois, compramos um apartamento juntos na Great Portland Street e nos mudamos para lá. Em maio de 2010, eu estava grávida, esperando meu filho George.

Eu, mamãe e papai, 1985.

Hora de comer.

Arrumada.

Eu e mamãe.

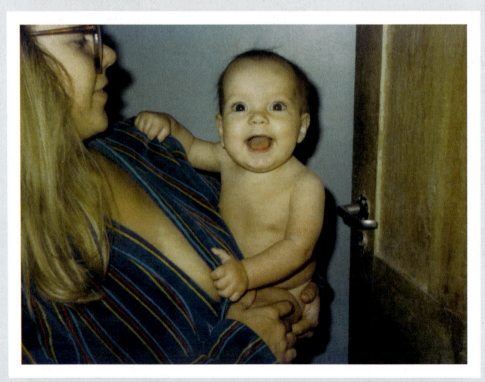

Número um.

Eu e papai.

Alfie, mamãe e papai no set de um videoclipe do UB40 na Espanha.

Hora do banho.

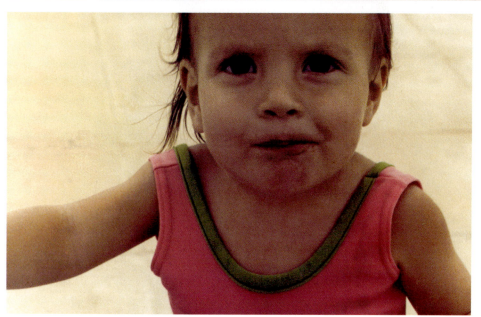

Dois.

Sorvete.

Três.

Diz tudo.

Mamãe, Paul Cantelon e eu na Irlanda.

Papai, Alfie e eu.

Eu e Alfie, Bloomsbury.

Cinco.

Ingersoll Road, Shepherd's Bush, com a cachorra Lucy.

Férias de verão.

Hora de comer.

Eu, Alfie, mamãe e uma vespa. Ottawa, Canadá.

Snape Maltings, Suffolk.

Moça à Espera E.

Planet Hollywood,
aniversário de 9 anos.

Roupa de domingo.

Eu e Sarah, Majorca.

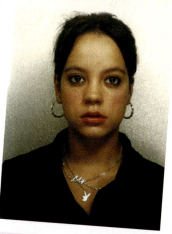

Adolescente esquisita, continuação.

Eu te amo.

CASAMENTO

Quando fiquei grávida de meu primeiro filho, George, eu não sabia muita coisa, mas de duas coisas eu tinha certeza: sabia que tinha de proteger meu bebê e que precisava sair de Londres.

Assim que soubemos que íamos ter um filho, Sam e eu começamos a procurar um lugar no campo. Viver em Londres cercados pela mídia sempre foi opressor, mas, depois que fiquei grávida, isso se tornou insustentável. Eu sabia que não queria que meu filho crescesse em um ambiente que incluísse fotógrafos acampando do lado de fora da minha casa ou me seguindo enquanto eu vivia meu dia a dia.

Sam e eu vimos muitos lugares, muitos deles adoráveis, mas assim que vi Overtown, soube que era a casa para nós. Era exatamente como se poderia imaginar uma adorável casa em Cotswold: uma construção ampla e baixa do século XVII construída com pedras claras da região, com lareiras enormes em quase todos os cômodos, uma cabana (que se tornou meu estúdio) e alguns celeiros ao lado da casa principal. A melhor coisa para nós, porém, era a localização. A casa ficava bem longe da estrada, no final de uma desviozinho comprido, e por isso mesmo parecia completamente privada. Como a propriedade dava para o Vale Slad, não era possível ver uma casa ou um poste telegráfico por quilômetros. A vista de lá era incrível.

Foi em Overtown, quando estava com seis meses de uma gravidez relativamente tranquila, que percebi que estava com um pequeno sangramento. Sam estava em Londres a trabalho, mas, como eu faria um exame em questão de dias, minha obstetra disse que seria melhor adiantar o exame e fazê-lo imediatamente. A perda de um pouco de sangue não precisava ser motivo de alarme, disse ela ao telefone, mas parecia prudente ir mais cedo e verificar se estava tudo bem com o bebê.

Dirigi para Londres no dia seguinte e encontrei Sam no Portland Hospital, onde estava cadastrada para ter nosso bebê e onde estava recebendo todos os meus cuidados pré-natais. Fizeram um exame de ultrassom externo e tudo parecia bem. O bebê estava se mexendo, feliz. O especialista que estava fazendo o exame perguntou se ele poderia fazer um exame interno rápido. "Ah", disse ele, olhando para mim, um tanto surpreso. "O colo do seu útero já está dilatado. Você pode não ter tido nenhuma contração, mas, tecnicamente, se está com dilatação, está em trabalho de parto."

Ah. Eu estava com 28 semanas e dois dias de gravidez, então o bebê era oficialmente viável, mas, ainda assim, trabalho de parto? Mesmo? Bebês nascidos antes de 28 semanas ainda podem ficar bem, me disseram, e não havia necessidade de pânico. O hospital faria tudo o que pudesse para evitar que o bebê nascesse tão cedo, pois cada dia que ele passasse dentro de mim me daria uma chance maior de ter um bebê perfeitamente saudável. A situação tinha muitos aspectos positivos. E, no entanto, lembro de sentar ao lado de Sam, segurar a mão dele e pensar: *Isso não vai acabar bem.*

Era um pensamento secreto, minúsculo e sombrio, e o afastei da mente. Eu tinha acabado de ver meu bebê no monitor, chutando,

CASAMENTO

vivo e bem. Eu estava sendo transferida para a ala de partos e havia coisas práticas que podiam e deveriam ser feitas. A primeira era tomar uma decisão.

O médico disse: "O que queremos mesmo fazer é evitar que a bolsa estoure. Mas temos que estar preparados para o fato de que você pode entrar em trabalho de parto completo a qualquer momento. A má notícia é que somos apenas um hospital de nível dois, por isso, não temos as instalações adequadas para cuidar do bebê se ele vier logo. Precisamos tomar uma decisão sobre manter você aqui ou transferi-la para outro lugar".

Ninguém parecia capaz de tomar a decisão. Eu não queria ser a pessoa a tomar a decisão, e parecia estranho para mim que ninguém assumisse o comando. Certamente seria sensato me transferir para o hospital de nível um mais próximo com todas as instalações necessárias, não? Eu sabia que a UCL ficava a poucos minutos do Portland. Eu não podia ir para lá? Não. A UCL não tinha vaga.

Então a questão tornou-se: o que fazemos agora? Foi então que percebi que, por ser famosa e também ter problemas em potencial, eu era um problema. Ninguém queria que Lily Allen desse à luz cedo demais sob seus cuidados. O que eu queria era apoio e segurança; em vez disso, me senti sozinha e isolada.

A decisão foi finalmente tomada para me transferir de ambulância para o hospital Homerton, em Hackney.

Levei uma hora e meia para chegar lá, mas, assim que cheguei, a ação começou. Isso foi reconfortante. Fui colocada em uma cama inclinada para baixo, de modo que minha cabeça ficasse abaixo do umbigo, e meus pés, acima. Isso ajudava a desafiar a gravidade e evitava que o bebê pressionasse meu colo do útero. Em seguida, fui levada a uma cirurgia de emergência para colocar um ponto para ajudar a manter meu colo do útero fechado. Disseram-me à queima--roupa que eu não deixaria o hospital antes de ter o bebê. Eu tinha teoricamente mais três meses até o fim da gestação. *Que seja*, pensei, *vou me instalar.*

Sam foi até a M&S e comprou muita comida boa para encher a geladeira do meu quarto. Meu pai me comprou um cavalete e algumas aquarelas, porque eu estava passando por uma fase de artes plásticas na época. Minha mãe, minha irmã e meu irmão me visitaram e comeram frango assado que compraram em uma lanchonete caribenha que encontraram perto do hospital. Sam montou uma cama de acampamento ao lado da minha cama inclinada. Tudo ia ficar bem.

E tudo ficou bem. Por um tempo. O ponto aguentou! Aguentou uma semana e meia. Aguentou até que uma noite Sam me fez rir e eu senti um estalo.

Foi quando o fluido começou a vazar de dentro de mim. Minha bolsa não tinha estourado, mas estava estourando, e eu agora estava mesmo em trabalho de parto. A teoria era de que, antes do pequeno sangramento, eu tive uma dor de dente muito forte que levou a uma infecção, que então entrou na minha corrente sanguínea, o que, por sua vez, infectou meu líquido amniótico, provocando o rompimento da bolsa. E havia outra teoria de que eu podia ter estreptococos B, então recebi uma alta dose de antibióticos, porque dar à luz um bebê com estreptococos B pode ser perigoso para a criança.

Mas mesmo com a preocupação com os estreptococos, eu ainda estava pensando: *você vai ter um bebê, embora prematuramente, e tudo vai ficar bem!* Sam foi apresentado à unidade neonatal para onde o bebê seria levado assim que nascesse, e fomos orientados a nos preparar para que ele fosse imediatamente levado embora e incubado. Nós entendemos. Estávamos tendo nosso bebê! Passei a noite toda em trabalho de parto.

De manhã, a parteira disse: "Podemos ver a cabeça do bebê. Não falta muito agora". Então, algum tempo depois – não sei quanto tempo, talvez tenham sido cinco minutos, mas poderiam ter sido cinco

Nós entendemos. Estávamos tendo nosso bebê! Passei a noite toda em trabalho de parto.

EXATAMENTE O QUE EU ACHO

horas, ela disse: "O cordão está enrolado no pescoço do bebê. Ele tinha pulso. Agora não tem mais. Não tem mais pulso".

Isso significava que o bebê estava morto. Ele não estava fora do meu corpo ainda, mas já sabiam. Declararam o óbito. Ele estava morto. Eu podia sentir a cabecinha dele entre as minhas pernas. Mas minhas contrações não eram fortes o suficiente para empurrá-lo totalmente para fora. Os médicos me disseram que não podiam retirá--lo com uma pinça ou usar uma ventosa, porque isso o destruiria. Ele era muito pequeno, muito subdesenvolvido para essas coisas.

A única coisa a fazer era me encher de medicação para ajudar a aumentar minhas contrações. Fui avisada que essa medicação me deixaria muito enjoada e ainda demoraria para fazer efeito.

Meu bebê estava morto. Eu não conseguia escapar da enormidade disso. Ele estava fisicamente preso; não exatamente fora de mim, mas também não seguro dentro de mim. Eu também estava fisicamente presa. Não havia sido capaz de mantê-lo dentro de mim, e agora não conseguia dar à luz. Por dez horas, entre a morte do meu bebê e eu conseguir pari-lo, entrei em um reino em que nunca havia estado antes. É um reino que não consigo descrever ou revisitar, mesmo se quisesse. O enjoo que eu sentia estava me consumindo. Eu me sentia nocauteada. Eu não me sentia humana.

George nasceu naquela noite. Ele foi limpo e enrolado em um cobertor e um chapeuzinho, e Sam e eu o abraçamos por um longo tempo. Tiramos fotos. Tínhamos tido nosso bebê, e ele estava em nossos braços. Só que ele não estava vivo. Então, os médicos me colocaram para dormir. Recebemos alta pela manhã. O hospital precisava do leito.

***

Para mim, a viagem para casa sem meu bebê foram as horas mais tristes e surreais da minha vida. Uma coletânea feita por Sam estava

CASAMENTO

tocando no carro na época, e todas as músicas pareciam relevantes para nossa situação. A música de Etta James "I'd rather go blind" ["Eu preferia ficar cega"] era uma das canções. Tornou-se minha trilha sonora. Tornou-se a trilha sonora da perda de George.

Não me lembro como passamos os dias. Lembro de como passei as noites. Eu não bebi nem fumei enquanto estava grávida, mas meus genes autodestrutivos voltaram a despertar rugindo, apesar de Sam, que fazia tudo o que podia todos os dias para me ajudar a enfrentar (ou seja, atravessar) as noites, porque eu certamente não conseguia dormir.

Eu ia para a cama com Sam e esperava ele dormir. Depois, descia para a cozinha, abria uma garrafa de vinho tinto e bebia enquanto fumava um maço de cigarros. Lembro de me sentir entorpecida, muito entorpecida. E de fazer aquela variação de choro que é quando não emitimos nenhum som, mas ficamos encharcados de lágrimas constantes. Essa foi minha rotina por meses.

Eu me lembro de um dia em particular. Sam estava trabalhando. Estava chovendo. Uma chuva torrencial, bíblica. Saí, tirei a roupa, deitei na grama e simplesmente fiquei deitada. Não sei quanto tempo fiquei lá, nem posso explicar por que fiz isso ou mesmo se ajudou. Eu me sentia como se estivesse em uma escuridão total. Sentia como se minha vida fosse uma escuridão. Preto puro. Se eu estivesse em uma cidade, tenho certeza de que teria começado a sair e a usar drogas para enfrentar a escuridão, e sabe-se lá como isso teria acabado. Mas não era o caso, e não fiz isso. Eu estava em Gloucestershire, na chuva, enlouquecendo.

Fiquei doente, muito doente. Cinco dias depois da morte de George, minha melhor amiga, Jess, veio ajudar a cuidar de mim. Eu estava me sentindo fraca, mas como não conseguia diferenciar entre dor física e emocional naquele ponto, não percebi que estava com febre alta. Jess percebeu e ficou tentando me fazer consultar um médico. Eu recusei. Disse a ela que não queria ver nenhum médico nunca mais. Mesmo quando meu ex-padrasto Harry apareceu, olhou para mim e disse: "Você precisa de um médico agora", eu recusei. De alguma forma, entre eles, Jess, Sam e Harry trouxeram um médico para a casa naquela noite. Ele imediatamente me mandou para o hospital. Eu estava com septicemia.

Minha mãe soube imediatamente o que devia estar fazendo meu sangue estar envenenado. "É óbvio. Deve haver um pouco da placenta ainda dentro dela, e isso infectou seu sangue." Mas ninguém parecia concordar, e ela precisou hostilizar o hospital para me fazer um exame.

Onde mais se faz uma ultrassonografia do útero se não na maternidade de um hospital?

E quem mais está esperando lá, além de casais felizes de mãos dadas e esperando sua vez para seus exames de rotina de três ou cinco meses? E lá estava eu, em uma maca com rodinhas, esperando ao lado deles. Só que eu não estava grávida. Eu havia segurado meu filho morto em meus braços poucos dias antes.

Minha mãe tinha razão. Fizeram o exame, e a placenta estava dentro de mim. Tive de fazer uma dilatação e curetagem para retirá-la. Nem isso aconteceu direto. Como estavam fazendo a cirurgia tão pouco tempo depois de eu dar à luz, o revestimento do meu útero estava extremamente frágil e havia um risco, eles me disseram – pouco antes de eu ser colocada sob anestesia geral –, que, ao remover a placenta, o revestimento do meu útero poderia ficar tão danificado que uma histerectomia seria inevitável. *Ah, sério*, lembro de pensar, *uma histerectomia? Que seja.*

Eu não pensei, Ah não, eu não quero uma histerectomia.

Só pensei: Não quero mais esta vida.

CASAMENTO

***

Minha vida sempre pareceu muito cheia de extremos. Altos e baixos extremos. Sempre me dizem que é extremamente improvável que isso ou aquilo aconteça. Mas tudo sempre acontece, por mais ínfimas que sejam as probabilidades. Eu provavelmente não precisaria de um ponto no colo do útero, pelo que me disseram. Mas eu precisei. Você provavelmente não entrará em trabalho de parto muito cedo, disseram, mas eu entrei. O bebê quase que certamente sobreviverá, disseram os médicos. Mas ele não sobreviveu.

Lembro-me de pensar, quando George morreu: Talvez este seja o plano de Deus. Talvez eu deva passar por toda essa dor. Talvez seja para eu compor sobre isso. Talvez isso me torne uma artista melhor. Tentei racionalizar isso, porque se a gente consegue pelo menos dar um aparente sentido a algo, espera que a dor e o mistério se tornem mais controláveis. Porque perder um bebê é um mistério. Você está grávida há muito tempo, e então, enquanto está aproveitando o milagre de uma nova vida, puf, seu filho se foi, desapareceu totalmente, deixando para trás apenas as mais tênues marcas no mundo, e tudo acabou. Parece que a sua vida acabou.

Mas não é possível racionalizar a perda de um filho. E a sua vida não acabou. Você simplesmente continua e, muito lentamente, você se recompõe e começa a encher a máquina de lavar louça, a lavar roupa e a fazer o jantar e então, sim, a trabalhar ou compor ou cuidar do seu casamento ou acabar embarcando novamente na vida familiar.

Seu filho perdido está lá com você sempre, esse lindo espaço negativo dentro de você para sempre.

EXATAMENTE O QUE EU ACHO

***

George morreu em outubro. Logo depois, Sam me pediu em casamento. Fomos a Bali logo depois do Natal para tentarmos nos recuperar um pouco e, na véspera de Ano-Novo, Sam me contou que havia organizado um jantar especial na praia. Não foi bem a ocasião romântica que ele tinha imaginado: os céus se abriram, o vento soprou e veio a chuva. Sam desapareceu por vinte minutos no meio do jantar. O vento soprou areia na comida, as bebidas caíram e a comida voou para todos os lados.

Imaginei que havia um pedido de casamento chegando. Era parte do jeito de Sam de tentar me consertar. Eu estava em um lugar sombrio depois que George morreu, e não parecia que aquele lugar sombrio iria acabar algum dia. Sam sabia que, se me pedisse em casamento, eu teria algo a que me ater.

Ele imaginou que eu ficaria animada com o planejamento do casamento, e estava certo. Mais imediatamente, por que outro motivo estaríamos sentados na praia, na chuva, com ele todo atrapalhado? Eu estava tipo, *Está bem, pode se apressar e fazer o pedido logo para a gente poder voltar para a cama!* Sam havia desaparecido, depois soube, porque tinha ido ligar para meu pai para pedir permissão para se casar comigo. Ele teve um surto de última hora sobre não deixar tudo certo com Keith, agora que ele estava procurando o "dever de cuidar". Keith não hesitou (não que o dever estivesse no topo da lista de Keith quando se tratava de nós). Nem eu. Eu disse sim imediatamente.

Como se algum dia eu tivesse dito não. Eu estava apaixonada por Sam, mas, mesmo se não quisesse me casar com ele, teria dito sim, porque teria achado muito estranho dizer não. Dizer não poderia ter ferido os sentimentos de Sam. Não é que eu não quisesse me casar com Sam. Eu queria, *desesperadamente*. É só que quem diabos sabe do que se trata aquele "querer"? Tinha a ver com formar uma vida ade-

CASAMENTO

quada com alguém e correr para o futuro juntos como uma equipe, ou tinha a ver com me apegar a ele para que alguém pudesse agora oficialmente assumir as rédeas da minha vida...?

Sam e eu nos casamos perto de Overtown, em 11 de junho de 2011, na Igreja de St. James em Cranham, Gloucestershire. Eu tinha dois vestidos. O que usei para a cerimônia e que apareceu em todas as fotos públicas era da designer francesa Delphine Manivet. O segundo, que usei na recepção, foi desenhado especialmente para mim por Karl Lagerfeld e feito pela Chanel.

Eu estava grávida de três meses quando me casei e me senti estranha em contar essa notícia a Karl. Achei que ele poderia ficar chateado com a inconveniência da minha mudança de tamanho e de ter de alterar o vestido. Eu também estava nervosa porque não sabia que tipo de vestido de noiva Karl estava fazendo. Não era como se ele se oferecesse para fazer um vestido para você e depois você conversasse sobre ideias e ele mostrasse esboços. Não. Ele apenas diz: "Não se preocupe. Eu cuido disso, e vai ser lindo".

Ele tinha razão. O vestido dele era perfeito e me serviu como uma luva. Eu adorei tudo nele. Mas chegou apenas 24 horas antes do casamento. Isso é quase no limite de tempo para uma noiva. Àquela altura, eu tinha formado um relacionamento com Delphine, a quem havia contratado para fazer um vestido reserva para eu ter algo para vestir se o vestido de Karl não coubesse ou não chegasse a tempo. Eu preferia o de Karl, mas usei o de Delphine para a cerimônia por lealdade, porque passamos muito tempo juntas enquanto ela o ajustava e confeccionava. É típico de mim, mesmo no dia do meu casamento, usar um vestido que amava menos para agradar alguém que nunca mais vi.

A roupa da minha irmã Sarah, no entanto, foi a que mais chamou a atenção da imprensa. Ela foi acusada de ofuscar a noiva porque o que estava usando era muito revelador. A roupa dela parecia uma placa

É típico de mim, mesmo no dia do meu casamento, usar um vestido que amava menos para agradar alguém que nunca mais vi.

CASAMENTO

de sinalização para seus seios. Eu sabia o que ela estava planejando vestir. Mamãe, Sarah e eu ficamos em um hotel na noite anterior ao casamento. Sarah experimentou três roupas diferentes e as mostrou para nós. Ela ficava ótima em duas, mas parecia determinada a usar o mais absurdo e que menos lhe caía bem. Minha mãe e eu ficamos, tipo, "Hm, talvez esse último em que *seus peitos ficam de fora* seja um pouco inadequado". Mas ela nos ignorou e o escolheu de qualquer maneira. Eu não me importei.

Sam e eu nos divertimos no nosso casamento. Trouxemos o cantor cajun Warren Storm e sua banda zydeco da Louisiana, Lil' Band o' Gold, e Sam e eu tivemos nossa primeira dança com a música deles "Before I grow too old". Aquela música era importante para nós. Joe Strummer tinha feito um cover dela que eu sempre amei. Quando toquei a versão de Joe para Sam, ele reconheceu imediatamente. Não só isso: ele conhecia e amava a versão original porque tinha um amigo que tocava na Lil' Band o' Gold. Assim que ele a tocou para mim, eu também adorei e, mesmo sendo uma extravagância – levar um cantor e uma banda lendária da Louisiana para se apresentar em um casamento –, não hesitamos muito. Eles valeram a pena. Eles foram fantásticos e tocaram por nove horas seguidas. Foi esse tipo de festa. Ela não parou. Depois da Lil' Band o' Gold, Seb e Theo tocaram como DJs. A música continuou e continuou.

Todos disseram que foi a melhor festa em que já estiveram, e eu também adorei, pelo menos as partes nas quais consegui ficar acordada. Como estava grávida, não estava bebendo ou fumando e, às onze da noite, já estava exausta. Sam me levou para o quarto e me colocou na cama, mas depois adormeceu vestido ao meu lado. Acordamos às sete da manhã do dia seguinte e, quando olhamos pela janela, pudemos ver a festa ainda acontecendo e todos os nossos amigos nas roupas de gala ao redor da fogueira. "Vamos ficar na cama", dissemos um ao outro. "Vamos ficar juntos na cama e deixar a festa continuar sem nós."

Depois do casamento e da festa, Sam e eu embarcamos no Eurostar para ir a Paris para nossa lua de mel. Não queríamos ser extravagantes. Queríamos andar de mãos dadas, ir a museus e cafés e passear sem fazer muita coisa, mas não conseguimos fazer nada disso. Éramos perseguidos por fotógrafos em todos os lugares que íamos. Então, depois de alguns dias, pegamos o trem para casa, de volta a Gloucestershire, onde a primeira coisa que fiz foi mudar meu nome.

Eu não queria mais ser Lily Allen. Eu estava cansada dela e do que ela havia se tornado. Ela havia me exaurido. Agora, eu era a Sra. Cooper.

MATERNIDADE

Quando era adolescente e estava tentando descobrir o que fazer da vida, eu me lembro de pensar, na minha desesperança abafada, em um momento específico de 1991. Eu estava em um set no País de Gales com meu pai enquanto ele trabalhava em um filme chamado *As filhas de Rebecca*. Ele e eu estávamos em um hotel, e às 6h30min fomos acordados, como papai era todas as manhãs, por um assistente de produção chegando, preparando a banheira e entregando ao meu pai uma xícara de café com uma saudação alegre. Eu via esse ritual e pensava: *Quando crescer, preciso de um trabalho que venha com alguém assim.*

Era uma ambição bizarra, já que eu achava difícil fazer qualquer coisa naquela época, que diria manter um emprego por muito tempo. Mas, mesmo assim, sempre que tentava contemplar meu futuro quando adolescente, era isso que me passava pela cabeça: a percepção de que eu precisava ser cuidada, profissional e pessoalmente. E assim aconteceu: eu tenho uma assistente desde os 21 anos de idade. A gente encontra o que precisa.

Esse foi um dos motivos pelos quais amei (e também odiei) a fama no início da minha carreira. Empresários e assistentes vêm como parte e parcela dela, e eu adorei passar o controle para eles – assim como para amantes e amigos. No início, a fama também me deu a sensação de afirmação pela qual eu ansiava. Eu a encontrava no palco e quando as pessoas reagiam às canções. Às vezes, as pessoas me diziam que minhas letras haviam as marcado ou que eu havia identificado um sentimento ou acertado alguma coisa. Ouvir isso significava que alguém me ouvia e gostava do que eu dizia. Eu adorava isso. Acho que foi por isso que fiquei tão arrasada quando senti que a fama me "deixou na mão". Em vez de rir da merda que lia a meu respeito, ou ignorar, o que consigo fazer hoje, eu me sentia traída. É um ciclo perigoso para se entrar. Contar com a fama? Para *qualquer coisa?* Que piada.

Não é de admirar que eu estivesse tão ansiosa para abandoná-la quando me entreguei a Sam e me tornei a Sra. Cooper. *Não quero mais saber de você, Fama! Eu poderia muito bem ter declarado isso. Você foi uma péssima cuidadora e uma amante de merda. Você não cuidou nem um pouco de mim. Você tinha duas caras, me intimidou, e eu descobri que não conseguia fazer com que você tomasse conta de mim. Mas agora estou indo para o campo com Sam e não preciso ser nem um pouco famosa, porque ele prometeu cuidar de mim e de todas as minhas necessidades. Vou ser Lily Rose Cooper e vou morar em uma casa com rosas sobre a porta, cachorros no sofá e um assado no forno e terei muitos bebês saudáveis. E Sam e eu vamos viver felizes para sempre.*

Pelo menos, foi isso que pensei naquela época, quando me estabeleci na vida de casada como Sra. Cooper. Esse, pelo menos, era o plano.

***

Ethel nasceu em 25 de novembro de 2011. Ela era pequena, ruiva e perfeita. Enquanto ainda estávamos na sala de parto com Ethel no meu peito, o cordão umbilical ainda por cortar, o telefone de Sam to-

Acho que foi por isso que fiquei tão arrasada quando senti que a fama me "deixou na mão". Em vez de rir da merda que lia a meu respeito, ou ignorar, o que consigo fazer hoje, eu me sentia traída.

cou. Era um daqueles momentos sagrados: as primeiras respirações do seu bebê fora do útero, mas, bem no meio disso, estava o meu assessor de imprensa ao telefone dizendo: "Vocês tiveram uma menina, certo? Estou com o *Mail* na outra linha, e eles querem que eu confirme". Ignoramos a imprensa, mas contamos a boa notícia a todos em nosso mundo. As pessoas ficaram emocionadas. Perder um filho é algo profundamente pessoal, mas afeta a todos ao redor. Isso dispara alarmes no inconsciente coletivo, além de perturbar as pessoas em níveis mais diretos: espera-se que os bebês renovem nosso ciclo de vida, não que cheguem já mortos. O nascimento de outro filho tranquiliza as pessoas. Para Sam e eu, Ethel não diminuiu o buraco que George deixou, mas seu nascimento proporcionou uma espécie de resposta ao que antes havia sido uma perda incontestável e inexpugnável.

A mãe de Sam, Mia, pareceu aliviada à sua própria maneira: "Bem", disse ela, quando Sam lhe contou sobre sua nova neta. "Pelo menos agora sabemos que Lily pode ter bebês."

Eu tive meu bebê, de fato. Ela não era tão saudável quanto deveria ser, mas estava viva e era minha. Era a linda garotinha minha e de Sam.

Ethel nasceu com laringomalácia. Isso significava que a parte superior da laringe colapsava sobre si mesma toda vez que ela inspirava e que a laringe colapsada, por sua vez, obstruía suas vias aéreas. Ela conseguia respirar, mas apenas com imenso esforço. Ela também não conseguia tomar muito leite. Um bebê que não se alimenta é extremamente preocupante para a mãe. Tudo o que eu queria fazer era sentar com ela em meus braços e tê-la agarrada em meu seio. Isso não aconteceu. Ethel não conseguia mamar no peito por causa de suas dificuldades respiratórias. Em vez disso, eu bombeava meu leite, esperando que ela bebesse da mamadeira. Ela não conseguia (eu doei a maior parte do meu leite), e mesmo o leite artificial não teve muito sucesso. O que eu conseguia fazê-la tomar, ela vomitava quase que imediatamente. Com o passar das semanas, ela foi perdendo peso.

MATERNIDADE

Em fevereiro, ela estava pronta para a primeira de duas operações para cortar as pregas ariepiglóticas, o que a ajudaria a respirar e, por sua vez, a se alimentar. Detestava a ideia de Ethel fazer uma cirurgia, mas estava desesperada para que ela conseguisse a ajuda necessária. Ambas estávamos infelizes. Ela estava com fome e cansada com o esforço para respirar, e eu me sentia rejeitada como mãe. É quase certo que eu estava sofrendo de depressão pós-parto, que não foi diagnosticada porque eu estava determinada a não admitir o quanto me sentia mal. Se alguma vez pensasse nisso, imaginava que estava me sentindo mal por estar preocupada com Ethel e sua saúde. Eu não sabia que essas coisas – parto, exaustão, preocupação, sentimento de rejeição pelo meu bebê, não ser capaz de amamentar – podiam realmente afetar a química do meu cérebro e, assim, desencadear depressão, algo para o qual eu poderia – e, olhando para trás, deveria – ter buscado mais ajuda.

Depois das operações, a respiração de Ethel melhorou muito, mas ela estava ainda mais resistente à alimentação. Ela estava farta de pessoas mexendo em sua boca e seu nariz. Disseram-nos que teríamos de alimentá-la por meio de um tubo enquanto ela dormia.

Me ensinaram a inserir o tubo para que descesse direto até a barriga dela e, em seguida, a colá-lo com uma fita em seu rosto e nas costas. Era preciso se certificar de que o tubo estava no lugar certo usando uma seringa para tirar algumas gotas de fluido e, em seguida, testar uma ou duas gotas em papel de tornassol para ter certeza de que a acidez no tubo vinha do estômago. Mesmo assim, muitas vezes, depois de alimentá-la, ela acordava vomitando. Então, era preciso esperar até que ela adormecesse novamente antes de reiniciar o processo, silenciosamente desejando que o leite que escorria lentamente pelo tubo ficasse lá dentro e fosse absorvido pelo sistema de Ethel e a ajudasse a crescer. O processo todo era horrível. Eram

EXATAMENTE O QUE EU ACHO

necessárias duas pessoas para colocar o tubo nela, mas se eu estivesse sozinha e o tubo saísse, era preciso continuar o processo: segurá-la firme e devolver o tubo ao lugar.

Eu odiava ter de fazer isso. De vez em quando, eu ainda tentava colocá-la no meu peito. Eu sentava apertando seu rosto em meu peito, e ela olhava para mim como se dissesse: *O que você acha que eu vou fazer com isso?*

Quando ela tinha oito meses, eu já estava farta. Havia engravidado de novo, e acho que saber que havia outro bebê a caminho me deixou determinada a enfrentar a situação. Tirei o tubo da boca de Ethel e, com cuidado, tirei a fita adesiva de seu rosto e pescoço. "Vamos conseguir, Ethel", disse eu, "você e eu". Demorou três dias cheios de ansiedade até que Ethel começasse a se alimentar normalmente, mas, com o tempo, ela começou a tomar leite da mamadeira. Depois disso, não olhamos para trás.

Minha linda Marnie nasceu em 8 de janeiro de 2013. Foi um parto fácil. Ela era saudável e se alimentou com facilidade desde o começo. Nossa pequena família agora estava completa, e era hora de eu voltar ao trabalho. Precisávamos de dinheiro, e eu queria compor e gravar músicas novamente.

***

Aos poucos, nos dois anos seguintes, nossa família singela começou a se desmontar.

Eu não devia ter deixado o ninho.

Eu precisava deixar o ninho.

Eu queria sair do ninho.

Eu queria não ter saído do ninho.

TRABALHO, PARTE TRÊS

Se escrever meu segundo álbum foi fácil, o mesmo não pode ser dito sobre o terceiro.

Fácil porra nenhuma. Foi tipo: *Como eu faço isso de novo?* Com meu segundo álbum, *It's not me*, eu me senti independente. Eu me senti sexy. Eu me senti como se fosse dona de mim mesma, pelo menos às vezes. Quando chegou o terceiro álbum, eu tinha filhos. Um deles havia morrido. Eu era casada. Eu estava morando em uma casa no campo. Eu estava criando bebês. Eu era uma pessoa diferente. Não era? Era? Quem eu era mesmo?

Eu era mãe, antes de mais nada. Mas eu ainda tinha vinte e poucos anos e percebi que mal havia começado minha vida profissional. Eu queria voltar a ela. Estava feliz em ser mãe, mas percebi que também queria trabalhar. Cuidar de crianças pequenas é extremamente cansativo e, às vezes, extremamente tedioso. Às vezes, eu riria disso depois, quando estava em turnê. "Por que você voltou ao trabalho depois de ter tido filhos?", as pessoas perguntavam. "Porque a mater-

Se escrever meu segundo álbum foi fácil, o mesmo não pode ser dito sobre o terceiro.

Fácil porra nenhuma.

TRABALHO, PARTE TRÊS

nidade é chata", brinquei, uma fala que depois foi usada pelo *Daily Mail* e se tornou uma história sobre como "Lily Allen agora estava entediada com a maternidade", como se fosse um hobby que eu havia começado e deixado de lado em seguida.

Não há nada de enfadonho na maternidade real. Esse papel, descobri, é desafiador, surpreendente, gratificante e difícil, e vem conectado ao amor, à dor, à preocupação e à alegria intrínsecos. Mas, sim, muitas das tarefas diárias que a maternidade de crianças pequenas exige são mais do que entediantes. Essa é uma das razões pelas quais é tão difícil. Trata-se de cuidar das necessidades de outras pessoas e deixar as suas de lado. É uma tarefa complicada para um narcisista. Não admira que meu pai não tenha se dado ao trabalho.

***

Eu queria voltar a trabalhar porque me sentia sufocada criativamente, mas trabalhar também parecia uma opção mais fácil em muitos aspectos do que a árdua tarefa de cuidar de duas crianças muito pequenas.

Escrevi a maior parte do meu terceiro álbum, *Sheezus*, na pequena biblioteca da minha casa em Overtown. Eu sentava em uma cadeira em um canto da sala e a pessoa com quem estava trabalhando (Greg Kurstin, principalmente, e às vezes um produtor chamado Fryars, que se tornou meu amigo) ficava com seu computador e equipamento do outro lado. A gente fechava a porta e compunha o dia todo, às vezes noite adentro. Como a gravadora não precisava pagar pelo espaço do estúdio, contrataram um chef para cozinhar para nós todas as noites. Uma babá cuidava das crianças. Muitas vezes, eu podia ouvi-las querendo entrar para ficar comigo. Elas eram pequenas naquela época. Ethel tinha um ano, Marnie era bebê.

Eu sei. Vê se supera, certo? É a luta de todos os pais que trabalham: por mais que você anseie pelo trabalho ou aceite voltar a ele, deixar seus filhos, especialmente quando são pequenos, é difícil. A grande vantagem de escrever *Sheezus* em casa era que eu podia ver as meninas sempre que fizesse uma pausa. Isso foi um grande luxo. A desvantagem era que eu podia ouvi-las e senti-las perto de mim o tempo todo. Isso não me ajudou a separar o trabalho do meu papel de mãe.

A questão é que não acho que deveria ter feito isso de fato – pelo menos, não tanto. Eu queria trabalhar, sim, mas também precisava voltar a ganhar dinheiro. Tínhamos hipotecas para pagar e empregávamos pessoas para nos ajudar a administrar nossas vidas. Nossas despesas eram enormes. Isso não é uma reclamação. Não precisávamos viver daquele jeito. Era um luxo que havíamos escolhido, mas que também precisava ser pago. E, como a provedora principal da família, recaiu sobre mim a responsabilidade de sustentar a família financeiramente. Não me ressentia de trabalhar e, embora achasse doloroso me separar das meninas, também entendia que compor músicas enquanto pagava alguém para cuidar das minhas filhas era um privilégio e uma escolha.

A parte que eu não entendia, e ainda acho difícil de compreender, é por que eu, como compositora e cantora, não poderia *celebrar* mais meu papel de mãe. Por que tantas canções falam sobre a procura do amor, se apaixonar ou perder o amor, mas não sobre como manter o amor ou o amor familiar? Por que o papel de ser pai e mãe é praticamente eliminado na indústria do entretenimento? Por que, se você é uma jovem artista pop, é tão importante ser sempre sexy, desejável e implicitamente disponível? Em vez disso, eu senti uma pressão silenciosa (sempre houve muitos olhos revirados na gravadora quando eu tentava equilibrar minha agenda de trabalho para incluir tempo com minhas filhas) para quase fingir que eu não tinha filhas.

Esses eram os problemas com os quais eu estava lutando ao escrever meu terceiro álbum, e são os problemas que persistem até hoje. Acho que agora posso enfrentar a questão de maneira um pouco mais

TRABALHO, PARTE TRÊS

direta. Não consigo resolvê-la, mas pelo menos posso lidar com mais confiança. Mas, em 2013, a dicotomia entre voltar a trabalhar como artista pop e ser mãe de duas filhas pequenas não era algo que eu tinha como examinar com distância ou objetividade. Estava bem dentro de mim. Era a minha realidade diária, e eu a achava ofuscante. Eu olho para as fotos de *Sheezus* e penso: *Essa pessoa, toda arrumada, o cabelo com todas aquelas cores malucas (certamente as mamães não fazem isso?), tops curtos mostrando uma barriga lisa (de jeito nenhum três bebês saíram dali, certo?)... essa pessoa está tendo uma crise de identidade.*

Eu não criei meu look para *Sheezus*. Claro que me interesso pelo lado visual do meu trabalho, mas disse a mim mesma que não tinha tempo para sentar e criar painéis de inspiração. Deixei esse lado para uma estilista chamada Aimee Phillips, que se tornou minha consultora criativa durante todo o período de *Sheezus*. Ela ficou encarregada de como meu cabelo e maquiagem seriam, do que eu usaria nos vídeos e das minhas roupas de turnê. Em outras palavras, entreguei minha imagem inteira a outra pessoa. E não foi porque não tinha tempo, agora percebo, mas porque perdi a noção da minha própria identidade. Se você não sabe quem você é – eu sou mãe, mas não apenas mãe; eu sou uma artista, mas fazia anos que não me apresentava; ainda sou jovem, mas não tão jovem, e não na indústria musical; eu sou casada, mas isso não é algo particularmente celebrado em uma indústria que valoriza a disponibilidade acima da estabilidade –, é difícil saber como se apresentar para o mundo exterior. E é especialmente difícil decidir como você vai encapsular tudo na capa de um álbum. Sou mais cautelosa com isso agora. Aprendi muito sobre como deixar outras pessoas tomarem decisões por nós com *Sheezus*, especialmente com a primeira música dele, "Hard Out Here".

A gravadora não gostou que "Hard Out Here" usasse tanto a palavra *"bitch"* ["vadia"]. Um executivo americano enviou um longo e-mail argumentando por que eu deveria deixar de lado algumas das ocor-

EXATAMENTE O QUE EU ACHO

rências. Ele contou o número de vezes que usei a palavra. "Não acho que uma mulher gostaria que outra mulher a chamasse de vadia", escreveu ele.

Hummm, que tal a mulher que escreveu a música? Por que você acha que *ela* está usando a palavra vadia, sua vadia? O que é insano é que ele ouviu a música, claramente de maneira técnica, mas, de alguma forma, a ironia da canção – todo o seu tema central – havia lhe passado totalmente despercebido.

Isso, no fim das contas, seria o menos importante. Quando a música foi lançada em novembro de 2013, a resposta imediata a ela foi positiva. "'Hard Out Here' é exatamente o que queríamos de um retorno de Lily Allen", escreveu o *Guardian*. "Não é apenas uma canção pop", disse o *Observer*. "É um texto feminista com uma batida realmente cativante. Não é APENAS uma música pop, é uma carta aberta ao *Mail Online*, uma piscadela para a misoginia moderna, para os papéis femininos em 2013..."

O *Observer* estava certo. Eu havia escrito a canção sobre machismo na indústria da música porque estava cansada de esperarem que eu aparentasse e me comportasse de determinada maneira. Eu estava cansada de ter meu corpo inspecionado e estava farta de fazer expressões sensuais. Ficava nauseada que, como mulher, era *esperado* que eu fizesse uma cara sexy. Ninguém esperava que meus colegas homens fizessem isso, assim como ninguém escrevia sobre o quanto eles podiam estar magros ou gordos em um determinado dia. Eu queria que o videoclipe refletisse o sentimento da música e sua raiva contundente. Queria mostrar exatamente o que se espera que as cantoras façam nos vídeos e, ao mesmo tempo, minar essa expectativa, e queria fazer isso com humor e também com raiva.

TRABALHO, PARTE TRÊS

***

Comecei a ficar preocupada com o quanto eu pesava e se eu estava magra quando fiquei famosa. Havia uma correlação direta entre meu sucesso e minha relação cada vez mais prejudicial à saúde com a comida. Tudo começou no final do primeiro álbum, quando comecei a fazer mais ensaios para revistas de moda, em vez de fotos comuns para a imprensa. Quando você começa a aparecer na capa da *Elle México*, digamos, ou da revista *GQ*, as expectativas sobre você e seu corpo mudam. Você entra em um estúdio e pode ver pelos trilhos das roupas que a editora de moda encarregada da sessão fotográfica já passou bastante tempo avaliando seu corpo. Você nunca é magra o suficiente.

Além disso, você vê fotos suas no *Daily Mail* ou na revista *Heat* junto com outras celebridades femininas. Você está sendo comparada a elas — as vezes, positivamente, às vezes, negativamente. Um dia, você pode ser criticada por ter celulite e se largar; no outro, está sendo elogiada, de uma forma terrível, ácida e igualmente misógina, por suas curvas e por rejeitar cirurgia plástica. É tudo horrível. Não deveria ser permitido. Nem preciso escrever sobre como tudo isso — essa maneira de tratar, maltratar e julgar o corpo feminino — é insidioso, nojento, ridículo e injusto. Todos sabemos disso. Mas as coisas continuam assim. Tenho raiva disso agora, e hoje em dia faço aulas de boxe para me manter em forma (vá entender), mas, durante anos, todos os dias em que eu acordava eram obscurecidos por uma preocupação com meu tamanho.

Que desperdício de espaço mental. Que desperdício de consciência. Que insulto a cada pessoa que luta contra doenças, pobreza ou falta de moradia. Que insulto ao sol, ao céu e ao canto dos pássaros e a qualquer número de pequenos prazeres ou preocupações que poderiam ocupar o mesmo espaço de maneira mais alegre e útil do que a

EXATAMENTE O QUE EU ACHO

preocupação com o peso corporal. Mas aí estamos: eu era uma jovem e me tornei uma das muitas jovens que fazem mal a si mesmas para pesar menos.

Tudo começou com bulimia. Comecei a vomitar quando aumentou a atenção dada ao meu segundo álbum. No meu caso, foi resultado direto de ter meu corpo constantemente examinado. Eu ia a restaurantes e assim que terminava de comer, ficava, tipo: *Merda, quando posso ir ao banheiro?* Eu pesava as coisas: *Estou com maquiagem demais para vomitar?* Carregava na bolsa pequenos frascos de removedor de maquiagem para os olhos, além de cotonetes para que, se meus olhos lacrimejassem muito ao vomitar, eu pudesse retocar a maquiagem. Ou apenas me certificava de que comeria menos.

Cheguei a um ponto em que nem tentava esconder de Sam. Fazia parte de um ritual pré-show que nós dois aceitamos como normal. "Ah", eu dizia. "Não posso cantar com o estômago cheio. Tenho aquela coisa de refluxo ácido, sabe? Devia ter esperado para comer depois do show." Então eu pedia licença para ir vomitar.

Também tinha outras estratégias. Tomava muito café e fumava muitos cigarros para suprimir o apetite. Usava cocaína pelo mesmo motivo. Se eu fosse jantar fora, cheirava cocaína antes de todo mundo para parar de comer. Às vezes, se havia uma sessão de fotos chegando, eu propositalmente tomava um porre na noite anterior porque alguém me disse que, por ficar desidratado, o corpo encolhe depois que a gente bebe muito álcool.

Eu flertei com o Adderall (que na verdade é apenas um tipo de anfetamina) como forma de ficar ou me manter magra, depois de obter acesso a medicamentos controlados por receita por meio dos contatos de "médicos do rock" que criei em minha agenda (são aqueles médicos particulares que a indústria conhece e que prescrevem soníferos e analgésicos sem fazer muitas perguntas). Ou, pior, antes de eu ser mãe, se eu tivesse três dias de folga, digamos, tomava uma sucessão de

242

TRABALHO, PARTE TRÊS

pílulas para dormir para me impedir de comer. Eu me trancava em meu apartamento, tomava uma pílula fortíssima para me derrubar, acordava 12 horas depois e tomava outra, e assim por diante, até que três dias tivessem se passado e eu pudesse acordar cinco quilos mais leve.

Quando gravei o vídeo para "Hard Out Here", ainda estava com muito do peso da gravidez depois de ter tido Marnie oito meses antes. Fiquei enorme durante a gravidez. Quando Sam e eu começamos nossa família, eu parei de beber, me drogar e vomitar. Eu não deveria fazer nenhum exercício extenuante por conta do meu histórico de gestação e ainda estava sofrendo de depressão por ter perdido George e, depois, no pós-parto, com Ethel. Basicamente, eu ficava deitada. E comia. Obsessivamente.

Sam ia trabalhar, e eu ia à banca de revistas, comprava cinco pacotes de biscoitos e ficava sentada ou deitada o dia todo comendo e vendo episódios de *Plantão Médico*. Assisti a todos os episódios de todas as temporadas de *Plantão Médico*. Também vi todos os episódios de *Nos Bastidores do Poder*. Vi *pelo menos* quatro ou cinco vezes cada episódio dessa série. Com o passar das semanas e dos meses, fiquei imensa. Depois de ter Marnie, estava pesando quase 90 quilos. Como sou baixa e tenho uma estrutura pequena, não havia onde esconder qualquer peso extra. Eu parecia um Oompa Loompa. Não me conformei, nem por um segundo. Eu odiava aquilo.

Mas o que quer que eu sentisse pessoalmente em relação àquele peso – e perdi boa parte dele rapidamente depois de ter Marnie, mesmo que uma parcela não tenha mudado até eu começar a substituir as refeições por álcool e drogas novamente –, eu ainda me ressentia de me fazerem sentir que eu estava gorda demais para o meu trabalho e que, se não perdesse os quilos extras, seria um fracasso de alguma forma. Eu me ressentia de que esperassem que eu fosse feminina e sexy e, ainda assim, apagasse instantaneamente qualquer traço do que meu

243

corpo feminino havia passado gestando e dando à luz três bebês em rápida sucessão. Era essa a mensagem que eu estava tentando transmitir no vídeo de "Hard Out Here".

E cara, como eu errei. A aclamação à música transformou-se rapidamente em crítica. Vinte e quatro horas depois do vídeo ser lançado, Suzanne Moore escreveu um artigo no *Guardian*. "Gosto da voz, da presença e da tagarelice de Allen", escreveu ela. "Mas não gosto de racismo. Nem mesmo o racismo irônico e pastelão. No vídeo, [Allen] se afasta de suas dançarinas rebolantes. Ela permanece no comando. Elas, não. Talvez eu tenha lido errado. Mas o que vejo é o corpo feminino negro, anônimo e sexualizado, se esforçando para pagar o aluguel. Não estamos no pós-racismo assim como não estamos no pós-feminismo. Este é o contexto em que este vídeo se insere: uma mulher branca de classe média fazendo o papel de líder de mulheres negras anônimas. Talvez haja uma piscadela de ironia que eu tenha deixado passar. Mas não deixei passar anos de mulheres negras escrevendo sobre como seus corpos são usados para que os brancos escrevam seus próprios roteiros neles."

Lá estava: uma mulher que eu admirava estava me chamando de racista. Eu era racista porque havia mais mulheres negras do que brancas em meu vídeo usando menos roupas do que eu? Merda! Eu nem tinha percebido a composição racial das dançarinas. Eles eram a trupe de dança regular da coreógrafa, e ela, uma coreógrafa negra conhecida chamada Suzette Brissett, as havia escalado porque eram boas e conheciam os movimentos e a coreografia que ela procurava. Foi com base nisso que elas foram escolhidas (inclusive, se a gente contar, o grupo de dançarinas é composto por duas mulheres negras, duas brancas e duas asiáticas). Eu estava usando mais roupas do que elas porque havia acabado de ter um bebê. As dançarinas não queriam usar leggings pretas folgadas, e essa não era a questão de qualquer maneira. A questão é que mulheres artistas geralmente têm

Lá estava: uma mulher que eu admirava estava me chamando de racista. Eu era racista porque havia mais mulheres negras do que brancas em meu vídeo usando menos roupas do que eu? Merda!

corpos de dançarinas profissionais – que era o tipo de corpo que eu não tinha – e se vestem como elas também. Eu senti que se eu tivesse usado as mesmas calças que as dançarinas, o artigo teria sido sobre meus pneus, e não sobre a mensagem da música.

Mas a gente pode gritar sobre as intenções por trás de um trabalho e justificar as escolhas por toda a eternidade. O que importa é como o trabalho fica e como ele é percebido. Se você tentar lançar uma música com uma mensagem que transmita mais do que banalidades, também não pode alegar ingenuidade (embora, eu considere que foi isso. Com pesar).

Fiquei chateada com as reações negativas a "Hard Out Here". Uma mulher, uma poeta chamada Deanna Rodger, deu uma resposta falada ao vídeo e publicou online. Ela chorou durante sua apresentação de tanto que eu a perturbei e ofendi. Fiquei possessa quando vi o vídeo de Rodger pela primeira vez, porque senti que ela estava me usando para defender uma questão maior (uma questão com a qual concordo, que estava tentando defender e transmitir no vídeo). Mas assim que superei a sensação de estar na defensiva, ouvi o que ela tinha a dizer. O que ela disse me fez ajustar e mudar meu pensamento. Me fez perceber que minha ingenuidade em relação ao vídeo e a reação a ele vinha do privilégio de ser uma mulher branca. Como resultado, comecei a ler sobre feminismo interseccional. Comecei a aprender mais e a olhar para minha produção de uma forma mais responsável e ponderada.

Foi o que aconteceu no longo prazo: eu aprendi e cresci com experiências negativas, meus erros e as merdas com as quais tive de lidar.

No curto prazo, conforme 2013 virava 2014, eu estava ocupada demais lidando com as merdas que chegavam uma atrás da outra para pensar muito.

ISOLAMENTO

A primeira merda aconteceu quando minha equipe de gestão e eu estávamos planejando a turnê *Sheezus*. Meu agente de shows em 2013, e muitos anos antes disso, era um cara chamado Alex Nightingale, que, além de planejar e cuidar de todo o meu trabalho ao vivo – minha principal fonte de renda –, era um amigo próximo e padrinho de Ethel. Eu morava no apartamento sob o dele em Queen's Park e nos víamos o tempo todo. A situação chegou a um ponto em que precisei dizer a ele que não achava que as coisas estavam funcionando profissionalmente entre nós e que eu estava me reunindo com outros agentes para discutir como trabalhar com eles.

Não gostei de ter essa conversa com Alex. Eu a temi, detestei e a evitei por muito tempo, mas ela se tornou imperativa. No entanto, fiquei surpresa quando ele deu início a um processo por demissão injusta e perda de rendimentos.

"Quero um milhão de libras antes de ir embora", ele disse ao meu advogado. Era uma quantia absurda. Ele disse que vinha falando com uma empresa sobre uma turnê em arenas que valia 10 milhões de libras. Dez milhões de libras?! Se liga! *Existem* bandas que fazem turnês de 10 milhões de libras, mas é preciso cobrar 120 libras por ingresso e ter dezenas de milhares de pessoas em cada show para fazer esse tipo de negócio dar certo. Eu sou Lily Allen, não Coldplay ou Pink Floyd. Não consigo encher uma arena imensa noite após noite.

Todo mundo queria fazer a coisa certa por Alex e ninguém queria um processo. Exaustos, começamos a tentar resolver as coisas da maneira mais difícil, o que significava principalmente pagar ao meu advogado enormes quantias de dinheiro a fim de pagar a Alex uma enorme quantia de dinheiro para que ele, por sua vez, pudesse dar a maior parte para o advogado dele. Eu não queria ir para a justiça. Era ano novo. Eu estava com meu terceiro álbum pronto para ser lançado e planejava uma longa turnê. Ser processada por um amigo e colega é uma maneira triste e preocupante de começar nove meses de trabalho na estrada. Além disso, meu querido padrinho, Roger, estava com câncer no fígado. Em comparação com a doença de Roger, eu sentia que a confusão com Alex poderia ser resolvida. Só precisava de dinheiro. Paguei a Alex e depois paguei ao meu advogado 150 mil libras. Paguei com o dinheiro que havia reservado para pagar meus impostos e esperava ganhar dinheiro suficiente para pagar a conta quando ela vencesse. (Não consegui fazer isso. Paguei os impostos me endividando.)

***

Em abril, precisei deixar Sam e minhas garotas para ir para os Estados Unidos e ensaiar o show da turnê *Sheezus*. Achei difícil viajar. Queria que as meninas fossem comigo, mas Sam sentia que o mundo dos palcos e dos ônibus de turnê não era um ambiente estável. Às vezes, vemos famílias inteiras em turnê: pais popstars viajando em

ISOLAMENTO

um ônibus familiar e insistindo em uma espécie de estabilidade improvisada enquanto estão na estrada. Muitos integrantes da equipe são homens e mulheres de família e nem todos gostam de fazer festa. Mas Sam tinha razão. Juntos, decidimos que seria melhor para todos se eu saísse em turnê sozinha, enquanto Sam se dividiria entre Overtown e Londres, administrando sua empreiteira. Eu pegaria a estrada e ganharia o dinheiro (e pagaria pelas babás).

É um trabalho hercúleo se preparar para muitos meses na estrada. É preciso ter certeza de que é capaz de fazer um show, divertir as pessoas, se dar bem com a banda, se manter no caminho certo e estreito, não cair na solidão, nem se ficar rebelde por causa do tédio, do desejo de se conectar ou do desespero da falta de intimidade. Parecia uma tarefa difícil. Eu estava nervosa quanto a fazer tudo isso. Estava sendo processada, meu padrinho havia acabado de morrer, e eu tinha deixado minha casa e minha família, mas estava tentando me manter presente para minhas filhas fazendo chamadas de vídeo no meio da minha noite, quando elas saíam da cama e iam começar o dia. Em seguida, eu precisava levantar e montar meu show.

Além de tudo isso, tive uma semana de terapia familiar em uma clínica no Arizona antes do meu primeiro show. Nossa família estava fazendo terapia por diversos motivos, mas o fato é que todos precisávamos falar uns com os outros. Eu, Sarah, Alfie, mamãe e papai sentíamos não estar recebendo o que precisávamos uns dos outros e concordamos que era hora de tentarmos nos apoiar mais. Pareceu uma boa ideia conseguir ajuda para fazer isso e começar a falar sobre o que quer que tenha dado errado ao longo dos anos, de uma forma calma, em território neutro, com um terapeuta certificando-se de que todos seríamos escutados.

A semana em família me afetou profundamente, e não de um jeito bom. Muitas coisas foram ditas. Muito do que minha mãe disse foi dirigido a mim. Eu me senti traída, não exatamente pelo que ela estava

EXATAMENTE O QUE EU ACHO

dizendo, mas porque senti que ela estava direcionando todas as suas mágoas, culpa e dor para mim e apenas para mim. Mamãe não podia reclamar do meu pai, porque ele não se importa; não faria a menor diferença. Ela não podia se voltar para minha irmã, Sarah, porque elas estão presas em um relacionamento codependente, e uma dupla codependente não permite que nada ameace seus laços. E acho que ela não foi atrás de Alfie porque sentiu que ele era vulnerável demais para aguentar. Isso fez com que sobrasse apenas eu. Eu me tornei a pessoa má na semana da família, aquela que deixava todo mundo infeliz.

A malvada eu, que iria voltar para casa, fazer as malas e, então, três dias depois, deixaria a minha casa e a minha família e sairia em turnê por nove meses.

Ao contrário dos outros, eu não tive tempo de conversar sobre nada do que ela havia dito com um terapeuta. Não tive tempo de começar a me recuperar. Em vez disso, me senti exposta, traída e isolada. Terapia? Aquela foi a semana menos terapêutica da minha vida, seguida, dias depois, por um pedido de demissão do meu empresário, Todd, com quem vinha trabalhando havia sete anos.

Todd e eu tínhamos nossas diferenças, claro, mas eu o respeitava e valorizava. Sentia que tínhamos um relacionamento de trabalho bom e próximo. Eu confiara nele profissionalmente para me ajudar a tomar decisões, me orientar e me proteger em uma indústria difícil, agressiva e misógina. Em troca, vinha pagando a ele 20% dos meus ganhos havia sete anos, o que não era pouco. Não gostei que ele não quisesse mais trabalhar comigo, mas o que eu não conseguia acreditar é que ele havia encerrado nosso relacionamento simplesmente me mandando uma carta, do nada, por meio do meu advogado. Estávamos acostumados a falar o tempo todo, muitas vezes várias vezes ao dia. Mas agora ele não podia atender o telefone? Ele não podia nem me dar sinais de alerta ou me dizer que não estava feliz comigo? Eu fiquei confusa com isso.

ISOLAMENTO

Já estava me sentindo superinsegura em relação ao meu novo trabalho depois do furor em torno de "Hard Out Here". Agora, ali estava eu, prestes a pegar a estrada sem nenhum apoio. Havia perdido dois integrantes importantes da minha equipe, um dos quais – Alex – me odiava tanto que estava me processando, e o outro estava tão desesperado para se afastar de mim que sequer conseguiu me ligar para dizer que estava partindo. Eu me sentia isolada de toda a minha família, especialmente de minha mãe, já que, devido à semana de terapia, agora estávamos sem nos falar. E eu tinha deixado Sam e as meninas a milhares de quilômetros de distância.

Qual era o elo comum? Só podia ser eu. Imaginava que as coisas ruins que aconteciam ao meu redor aconteciam porque eu era ruim (e, afinal, foi isso que apareceu na semana da família: eu = ruim). Imaginava que Todd não queria mais trabalhar comigo e Alex estava me processando porque eu não tinha mais futuro. Sentia cada uma das minhas inseguranças crescendo dentro de mim. Eu me sentia a porra de um desastre. Sentia como se tivesse ingressado em um deserto de caos e solidão.

Não muito depois disso, caso eu achasse que alguém iria querer trabalhar comigo em qualquer circunstância, minha banda se demitiu também. Minha banda era The Streets, a banda por trás de Mike Skinner. Eu os vi tocando em um festival, gostei deles e os roubei. O líder efetivo da banda era o baterista, um cara chamado Johnny. Eddie, irmão de Johnny, tocava teclado. Eles eram os principais membros da banda, e por alguns anos trabalhamos bem juntos. Mas eu percebi rapidamente na turnê do *Sheezus* que eles na verdade não davam a mínima para trabalhar comigo.

Conforme a turnê avançava, eu sabia que havia coisas no show que precisavam ser mudadas. Isso acontece: um show evolui e fica melhor e, em tese, todos desejam fazer o melhor trabalho. Percebi que entre Alex me processando e Todd me abandonando, eu deixei meu show escapar de mim. Eu componho as letras e as linhas princi-pais das músicas e sei tocar um pouco de guitarra, mas não sou música e não sou capaz de fazer a curadoria de um show inteiro. Isso não deveria importar, porque um show é uma colaboração, de qualquer maneira, mas como estava me sentindo muito insegura em relação a tudo, deixei de tomar conta das coisas e permiti que a banda fizesse as coisas do jeito dela.

Eu estava mal, é verdade, mas ainda queria que meu show fosse o melhor possível. Era principalmente coisas de arranjo que não esta-vam me deixando satisfeita. Eu não gostava de algumas das transições entre as músicas, que achava que Johnny tinha feito parecer artificiais demais, e eu odiava isso. Eu também queria mudar o *setlist*. Tudo isso exige trabalho e ensaios extras. Em um show ao vivo, você pode ter quatro músicos no palco, mas ainda há uma faixa de apoio e tudo é cuidadosamente configurado, com um tempo preciso, para "encai-xar" com a música que sai dos sistemas de computador. Não se pode simplesmente parar e começar coisas de uma hora pra outra. Quando se quer fazer mudanças, todo o show precisa ser reconfigurado para que todos os ritmos funcionem e tudo se encaixe no momento certo. Tudo é possível, e há tempo na turnê para alugar um espaço de ensaio e melhorar as coisas. Isso acontece o tempo todo. Significa apenas trabalho extra, mas *deveria* dar trabalho fazer boa música ao vivo.

A banda, entretanto, não queria fazer nenhum trabalho extra, não comigo. Eu sentia que a atitude deles era: Olha, você se maquia, veste suas lindas roupas, sai, canta as músicas e nós fazemos o resto. Pareciam dizer: Tudo bem, vamos permitir que você fique quinze minutos tagarelando sobre suas ideias, mas não vamos realmente co-locar nada do que você disser em prática. Em vez disso, eles me acu-saram de questionar a integridade musical deles. A integridade deles? Certamente era o que eu estava questionando. Mas achei difícil me defender porque, dado tudo o que havia acontecido até aquele pon-

ISOLAMENTO

to, eu sentia que minha identidade, minha voz e minha habilidade de controlar qualquer coisa haviam desaparecido. O que eu deveria ter dito é: "Vocês são músicos contratados tocando uma música que eu compus e eu não acho que isso esteja sendo feito corretamente, então, vamos mudar as coisas". Mas, em vez disso, capitulei e emburrei enquanto o clima azedava.

Johnny ficou especialmente furioso. Na Páscoa, pediu demissão. Ele me mandou um longo e-mail dizendo que nunca havia feito uma turnê tão ruim, que não podia mais continuar e que não havia sido para isso que ele entrara para o mundo da música. Seu irmão, Eddie, pediu demissão também, e enquanto os dois cumpriam o aviso prévio de um mês (não foi um período feliz, mas tínhamos shows a fazer), meu diretor musical e eu, com a ajuda do produtor Fryars, meu amigo, reunimos outro banda.

Eu amei a minha nova banda. Eles eram ótimos. Eram descolados. Eram legais. Eram experimentais e, ainda assim, me escutavam. "Não gostou disso?", eles perguntavam. "Vamos tentar outra coisa. As músicas são suas, como você as quer? Vamos fazer o melhor possível." Em outras palavras, eles me tratavam como uma colega e uma parceira de mesmo calibre, algo com que – como codependente que nunca sentiu ter muito poder em qualquer relacionamento – eu não estava acostumada. Foi revigorante. Foi muito bom.

Infelizmente, não era, entretanto, um tipo de relacionamento aberto e saudável que eu pudesse estender para o resto da minha vida. Minha vida profissional a essa altura era merda atrás de merda. Na vida pessoal, porém, as merdas ainda estavam apenas começando.

SEXO, PARTE DOIS

Eu tenho um histórico com drogas e álcool, mas, em termos de sexo, até minha turnê *Sheezus*, eu era bem certinha. Eu não me masturbava e quase não via pornografia. Claro, eu já havia trepado um pouco, mas não me considerava promíscua. Mas tinha deixado nossa sessão de terapia em família no Arizona com raiva, triste e confusa.

Então eis o que eu fiz: comecei a explorar o sexo, e não com meu marido. Comecei a dormir com pessoas na minha turnê. Eu me convenci de que não estava traindo Sam porque eram mulheres, então não contava. A dançarina que flertou comigo primeiro era muito aberta sobre sexo. Ela gostava de sadomasoquismo e falava sobre tudo isso sem vergonha alguma. Ela começou a me despertar para isso. Eu pensei: *Ah, está bem, vamos ver do que se trata. Talvez isso funcione. Talvez o motivo pelo qual eu não tenha gozado todos esses anos seja porque eu sou gay e estou transando com pessoas do gênero errado.* Na verdade, eu também não tive orgasmos com as dançarinas, mas o sexo com elas me fez pensar. Nós estávamos em turnê e eu tinha mais tempo livre entre um show e outro do que em casa. Pensei comigo mesma: *Talvez seja a hora de descobrir do que se trata essa vagina... Ela fez as crianças. Ela fez muito sexo. Ela precisa ser útil para alguma outra coisa.*

Comprei um vibrador. Eu havia tentado me masturbar ao longo dos anos, mas sempre me sentia, tipo: *Quem você está tentando enganar?* Era como tentar entrar em modo sexy com alguém que eu não achava nem remotamente sexy: eu mesma. Tenho o mesmo problema em sessões de fotos, quando os fotógrafos querem que eu faça uma cara sexy. Eu fico, tipo, cara sexy? Que porra de uma cara sexy? Cara sexy para mim é Victoria Wood fazendo uma de suas expressões que dizem "Não pode ser", do tipo: *Você está de brincadeira, certo?* Mas, com o vibrador certo – e eu comprei alguns –, tudo começou a ficar mais interessante. Fiquei tipo: *Ah, certo, estou começando a ver como isso funciona. Ah. Ahhhhhh.* (E, já que você perguntou, se eu tivesse de escolher um vibrador acima de todos os outros, recomendaria o Womaniser. Ele pode fazer você gozar em vinte segundos ou, se o mantiver na área, ele vai recompensar você com dez orgasmos seguidos.)

No início, me senti culpada por não estar explorando esse novo território com Sam. A essa altura, nossa vida sexual não estava ótima – não acho que seja incomum parar de fazer esforço com o parceiro quando acabamos de ter filhos e estamos exaustos em todos os aspectos –, e nenhum de nós havia priorizado torná-la melhor. Sam era bastante direto e tradicional e, como sabemos, eu sempre tive um incômodo com isso. Não era como se eu planejasse chegar em casa da turnê e dizer: "Ah, Sam, querido, andei ocupada, e o que acontece é que vamos avançar na cama". Não era como se eu precisasse de um dildo enorme e dois anões vestidos com botas pontiagudas para me fazer gozar, mas eu estava começando a perceber que eu *tinha* um incômodo, e estava tudo na minha cabeça; não era por eu ter algum problema anatômico maluco.

Pensei na vida que havia construído com Sam. Ele ficou feliz por eu sair de casa e ser uma estrela pop e sustentar a família, mas, quan-

SEXO, PARTE DOIS

do voltei, senti que ele queria que eu voltasse imediatamente a ser esposa e mãe. O que eu estava percebendo era que ser apenas esposa não estava dando certo para mim. Não era o que eu queria para o resto da minha vida. Eu queria que meu trabalho e a maneira como eu vivia minha vida refletissem quem eu era, não apenas como mãe e esposa, mas de uma forma adulta e sexual. Eu precisava descobrir quem diabos eu era e precisava gozar. Precisava continuar gozando e parar de fingir – e não apenas os orgasmos, mas também no papel de mulher responsável pela própria vida, pelo trabalho, pela carreira e pela sexualidade, e também pela própria imagem e por suas canções.

Tudo parece ótimo, não é? Estar no controle assim? Totalmente formada e funcional, me satisfazendo, fazendo as coisas, me sentindo completa, com tudo rodando. Isso era o que eu queria. O que aconteceu foi que me comportei como uma histérica. Durante o resto daquele ano em turnê, fiquei louca. Eu estava desesperadamente infeliz e fiquei intensamente destrutiva.

***

Não sei o que teria acontecido com meu casamento se eu tivesse ficado em casa em 2014.

O plano, quando começamos nossa família, era que eu ficasse em casa e criasse as meninas. Eu as levaria para a escola todos os dias, sentaria com elas e me certificaria de que fariam o dever de casa antes de ter uma atividade de diversão construtiva, uma refeição saudável, a hora do banho, histórias de ninar e cama. Seria eu quem daria a elas rotina e estrutura, que foi o que faltou à minha própria infância. Socialmente, a vida seria de jantares na casa de amigos e idas ao pub.

Talvez eu tivesse me transformado em uma daquelas mulheres que toma remédio o dia todo, bebe uma garrafa de vinho no início da noite e dá uma olhada no marido de outra pessoa e às vezes é comida

EXATAMENTE O QUE EU ACHO

por ele no banheiro do pub. Talvez, se eu tivesse descoberto algo, tipo um hobby, pelo qual eu pudesse ser apaixonada, poderia passar os dias cuidando das crianças entre jardinagem, cozinha ou escrita. Sam voltaria do trabalho e conversaríamos sobre nossas horas longe um do outro, comeríamos um bolo, beberíamos um pouco de vinho e os anos passariam suavemente.

Quem sabe? Eu não sei. Ainda não tenho hobbies ou paixões nos quais possa me perder. Talvez nunca tenha. Tudo bem agora, porque tenho noção de mim mesma. Voltei para perto das minhas meninas. Estou compondo músicas e produzindo trabalhos nos quais acredito. Mas, naquela época, embora ainda bebesse e usasse drogas como forma de fugir de mim mesma, era ao sexo que eu recorria para acelerar as coisas, usando a promiscuidade como forma de me fortalecer, porque me fazia sentir desejada.

A primeira vez que traí Sam, além das ficadas com dançarinas, foi quando dormi com um engenheiro de mixagem de Nova York. O Tal do Engenheiro estava na casa dos 40 anos, acabara de se divorciar e estava passando por sua própria crise na época. Nós dois estávamos usando muitas drogas. Uma noite, depois de trabalharmos juntos com Seb, saímos todos. O Tal do Engenheiro nos levou a um clube de striptease e, quando ele e eu fomos ao banheiro para cheirar cocaína, ele me empurrou contra a parede e me beijou. Fiquei chocada. De repente, parecia que eu havia entrado em um mundo diferente. Foi como se uma porta tivesse se aberto naquele banheiro e contra aquela parede, e eu passei por ela sem protestar.

Assumo a responsabilidade pelo que fiz, mas não havia dúvida de que foi o Tal do Engenheiro quem me mostrou o caminho. Ele era o predador. Trabalhamos juntos mais recentemente em algumas músicas do meu quarto álbum, incluindo a música "Family Man", que é sobre aquela época, mas nunca conversamos sobre o que aconteceu entre nós. Às vezes, me pergunto se vou receber o tipo de carta que

Talvez eu tivesse me transformado em uma daquelas mulheres que toma remédio o dia todo, bebe uma garrafa de vinho no início da noite e dá uma olhada no marido de outra pessoa e às vezes é comida por ele no banheiro do pub.

as pessoas às vezes se sentem compelidas a escrever, na qual assumem a responsabilidade pela merda que fizeram quando estavam usando drogas. "Porra, Lily", eu quero que a carta diga. "Eu sinto muito. Você estava vulnerável, era casada e eu a seduzi contra uma parede quando você estava alterada."

A foda contra a parede se transformou em um caso infeliz. Por alguns meses, trocamos mensagens de texto quando estávamos no mesmo fuso horário e depois nos encontrávamos. Nunca foi muito satisfatório. Eu *evidentemente* comecei a gostar dele, porque é isso que eu faço. Não só isso, eu me convenci de que ele sentia algo por mim também. Não sentia. Ele não sentia absolutamente nada por mim. Isso causou uma sensação horrível, mas enfrentei a situação avançando o mais rápido possível para a próxima coisa que poderia me distrair da minha bagunça – e agora, cada vez mais, da bagunça do meu casamento. Ou isso aconteceu porque, depois de cruzar a fronteira para o território do sexo ilícito, fiquei determinada a explorar o terreno.

Eu não trepei com *todo mundo* que conheci na turnê. Mas me certifiquei de que todo cara que conhecesse ou com quem conversasse quisesse me comer. Fiquei obcecada pela atenção masculina e também não dizia não aos flertes femininos. Para meus shows em Nova York, recebi o apoio de Zoë Kravitz e sua banda, Lolawolf, então eu conheci Zoë um pouco. Nós nos tornamos amigas.

Mais tarde, quando a turnê estava passando por Washington, as meninas e a babá, Jess, vieram me visitar por alguns dias, mas eu precisei voltar para Nova York por um dia ou mais para trabalhar. Zoë e eu saímos para uma festa e acabamos nos beijando. Fiquei sabendo que, mais tarde naquela mesma noite, ela pegou A$AP Rocky. *É isso aí, garota*, pensei.

Quando voltei para Washington, Jess me recebeu com a notícia de que as meninas estavam com vermes e que qualquer pessoa que

SEXO, PARTE DOIS

tivesse estado em contato próximo com elas deveria tomar algum remédio para eliminá-los, porque era provável que todos também estivéssemos com vermes. Eu me perguntei se deveria ligar ou mandar uma mensagem de texto para Zoë e pedir a ela para alertar A$AP Rocky sobre o problema. Decidi não fazer isso. Se o rapper mais descolado do mundo tivesse pegado vermes, embora indiretamente, das minhas filhas, ele provavelmente poderia descobrir sozinho. Esse incidente me fez rir, mas minhas façanhas foram acima de tudo ações de alguém deprimida e solitária, pedindo desesperadamente por algum tipo de atenção. Eu estava em condições extremas.

Chegou ao ponto em que eu não podia deixar uma conversa ou sair de uma festa a menos que me convencesse de que os homens de lá queriam me comer o suficiente para me deixarem saber disso. Muitas vezes, se eu conseguia sentir a mudança de energia entre nós, era o suficiente. Às vezes, eu me certificava de trocar números de telefone e ter um breve flerte por mensagem. Às vezes, para ter certeza absoluta, eu ia até o fim e dormia com quem quer que eu estivesse conquistando. Muitas vezes, precisei me comportar de maneira provocativa para fazer essas coisas acontecerem. Era uma tarefa sufocante. E, como acontece com qualquer tipo de droga, quanto mais sexo ou validação sexual eu tinha, mais eu precisava e, portanto, mais provocante, extremo e inadequado meu comportamento se tornava.

As coisas pioraram no final do verão, quando me juntei a Miley Cyrus em sua turnê do álbum *Bangerz*. (Miley Cyrus, aliás, é ótima. Ela é direta, não faz besteira e se comporta como se estivesse em turnê e se apresentando por toda a vida – o que é o caso. É uma verdadeira profissional.) Depois de cada show, onde quer que estivéssemos nos Estados Unidos, eu ia a um clube de strip. Isso se tornou a minha mania naquela turnê: uma maneira de sair e um lugar para ir para não precisar sentir a solidão de um quarto de hotel qualquer. Às vezes, eu ia com as dançarinas e, às vezes, ia sozinha. Não importa

EXATAMENTE O QUE EU ACHO

onde se esteja nos Estados Unidos, sempre é possível encontrar um clube de strip, e eles quase sempre são ótimos. Não são como os do Reino Unido. A cultura de lá é diferente. Acho que em parte tem a ver com a moeda serem notas de dólar: as de um. Isso dá ao clube um ambiente mais democrático, como se todos estivessem juntos. A música nos clubes americanos também é boa. É onde se costuma ouvir o melhor hip-hop. Em algumas partes dos EUA, especialmente nos estados do Sul, a música e comunidade dos clubes de striptease são parte integrante uma da outra. A música trap, um tipo de hip-hop mais cru, teve origem nos bares de strip de Atlanta e Houston, por exemplo. Entre a música, as notas de um dólar, a energia e o clima no local, os clubes têm uma vibe meio hip-hop que não parece intimidante mesmo quando se é uma mulher sozinha.

Mas ir aos clubes não era o bastante para mim naquele momento. Ter pessoas gostando de mim não era o bastante. Ficar drogada, me sentir magra (eu comia cada vez menos, e as pessoas me diziam como eu estava linda, quando na verdade tudo o que eu estava era menor) e trepar com homens não era o bastante. Nada parecia me alcançar ou satisfazer. Lembro de acordar uma manhã naqueles dias sombrios pensando: *Talvez seja hora de experimentar heroína, porque nada mais está funcionando.*

Eu não cheguei a esse ponto. Acho que, em algum nível, mesmo em meu desespero, sabia que não conseguiria voltar atrás e que tomar heroína teria sido uma tentativa lenta de suicídio.

Em vez disso, contratei uma prostituta. Pareceu a maneira menos pessoal, mais fria e menos amorosa de "usar" sexo em que pude pensar. Encontrei minha prostituta usando o Google, como se faz. Digitei "acompanhantes de alta classe" e a cidade em que estava, depois peguei o telefone. Pedi uma mulher. Não gosto da ideia de um prostituto colocando o pau dentro de mim. Vá saber por onde ele andou. A mulher enviada pela agência chegou rapidamente e ficou

Mas ir aos clubes não era o bastante para mim naquele momento. Ter pessoas gostando de mim não era o bastante.

a noite toda. Gostei dela, mas também precisei acordar cedo e ir a vários caixas eletrônicos para conseguir dinheiro suficiente para pagá-la. Ela era cara. As prostitutas de alta classe são. Não me importei. Eu só queria que ela me ajudasse a sentir algo. Acabei a contratando mais três ou quatro vezes em alguns meses, então, em algum grau, ela estava aliviando alguma coisa, mas nada que me desse qualquer prazer real ou me fez sentir saciada.

Eu não fazia segredo de como estava fazendo uso do sexo e tomando muitas drogas. Eu conversava com o pessoal de cabelo e maquiagem sobre o que estava fazendo, muitas vezes na frente de pessoas que nunca tinha visto antes. Era indiscreta. Eu queria ser descoberta. Não me importava que os tabloides do Reino Unido estivessem publicando histórias especulativas a meu respeito. *Está bem*, eu pensava. *Se todo mundo acha que sou uma piranha, é assim que vou me comportar.* No final das contas, eu queria que Sam descobrisse. Queria que ele soubesse. Queria que Sam fosse me buscar, me levasse para casa e cuidasse de mim.

Ele não fez nada disso.

Uma das principais canções do meu quarto álbum é justamente "Family Man". Ela brinca com o estereótipo de um homem saindo de casa e pegando uma estrada para sustentar a família e o inverte. O pai de família da música é uma mulher. É a mãe que faz coisas erradas em quartos de hotel anônimos. Ela bebe demais. Ela chama prostitutas. A música explora o clichê de que esse tipo de comportamento é uma coisa masculina, mas talvez não seja, a música postula, talvez seja uma coisa de responsabilidade, de dinheiro e de pressão. Talvez não seja uma coisa de gênero, mas de solidão, uma coisa de loucura.

Na verdade, era eu naquele quarto de hotel passando pelo frigobar e bebendo uma dose de uísque, depois chamando uma prostituta com seus brinquedos sexuais. Comportar-se dessa maneira era o oposto de: "Uhhu, sou livre, vou foder um monte de prostitutas". Na verdade

SEXO, PARTE DOIS

era: "Estou triste, estou só e me sinto como se estivesse em um carrossel tentando ganhar dinheiro. Perdi qualquer noção de quem sou e estou usando o sexo para tentar me acordar ou me conectar ao meu corpo. Ou talvez seja porque estou tentando encontrar algum tipo de valor em um corpo do qual venho abusando e privando de alimento já faz muito tempo". Quando penso no que fiz naqueles quartos de hotel, não acho meu comportamento sórdido. Acho desesperado.

***

Eu não fui para casa depois que a turnê do Bangerz acabou e os shows com que tinha me comprometido tinham acabado.

Era de se pensar que tudo que eu queria era ver minha família e voltar para Overtown, mas àquela altura eu estava com medo de voltar para casa e com medo de enfrentar tudo o que havia feito enquanto estava fora. Senti muita falta das minhas filhas, mas parecia que havia ficado longe delas por tempo demais. Eu não as conhecia mais e não suportava a ideia de entrar em uma sala e vê-las preferindo sentar com a babá em vez de mim. Em vez disso, cancelei meu voo de volta ao Reino Unido e fiquei em Los Angeles durante o outono. Disse a Sam que precisava começar a escrever o quarto álbum, e que Los Angeles era o lugar certo para fazer isso.

Esse, eu acho, foi o ponto sem volta em meu casamento. Sam também deve ter se dado conta disso. Ele deve ter pensado: *Lily não quer voltar para nós.*

FUNDO DO POÇO

Então, em vez de ir para casa, aluguei um carro e uma casa enorme em Santa Monica, que dividi com outros dois músicos. Nós compusemos lá, mas também nos divertimos muito, e não havia dúvida de que eu estava, na verdade, me escondendo da minha família e das minhas responsabilidades como mãe. Parecia mais fácil lidar com tudo – minhas infidelidades, meu abuso de drogas e perda de peso, a sensação desesperadora de alienação que estava sentindo – se eu fingisse que estava existindo em um filme.

Se um dia eu havia tentado me livrar da minha personalidade da Lily-caricatura para me tornar Lily Rose Cooper, naquele momento eu estava fechando o círculo. Em Los Angeles, tudo era uma caricatura. Ia tingir meu cabelo de cores cada vez mais exóticas, quase que diariamente. Minhas roupas eram muito coloridas e até mesmo a casa em que estávamos hospedados era decorada com cores vibrantes, com piso de vinil xadrez preto e branco e azulejos rosas e verdes.

Tudo isso atingiu o apogeu quando fui à festa de Halloween de Kate Hudson. Eu me vesti como Dr. Luke.

EXATAMENTE O QUE EU ACHO

Dr. Luke é um produtor musical e compositor americano que dirigiu um selo chamado Kemosabe, que fazia parte da Sony. Ele produziu sucessos monstruosos para Katy Perry, Rihanna, Britney Spears, Nicki Minaj e muitos outros artistas. Em outubro de 2014, um pouco antes da festa de Halloween, um dos artistas que ele empresariava, uma cantora chamada Kesha, entrou com uma ação contra ele alegando que, ao longo de sua relação de trabalho, ele a intimidou e abusou dela emocional e sexualmente. Foi uma história horrível. Kesha travou uma batalha longa e infrutífera. Em abril de 2016, o juiz que presidia o caso indeferiu as alegações de Kesha relativas à agressão sexual, assédio sexual e violência de gênero. "Nem todo estupro", disse a juíza Shirley Werner Kornreich, justificando sua decisão, "é um crime de ódio motivado por gênero".

Ah, certo. Entenderam, meninas? Alguns estupros são *apenas* crimes de ódio, então, não exagere, Kesha, dizendo que é motivado por gênero, porque não tem nada a ver com você ser mulher e ele ser homem. Saia do tribunal, sua vadia mimada e chorona. (Espero que seja irrelevante, mas ainda é interessante notar que a juíza é casada com um advogado chamado Ed Kornreich, que é sócio de uma firma de advocacia que trabalha para a Sony.)

Muitos artistas – Adele, Lady Gaga, Kelly Clarkson –, a maioria mulheres, tornaram pública sua indignação sobre a forma como Kesha foi tratada, inclusive eu. Taylor Swift doou 250 mil libras para ajudar Kesha a cobrir suas despesas legais. Eu acredito e apoio Kesha cem milhões por cento. Mesmo assim, eu me vesti como seu produtor abusivo para uma festa de Halloween chique e famosa. Eu havia pensado nisso também, e tive muito trabalho para conseguir montar o figurino.

Mandei fazer um jaleco verde para mim, completo com um distintivo médico que dizia "Dr. Luke, Dpto. de ginecologia", apenas para o caso de alguém não entender o que eu queria dizer. Era uma fantasia genial e totalmente inadequada. Não me importei. Eis o quanto eu es-

FUNDO DO POÇO

tava fora de mim e o quanto eu havia me afastado de qualquer tipo de norma quando se tratava do meu comportamento. Agora, valia tudo, especialmente se chamava atenção e fazia as pessoas comentarem (pelo visto, a única moeda que tinha algum valor para mim na época). Katy Perry também estava na festa. Ela estava vestida como um Cheeto laranja gigante. Não conheço Katy Perry muito bem, mas ainda acho totalmente, absolutamente e absurdamente ridículo que, em uma festa de Halloween de celebridades em 2014, eu estivesse vestida como um magnata da música e ela como um salgadinho.

Todas as estrelas de Los Angeles se arrumam e vão para aquela festa. Não é possível impedi-los. Eu vi Orlando Bloom lá e fui direto para ele. Conheço Orlando há anos por meio de minha mãe e Alek Keshishian (cuja irmã, Aleen, é agente de Orlando). Alek Keshishian fez o filme *Na cama com Madonna*. Ele é um dos amigos mais próximos da minha mãe e meio que um padrinho para mim.

Orlando ficou famoso muito antes de mim e, quando o conheci, acho que ele tinha um senso de proteção em relação a mim. Mas, não mais. Ele é um paquerador, Orlando. Ele sabia que eu estava a fim naquela festa. Ele também estava. Ou talvez não. Talvez eu simplesmente achasse que ele estava a fim de mim porque fazia parte da minha coisa ter que pensar que todo mundo estava. De qualquer forma, eu dei uma cabeçada nele com tanta força que caí dura. Não era a minha intenção. Eu estava sentada no colo dele, montada em suas pernas, e quando tentei me inclinar mais para perto de seu rosto, minha cabeça bateu na dele e depois em alguma coisa dura atrás dele.

A coisa dura me nocauteou. Eu estava muito bêbada.

Acordei na cozinha de Kate Hudson com Orlando e Chris Martin tentando me deixar sóbria. Chris me levou de volta para a casa de Santa Monica e, em minha perturbação, achei que tivesse me levado para um hospital. Gritei que era extremamente injusto da parte dele e uma reação totalmente exagerada.

"Lily", Chris disse calmamente, "estamos na sua cozinha. Mas você está tentando me dizer algo?" De manhã, encontrei um post-it com o número de telefone que ele havia deixado preso na geladeira. "Lily", dizia. "Chris. Me liga." Liguei para ele. Ele e Gywneth haviam acabado de se separar, mas estavam juntos em Los Angeles fazendo uma tal separação consciente. Eles me convidaram para o almoço de domingo.

"Ei, Lily", disse Chris, quando eu estava lá, "venha dar um passeio comigo até a praia". Percebi que ele estava fazendo uma intervenção. Acho que minha cabeçada em Orlando Bloom e o desmaio na frente dele lhe deu a noção de que eu não estava num momento legal. Não falei muita coisa com Chris, mas ele e Gwyneth me colocaram em contato com a conselheira matrimonial deles. Eu não marquei consulta com ela, mas aquele foi o balde de água fria de que eu precisava. Percebi que estava doente. Eu estava me comportando de maneira oposta a sexualmente liberada ou livre. Eu estava presa em um ciclo. Estava viciada na bebida e nas drogas que consumia e no sexo que perseguia. Estava obcecada em obter a confirmação, repetidas vezes, de que eu era realmente o que sentia ser: um objeto, uma coisa comível que não significava nada para ninguém. Eu sentia que tal confirmação, ao me reduzir a uma casca em vez de uma esposa e mãe funcional, poderia ajudar a absolver a mim e ao meu comportamento.

Não sou muito próxima de Chris Martin, mas sempre serei grata por ele ter me dito: "Não, Lily, não vejo você assim. Eu não quero te comer. Eu me preocupo com você. Eu quero ser seu amigo. Eu quero ajudar você".

Eu só queria que tivesse sido Sam. Eu perdi Sam. Eu queria que Sam me ajudasse.

Peguei o avião seguinte para Londres. Estava na hora de ir para casa.

Percebi que estava doente. Eu estava me comportando de maneira oposta a sexualmente liberada ou livre.

UM FINAL

Já fui para hospitais algumas vezes por causa da minha cabeça e/ou psique. Coração? Alma? Mente? Tudo isso. Viver como uma estrela pop é uma maneira bastante garantida de adquirir pelo menos algum grau de doença mental, mesmo se você se safar apenas com um ego absurdamente inflado. Todos os ingredientes estão lá. A gente recebe um falso senso de identidade. Somos recompensados e explorados por pessoas mais poderosas do que nós – geralmente, as mesmas pessoas. Isso faz com que a gente se sinta fora de controle. Somos elogiados e intimidados, muitas vezes pela mesma coisa: dizer algo provocante, usar determinada roupa, ganhar ou perder peso, falar o que pensa. Isso é intrigante. As pessoas falam da gente o tempo todo. As histórias são vazadas para a imprensa. A privacidade parece impossível. Confiança se torna um problema. Isso faz com que a gente se sinta solitário e fragmentado. A paranoia se infiltra. E pode nos envolver.

É o suficiente para nos enlouquecer.

Nossos valores passam a se basear em nossa aparência, em como soamos, como nos apresentamos, o que as outras pessoas pensam e quanto ou quantas pessoas querem transar conosco. Isso faz a gente se sentir inseguro, porque esses valores são vazios e se relacionam apenas com o ser superficial. O elogio também se torna desvalorizado, porque se trata apenas da mesma superfície, embora elogio seja o que se anseie constantemente e, por não ser significativo (e, portanto, gratificante), nós sempre queremos mais. Se não formos cuidadosos e fortes como guerreiros, nossa autoestima pode se tornar frágil e dependente da opinião dos outros.

Depois, há as drogas e o álcool. Na indústria da música, a oferta de ambos é alta e constante. Acrescente o fato de que costumamos ficar longe de casa. Frequentemente, estamos com fome e desnutridos, em uma tentativa de ser o mais magro possível. Isso se aplica às mulheres em particular. Muito provavelmente, seremos assediados sexualmente, possivelmente agredidos ou pior, e provavelmente por alguém em quem devemos confiar ou que alega defender nossos interesses.

Até recentemente, não se devia falar sobre esse tipo de assédio, porque somos condicionados a sentir que o provocamos ou o merecemos e, se falássemos sobre isso, ficaríamos ainda mais envergonhados, sendo ridicularizados e criticados. Claro, uma mudança radical começou desde que as revelações sobre Harvey Weinstein vieram à público pela primeira vez em 2017, mas, até agora, não houve muito barulho na indústria musical. Minha teoria é que isso acontece porque os artistas da nossa indústria, ao contrário dos de outras, estão presos a contratos de vários álbuns e, portanto, presos a relacionamentos de trabalho que não podem ser desfeitos por anos. Mas, acredite em mim: abuso sexual na indústria da música...? O que você acha? Vem acontecendo. Ainda acontece.

Além de tudo isso, artistas performáticos muitas vezes ficam exaustos porque o trabalho pode envolver muitas viagens e uma agen-

UM FINAL

da rigorosa e, em vez de ter um descanso adequado, são enviados a médicos (os infames "médicos do rock") que receitam algum tipo de medicamento para ajudar a dormir e outro para acordar. Estou generalizando, é claro. Mas, ainda assim. É uma mistura potente. Pode enlouquecer a pessoa. Fez isso comigo.

A maioria desses artistas é jovem, pelo menos quando começa. Muitos são bastante carentes, para começo de conversa. Pessoas que não buscam atenção de modo geral não tendem a perseguir o estrelato pop. Se você já está um pouco no limite antes de se tornar uma estrela, se seus pés não estão bem plantados no chão e sua cabeça não está bem presa aos ombros, então, boa sorte. Segure firme.

Não há dúvida de que a turnê *Sheezus* me deixou mentalmente doente. Ela me deixou com a sensação de que eu não conseguia mais me definir. Eu não me sentia como uma esposa. Não me sentia mais filha ou irmã. Ainda era mãe, mas me sentia cada vez mais insegura nesse papel. Eu não sentia sequer como se existisse em minha carreira. Quando estava sóbria, pensava: *Quem é você? O que você está fazendo?* Como não gostava de ficar sóbria e pensar nessas coisas, comecei a beber para bloqueá-las. Tudo piorou por eu estar na estrada. Eu acordava com o calor escaldante em um ônibus de turismo em algum lugar como Kentucky, com ressaca e ainda capaz de sentir o gosto da cocaína no fundo da garganta, e meu primeiro pensamento era: *Perdi cinco chamadas de vídeo com as minhas filhas. Porra. O que eu estou fazendo? Porra! Preciso subir no palco em algumas horas. Porra.* E, novamente, começava a beber.

Eu não bebia para fazer festa. Bebia para atravessar as horas. Eu sentia que só conseguia funcionar se estivesse bebendo. É engraçado, porque, na minha vida sóbria, tenho dificuldade para encontrar e criar uma rotina; mas, quando estou usando drogas, é tudo bem estruturado. É, tipo assim: você come alguma coisa de manhã. Então, começa a beber; não muito de uma só vez, mas um pouco, regularmente. Algumas horas antes do show, eu cheirava uma carreira de coca para me

EXATAMENTE O QUE EU ACHO

animar, depois fumava um baseado para regular esse ânimo. Cinco minutos antes de subir no palco, eu tomava um Valium para me proteger contra uma queda no meio do show. Tudo isso acompanhado de vodca Grey Goose, que era a única coisa — junto com limão fresco, água com gás e um pacote de batatas fritas — que eu tinha no meu carro. Em turnê, eu não tinha muito, mas tinha ritual e ordem. Na minha vida bebendo e usando drogas, eu era pelo menos confiável.

Comecei a usar cocaína regularmente quando passei a ter sucesso e ganhar dinheiro. Olhava para o meu diário e pensava: *O que eu tenho esta semana? Ah, um festival e o BRIT Awards? Vamos comprar drogas.* Alguém organizava isso, e eu entregava o dinheiro e assim ficava estocada de ecstasy e anfetaminas. Então a coisa se tornou: *Ah, não tem nada grande demais? Vamos comprar drogas mesmo assim.* Eu ia até a casa de alguém. Algumas pessoas iam até a minha casa. Todo mundo ficava doido.

O próximo nível, conforme a fama e a riqueza aumentam, é ter médicos particulares em diferentes cidades e acesso a medicamentos com venda controlada. Eu tirei proveito de ambos. Comecei a tomar Valium, Frontal e Zopiclona. As coisas ficaram assustadoras com os medicamentos de receita, porque eu os misturava e também os usava com cocaína. Eu convidava as pessoas para o meu apartamento, usava um monte de cocaína e depois subia para o meu quarto e tomava o dobro da dose de comprimidos para dormir. Em seguida, descia a escada e socializava até me sentir tonta e desmaiar. Normalmente, isso era seguido por levantar, entrar em um avião e fazer tudo de novo em um país diferente.

Usar drogas havia se tornado normal para mim, assim como tomar muitas drogas, muitas vezes em quantidades perigosas. E eu estava sempre, sempre bebendo. Percebi a gravidade da minha relação com a bebida um dia, em um momento cristalino que ilustrou o quanto meu consumo havia se normalizado. Aconteceu no meu camarim, perto do final da turnê *Sheezus*, bem quando eu estava prestes a entrar

Eu não bebia para fazer festa. Bebia para atravessar as horas. Eu sentia que só conseguia funcionar se estivesse bebendo.

no palco. Estava com minha vodca com refrigerante, com pouco refrigerante, na mesa ao meu lado. Eu estava me preparando. Um dos membros da equipe entrou e se serviu de um copo d'água, tomou um gole e o largou enquanto discutíamos o show. Quando voltou para tomar outro gole, não conseguia se lembrar qual era o seu copo, o com água dentro. Então, eu provei os dois. Também não consegui dizer. Tentei novamente. Não, ainda não senti a diferença.

Foi quando percebi que estava bebendo vodca como se fosse água. Literalmente. Até o gosto era o mesmo. "Você está falando sério?", o cara disse, forçando uma risada. Eu estava falando sério. Transformamos isso em uma piada de camarim. Que velha bebum é a Lily, ha ha! Mas não era uma piada. Foi um momento eureca para mim. Pensei: *Tem alguma coisa errada aqui. Preciso resolver isso.* Mas meu pensamento seguinte foi: *Mas não agora.* Continuei bebendo.

***

Quando finalmente voltei dos Estados Unidos, no verão de 2015, continuei a evitar Sam e a vida familiar. Eu tinha sido escalada para fazer shows no Reino Unido quando voltei e, entre os shows, eu nem sempre voltava para casa em Overtown.

Achava difícil ficar lá por um ou dois dias sabendo que teria de partir novamente. Pelo menos, era o que eu dizia a mim mesma. Em vez disso, ficava em Londres – e me detonava. Uma noite, exagerei. Tomei comprimidos demais. Talvez eu tenha julgado mal o que tomei ou talvez tenha sido apenas porque meu corpo finalmente ficou farto do que eu estava colocando regularmente para dentro dele. De qualquer forma, acabei no hospital com uma overdose de comprimidos controlados misturados com álcool e outras substâncias.

Era óbvio que eu não estava tentando me matar porque, antes de cair no meu estado inconsciente induzido por drogas, liguei para

UM FINAL

a amiga com quem havia saído naquele dia. Meu telefonema para ela – não consigo me lembrar de nada – a preocupou o suficiente para que ligasse para Fryars, um amigo dela também, de quem sabia que eu era próxima. Ele me ligou imediatamente e me manteve no telefone por uma hora enquanto ele, por sua vez, rastreava Seb. Eu me sentia sozinha e isolada, mas ali estava eu pedindo ajuda e ali estavam as pessoas se levantando no meio da noite para me ajudar. Eu sou grata por isso. Eu me sinto sortuda por ter tido isso. Seb tem as chaves do meu apartamento em Queen's Park. Ele veio até o apartamento, entrou, me pegou e me levou ao hospital St. Mary. Então ligou para Sam.

Não me lembro de nada disso.

Sam estava na Irlanda com as meninas, ficando com o pai dele, que mora lá. Ele voou para Londres para me buscar. Ambos fingimos que o que havia acontecido foi um acidente, resultado de um esgotamento profissional. Isso era verdade, mas não toda a verdade. Não conversamos sobre o que estava de fato acontecendo: que eu estava em apuros, que o estava traindo e que nosso casamento havia acabado.

Estar na Irlanda, pelo menos, parecia seguro. Eu gosto do pai de Sam. Dormi durante dias. Mas então voltamos para Overtown, e eu não conseguia parar de beber. Antes de ir para a cama com Sam, eu ia para a cozinha e bebia rápida e silenciosamente um quarto de uma garrafa de uísque. Precisava beber uísque para ir para a cama dormir com meu marido. Foi quando eu soube que nosso casamento estava desmoronando. Tinha havido sinais de alerta, é claro, mas nós os ignoramos.

Eu havia retornado a Overtown brevemente no meio da turnê *Sheezus* por alguns dias no início do verão, quando estávamos entre shows. "Vamos conversar no jardim", Sam me disse. Nós nos sentamos ao ar livre, um diante do outro com uma mesa entre nós. "Todo mundo está muito preocupado com você", disse ele. "Por causa da bebida e das festas."

Fiquei com raiva quando ele disse isso. Eu queria contar tudo a ele. Além de meu marido, Sam era meu melhor amigo, e era nele que eu queria confiar. Queria dizer: "Sabe de uma coisa, tenho feito um monte de coisas ruins. Eu tenho bebido. Tenho traído você. Mas, acredite em mim, não tem sido uma festa. Estou muito deprimida".

Mas eu sentia que não podia dizer nada a ele porque precisava continuar. Precisava continuar me apresentando. Precisava pagar nossas contas enormes. Precisava esconder coisas dele porque ele não era apenas meu melhor amigo, ele também era meu marido. O que eu queria era que ele, como meu marido, dissesse: "Já chega. Minha esposa está perdendo o controle. Ela está desmoronando. Ela vai voltar para casa. Ela precisa ficar comigo e com as crianças". Sam não fez isso. Ele conseguia ver o que estava acontecendo, mas não conseguia agir. Talvez, em algum nível, não quisesse. Nosso casamento foi se tornando cada vez mais frágil.

Ele estava se partindo. Em setembro de 2015, eu sabia que havia acabado.

Quem sabe por que um casamento desmorona? Existem as razões que conhecemos, sobre as quais podemos falar, e então há a parte mais misteriosa: a parte que significa que você não se esforça ou não consegue se esforçar o suficiente para arrumar as coisas. A parte que pensa: *Tudo o que eu queria era ficar com você para sempre, mas agora não posso ficar com você de jeito nenhum.*

Eu sabia que não estava mais feliz estando casada com Sam. Bebia e usava drogas para tentar ajudar a bloquear minha infelicidade e me distrair da solidão, mesmo em casa. Eu também usei o sexo. Fui infiel a Sam por muitos meses e, *claro*, a infidelidade em um casamento é um problema. Mas, para nós, nem foi o principal problema. Claro que foi a revelação, mas era apenas parte do que estava acontecendo.

UM FINAL

Uma das manifestações de minha turbulência interna. Não fomos o primeiro casal a lidar com infidelidade, apenas não conseguimos superá-la. Ainda assim, uma coisa é saber em particular que você chegou a um final. Revelar esse conhecimento de uma forma adulta é muito mais difícil. Sam e eu somos bons de viver em negação. Estávamos ambos infelizes, mas nenhum de nós queria terminar as coisas. Se é você quem termina, é você, não é? Você é o vilão.

***

Eu estava sozinha em Overtown quando meu pai me ligou no final do verão daquele ano. Eu não o via ou falava com ele havia semanas. Disse a ele o quanto estava mal. Eu estava em uma situação extrema. "Vou até aí", disse papai. "Estarei aí amanhã à tarde. Aguente firme até lá".

Papai não chegou no dia seguinte, conforme prometido, mas, para minha surpresa, apareceu no dia seguinte a esse. Ele não apareceu quando disse que faria, mas pelo menos apareceu. Isso significava algo. "O que tá pegando?", ele perguntou.

"Estou deprimida", respondi. Eu estava chorando. Comecei a falar franca e honestamente. Disse coisas que mantive enterradas por meses. "As coisas não estão bem entre mim e Sam. Há muito tempo que penso seriamente nisso e percebi que não podemos continuar juntos. Vou sugerir que a gente se separe." Foi a primeira vez que disse isso em voz alta.

"Lily", começou papai, "tem certeza de que não tem a ver com a sua carreira?" Não era a resposta que eu esperava. Eu não estava pensando na minha carreira. Eu não dava a mínima para a minha carreira naquele momento. Estava dizendo ao meu pai que meu casamento havia acabado. Era nisso que estava pensando. Estava pensando em como ia separar nossa unidade familiar. Eu odiava pensar nisso, mas sentia que era a única maneira de começar a seguir em frente, em vez de afundar mais na escuridão, no desespero e na autodestruição. Respondi: "Como, pai? O quê?".

"Bem", disse Keith. "O álbum não foi muito bem, não é?"

Fiz uma pausa, tentando entender o que ele estava insinuando. "Nossa, pai", eu disse, "não tinha pensado nisso."

Então eu percebi que ele devia ter lido uma matéria que havia acabado de ser publicada no *Grazia* dizendo que o motivo de eu estar "desmoronando" era o fato de a minha carreira ter acabado. Era um texto inventado, escrito para acompanhar uma fotografia minha parecendo bêbada e triste em algum lugar longe de casa. Que tal eu estar triste e bêbada não porque minha carreira acabou, mas porque eu estava *prestando serviços* a essa carreira em vez de cuidar de mim e da minha família?

Eu havia ignorado a matéria. Não me importava com o que o *Grazia* dizia. Mas, naquele momento, enquanto tentava ter a conversa mais significativa e conectada que jamais tivera com meu pai, ele estava usando aquilo como ponto de referência para me explicar o que eu estava realmente tentando falar com ele, que aquilo era o motivo da minha absoluta infelicidade. *Eu*. Lily. Aquela mulher que estava hiperventilando na frente dele, não a do texto.

Pensei *Ai, meu Deus. Eu não sou real. Eu não estou aqui. Eu não existo.* Então pensei: *Caralho.* Eu queria dizer "Não posso acreditar que eu sou tão solitária que a única pessoa que tenho para conversar é você, papai, e conversar com você é *isto*. Conversar com você é uma merda".

Eu havia perdido Sam. Eu ainda me sentia alienada pela minha mãe. Havia ficado isolada dos amigos desde que saíra em turnê. Lembro de pensar: *É isso? É isso. Eu vou ficar sozinha pra valer agora.*

Tentei mais uma vez. Disse a papai que não me importava com meu sucesso comercial naquele momento.

"Qual é, Lily", disse ele, acenando com o braço, indicando o quarto, nossa casa. "Este lugar deve estar custando uma fortuna."

"Bem", ele disse. "Você provavelmente vai encontrar outra pessoa em breve."

"Papai", eu disse. "Estou tentando conversar com você sobre terminar com meu marido."

"Bem", ele disse. "Nesse aspecto, acho que você está tomando a decisão errada."

Isso me deixou furiosa. "Com base em que você acha *isso*?" Eu queria gritar. "Considerando que não nos vemos ou falamos há seis meses e você não tem ideia do que estou passando? Considerando que a única informação real que você tem é a que acabei de lhe dar: que venho lutando com meus demônios há um longo tempo, mas finalmente tomei a decisão de tentar mudar a minha vida.

Sua reação é minar minha decisão? Como ousa?"

Ele finalmente pareceu ver o quanto eu estava infeliz e angustiada. Então soltou sua melhor aposta.

"Bem", ele disse. "Você provavelmente vai encontrar outra pessoa em breve."

Aquela conversa com meu pai foi um ponto baixo para mim. Eu não estava preocupada com o meu futuro, mas estava tentando sobreviver ao presente. Estava pensando sobre minha decisão e o impacto que ela teria não apenas na minha vida, mas na vida de Sam e na vida das minhas filhas.

Não muito depois disso, quando o verão de 2015 chegou ao fim, Sam e eu tivemos nossa conversa sobre o término. Fomos ao nosso restaurante italiano favorito para conversarmos. O lugar era tranquilo, estávamos longe das crianças, era um espaço neutro. Sentamos em um canto escuro do salão. "Você sabe que eu estou muito infeliz", eu disse. "Já paramos de dormir juntos, e acho que não deveríamos morar juntos, pelo menos por um tempo, pelo menos enquanto organizo meus pensamentos, porque não sei de fato onde estou no momento. Acho que precisamos nos separar."

Nós dois estávamos terrivelmente tristes. Nós dois choramos.

Nós dois sentimos certo alívio.

ABUSO

Em novembro de 2015, depois que Sam e eu nos separamos, percebi que precisava interromper meu comportamento destrutivo e fazer um balanço. Fui para Londres para encontrar um executivo da indústria fonográfica durante um jantar de trabalho. "Vou ficar sóbria", disse a ele. "Vou à minha primeira reunião dos NA amanhã."

"Ótimo", disse ele. "Parece uma ótima ideia, um brinde a isso."

Bebemos tequila, tequila demais. Não me lembro como cheguei em casa ou o que aconteceu lá, mas acordei na manhã seguinte com um mau pressentimento e seminua. Algo não parecia certo. Liguei para meu motorista.

"Como cheguei em casa ontem à noite?"

"Eu levei você e o Executivo da Indústria Fonográfica à sua casa", ele me disse. "Ele levou você para dentro, voltou depois de mais ou menos 45 minutos, e eu o deixei na casa dele."

Mais ou menos uma semana depois, o Executivo da Indústria Fonográfica me ligou. "Acho que precisamos conversar sobre o que aconteceu", disse ele.

EXATAMENTE O QUE EU ACHO

Caralho, pensei. *Caralho, eu o deixei fazer sexo comigo e estava tão bêbada que não me lembro.* Também pensei: *Com certeza ele não deveria ter feito sexo comigo tão fora de mim, não logo depois que eu disse a ele que tinha um problema com bebida e estava prestes a começar a ir a reuniões de apoio.*

Também pensei: *Nem sei ao certo se fiz sexo com ele.* Pensei: *Definitivamente não quero falar sobre o que aconteceu, porque o que eu realmente quero é nunca mais vê-lo, ou mesmo estar no mesmo ambiente que ele, e definitivamente não quero trabalhar com ele.* Mas também senti que não poderia sair facilmente, porque sabia que estava começando a parecer uma pessoa difícil, com quem era impossível trabalhar.

Então, em vez de enfrentar o que havia acontecido ou não, eu disse: "Não se preocupe, vamos esquecer, é muito importante que nosso relacionamento profissional dê certo". (Também era muito menos constrangedor para o meu lado que gostava de agradar dizer isso, em vez de exigir respostas para perguntas complicadas e embaraçosas.)

Precisei morder o lábio e seguir em frente. Disse a mim mesma: Está tudo bem, porque vou começar a frequentar as reuniões agora, estou fazendo tudo e melhorando. Não importa o que aconteceu com ele, porque teve a ver com bebida, e eu não vou mais fazer isso, então não vai acontecer de novo.

As coisas *estavam* melhorando. Baixei o aplicativo dos Alcoólicos Anônimos e planejei meu dia em torno das reuniões. Eu ia a uma reunião, às vezes a duas, todos os dias. Contei a Sam o que estava fazendo. Contei a Jess. Comecei a me reconectar com minhas meninas. "É como se tivéssemos a velha Lily de volta", disse Jess, quando as coisas começaram a voltar ao normal. Comecei, muito gradualmente, a me reconectar com minha mãe, com quem mal havia falado desde a viagem ao Arizona. Parei de pintar os cabelos com cores malucas e fiquei loira. Queria parecer limpa, organizada, brilhante, cintilante, nova.

Parei de pintar os cabelos com cores malucas e fiquei loira. Queria parecer limpa, organizada, brilhante, cintilante, nova.

Comecei a frequentar um terapeuta, então esbarrei com alguém que não conhecia muito bem, que disse: "Ah, fiquei sabendo que você está indo ao mesmo terapeuta que eu". Isso significava que até mesmo a pessoa que eu pagava para me ouvir em particular estava falando sobre me ouvir em particular. Mudei de terapeuta. Fui a uma reunião do AA e contei como me senti mal por ter ficado tão bêbada que não sabia se o Executivo da Indústria Fonográfica havia dormido comigo ou não. Depois da reunião, alguém veio até mim e disse: "Sei que aqui é pra ser um lugar seguro, mas não é tão seguro quanto você pensa. As pessoas podem fofocar a seu respeito porque você é famosa, então, talvez não deva contar histórias como aquela". Isso me fez engasgar. Sentia como se não pudesse falar. Sentia como se estivesse sufocando. Sentia que estava ficando limpa, mas cercada por coisas tóxicas.

Queria fugir de Londres. Então, fui para casa e imediatamente reservei passagens para Los Angeles para mim, Jess e as meninas. Então, aluguei uma casa na praia em Malibu. As meninas, Jess e eu passamos três meses sob o sol da Califórnia. Foi uma boa decisão. Em Los Angeles, com minhas filhas, comecei a me sentir melhor, mais forte, mais saudável. Comecei a escrever músicas novamente, incluindo "Family Man", sobre os últimos dois anos e tudo o que havia acontecido. Embora as canções tratassem de um período muito sombrio na minha vida, foi só quando comecei a sair dele que pude examiná-lo e lidar com ele em minhas composições.

O importante era que finalmente estava começando a sentir que poderia usar minha voz novamente.

Na Páscoa, estava pronta para entrar em estúdio, e então viajei para o Caribe para encontrar o Executivo da Indústria Fonográfica para trabalhar. As meninas voltaram para a Inglaterra com Jess. Eu estava sem usar álcool ou drogas fazia seis meses e decidi que merecia uma cerveja para comemorar minha sobriedade. (Eu sei, vai entender.) Como ficar seis meses sem álcool era minha meta e eu a havia alcançado, em um jantar com o Executivo da Indústria Fonográfica e outras pessoas do ramo, pedi algumas bebidas.

Assim que terminamos de comer, combinei de me encontrar com uma baixista que conhecia.

"O que você está fazendo?", perguntou o Executivo da Indústria Fonográfica, quando comecei a me levantar para ir. Ele deixou claro que não queria que eu fosse embora. Fiquei surpresa. Era um jantar casual pós-trabalho. Levantar-se e sair não era grande coisa, então por que ele estava fazendo um drama? Era como se quisesse mostrar às outras pessoas na mesa que ele tinha controle sobre mim. "Não vá", ele continuou insistindo. "Não vá. Vou ficar constrangido se você for. Por favor, não me constranja." Foi o tipo de conversa que se tornou estranhamente familiar quando Harvey Weinstein foi finalmente responsabilizado por seus anos de abuso sexual de mulheres. É um tipo de auto-humilhação que parece ser tão importante para esses predadores quanto o uso do poder ao coagir as mulheres – uma espécie de versão desonesta e particularmente nojenta de sadomasoquismo.

Ignorei os apelos dele, me levantei da mesa e saí. Encontrei minha amiga no bar do restaurante e fomos a uma festa. Fiquei completamente bêbada. O Executivo da Indústria Fonográfica me mandou uma mensagem pedindo o endereço para que ele pudesse se juntar a nós lá e, assim que chegou, ele me disse que iria me levar de volta para o hotel. Disse que queria me levar para casa e garantir minha segurança. Quando chegamos ao hotel, ele me colocou em seu quarto, ao invés do meu, explicando mais tarde que nenhum de nós havia conseguido encontrar a chave do meu quarto. Ele então me deixou dormir um pouco e foi encontrar seus amigos em um clube de strip.

O que aconteceu depois foi o seguinte. Acordei às 5 da manhã porque senti alguém ao meu lado pressionando seu corpo nu contra as minhas costas. Eu também estava nua. Pude sentir alguém tentando colocar seu pênis dentro da minha vagina e batendo na minha

EXATAMENTE O QUE EU ACHO

bunda como se eu fosse uma stripper em um clube. Eu me afastei o mais rápido possível e saltei da cama, assustada. A pessoa nua tentando me comer era o Executivo da Indústria Fonográfica. Ele estava bêbado.

Encontrei minhas roupas rapidamente. Encontrei a chave do meu quarto quase imediatamente e corri para fora do quarto dele em direção ao meu. Não liguei para Sam, mas liguei para a minha amiga. Na maior parte do tempo, enquanto falava com ela, culpava a mim mesma. Estava com vergonha de haver interrompido minha sobriedade. Não parei de me desculpar. Ficava dizendo: "Claro que é isso que acontece quando a gente fica bêbada. O que eu esperava?".

Acho que esperava que o Executivo da Indústria Fonográfica cuidasse de mim. Acho que esperava que ele não se aproveitasse da minha fraqueza. Esperava que ele não tentasse me comer quando estávamos sóbrios, muito menos bêbados. Eu me senti traída. Senti vergonha. Senti raiva. Me senti confusa. Fazia seis meses que eu não bebia e, quando recaí, o Executivo da Indústria Fonográfica achou que não havia problema em ficar nu comigo enquanto eu dormia, bater na minha bunda e tentar me comer.

Mesmo contando a história novamente, parece estranho. Mais estranho ainda: na manhã seguinte, eu não o confrontei sobre o que havia acontecido. Não consegui. Me sentia paralisada.

Eu vi o Executivo da Indústria Fonográfica novamente em Los Angeles. Ele me chamou para ir ao hotel dele. Como agora estava com a namorada, pediu que nos encontrássemos do lado de fora do hotel, como se eu fosse um segredo clandestino. "Eu sinto muito", disse. "Eu não devia ter feito o que fiz, mas imploro que não conte a ninguém. Descobrir isso partiria o coração da minha namorada." Fiquei escutando, incrédula por ele fazer eu me sentir responsável pelos sentimentos da namorada dele. Mas a questão é que *me sentia* responsável. Eu me sentia responsável pelo que ele havia feito como se aquilo de alguma forma fosse culpa minha e me senti protetora em relação à namorada dele. Lembro de ter pedido desculpas ao Executivo da Indústria Fonográfica logo depois que ele pediu desculpas para mim. Eu estava chorando e chateada. *Lamento ter colocado você nesta posição e de alguma forma ter sido cúmplice de sua agressão a mim; eu poderia muito bem ter dito isso. Lamento por ter ficado bêbada. Lamento ter dormido na sua cama, mesmo que tenha sido você quem me colocou lá. É culpa minha, claro que é. Lamento por ser eu.*

Vou dizer uma coisa para você, seu filho da puta: *Lamento pra caralho que você seja você.*

Por que pedi desculpas ao Executivo da Indústria Fonográfica quando ele me assediou? Por que eu não denunciei? Já tentei racionalizar isso, mas é difícil. É turvo. E embora minhas razões façam sentido, elas não fazem com que eu me sinta bem. Queria ter sido mais corajosa. Em vez disso, pensei: *Não adianta denunciar isso.* Eu estava no Caribe quando aquilo aconteceu e, pelo que sei, não há nada que a polícia britânica possa fazer a respeito de algo que tenha acontecido lá. Então pensei: *O que eu denunciaria, de qualquer maneira?* Qual era o crime?

O Executivo da Indústria Fonográfica não havia me estuprado. Eu deveria denunciar alguém por tentar fazer isso? (Resposta: sim.) Eu não apenas deixei de denunciar o Executivo da Indústria Fonográfica como continuei trabalhando com ele. Isso faz com que eu me sinta péssima.

Mas eu sabia que seria rotulada como histérica e "difícil". (Sem dúvida, eu já tinha esse rótulo.) Se eu denunciasse o Executivo da Indústria Fonográfica, imaginei que ele contestaria. Seria a palavra dele contra a minha, e a minha era considerada pouco confiável. Nem mesmo eu conseguia confiar no meu próprio testemunho. Por outro lado, ele tinha um histórico. Ele tinha se aproveitado de mim antes, não tinha? Tinha? Eu não conseguia me lembrar. Eu não sabia, não com certeza. O certo é que ele tinha mais poder do que eu na indústria da música, além de mais dinheiro. Ele tinha acesso a melhores advogados. Se as coisas fossem para a justiça, disse a mim mesma, ele venceria.

Mas eu fiz uma coisa sensata. Quando cheguei em Londres novamente, depois de voltar de Los Angeles, fui ver meu advogado e contei a ele o que havia acontecido. Então, assinei uma declaração jurando que o que eu havia contado era verdade. Pensei que se a merda chegasse ao ventilador no futuro, por qualquer motivo, não queria ninguém alegando que eu havia acabado de inventar essas coisas para evitar que o Executivo da Indústria Fonográfica fizesse uma grande exigência financeira de mim. Queria deixar o que havia acontecido em algum lugar neutro logo depois que aconteceu. Não fiz nada com aquilo. Só queria que estivesse registrado para que ninguém pudesse dizer no futuro que eu estava reescrevendo o passado. Queria deixar registrado que havia sido sexualmente abusada por alguém com quem trabalhei.

Eis outra coisa que me enoja nisso tudo: eu me lembro de ter dito ao Executivo da Indústria Fonográfica, antes de trabalhar com ele, que "eu preciso de um homem para me ajudar com as coisas". Eu disse mesmo essas palavras em voz alta. Eu nunca havia dito aquelas palavras em *qualquer* contexto antes, e sou uma baita codependente. Pior: eu estava falando sério. Naquela época, achava que, como mulher representando a mim mesma na indústria da música, não estava sendo levada a sério, embora tivesse me mostrado um nome forte no setor. Sentia que o selo considerava qualquer pedido ou consulta que eu fizesse como exigências de uma feminista louca ou de uma mãe carente. Eu deteste que precisasse tanto de um homem que havia dito aquelas palavras em voz alta. Deteste que ainda ache ser verdade que, naquela época, eu *realmente* precisava de um homem para me proteger. Deteste que o homem com quem eu trabalhei se aproveitou de mim quando eu estava bêbada e vulnerável e foi sexualmente abusivo.

ABUSO

O abuso sexual é comum na indústria da música. Sei que estou me repetindo ao dizer isso, mas não consigo reforçar o suficiente, especialmente porque, mesmo depois dos movimentos #MeToo e #TimesUp, todos seguem em silêncio em relação a isso. Agora sabemos que isso é muito comum em todos os setores, mas o mundo da música, com suas hierarquias e formas de fazer negócios, oferece uma configuração particular que permite, e às vezes até endossa, o comportamento tóxico dos homens em relação às mulheres (e, claro, se eles forem gays, homens mais jovens e menos poderosos também). Além de música, nossa indústria comercializa uma mistura potente de sexo, juventude e disponibilidade. Drogas são permitidas. O dinheiro é abundante. O mau comportamento é tolerado. É *rock'n'roll*. Essa é a questão.

Os jovens, principalmente as jovens mulheres, são vistos como mercadorias que precisam de marketing, gerenciamento e moldagem. Isso é feito majoritariamente por homens. Muitos dos homens parecem ter certeza de que podem experimentar as mercadorias.

Há pouco tempo, eu estava jantando com velhos amigos que também são do ramo da música. Estávamos falando sobre um cara de A&R que costumava trabalhar para a EMI. Um dos rapazes do nosso jantar tinha acabado de ver Florence Welch, e o nome dele foi citado. "Aquele cara?", Florence havia dito ao meu amigo. "Aquele cara é esquisito. Ele tentou escrever em meu contrato de distribuição que receberia 10% de tudo o que eu ganhasse para sempre. Podem imaginar isso? E, veja só, ele deu em cima de mim e tentou me comer. *Até parece!*" Todos no jantar ficaram tipo, "Ele tentar pegar Florence! Que piada. Que manél".

Mas eu fiquei quieta. Eu não estava rindo. Eu fiquei lá sentada, pensando: *Ele* de fato *me comeu.*

Esse cara me comeu quando eu tinha 20 anos e andava à procura de um contrato com uma gravadora. Foi consensual, certamente. Só

EXATAMENTE O QUE EU ACHO

que ele tinha todo o poder, e eu, nenhum. Só que eu era jovem, e ele, não. Só que eu estava procurando ajuda, e ele agiu como se estivesse me fazendo um favor. Lembro de pensar naquela época que *foi só uma dessas coisas com um desses caras nojentos da indústria. Nada de mais.*

Mas é importante. É tudo importante. Vamos pelo menos mudar os ares, começar a nos livrar do cheiro. Vamos tentar ensinar nossas filhas a serem mais fortes e resilientes, melhores em não serem tão gratas, mais insistentes em serem levadas a sério, mais barulhentas ao dizer não.

A indústria fonográfica está começando, eu acho e espero, a mudar. O silêncio em torno do abuso e do assédio ainda é retumbante, mas alguns ruídos surgiram. Em janeiro de 2016, uma cantora chamada Amber Coffman, da banda de Nova York chamada Dirty Projectors, escreveu uma série de tweets denunciando o comportamento impróprio de um divulgador que foi pago para representá-la. "Um divulgador de música muito popular esfregou minha bunda e mordeu meu cabelo em um bar alguns anos atrás", tweetou Coffman, antes de nomear o sujeito como Heathcliff Berru, CEO de uma empresa chamada Life or Death PR. Muitas pessoas na indústria musical leram o tweet de Coffman e pensaram: *Ele fez o quê? Você está constrangendo publicamente um cara no Twitter apenas por morder seu cabelo e tocar sua bunda? Sério?*

Sério. Coffman estava farta. O tweet dela também desencadeou respostas de outras mulheres, que pensaram: *Sim, Heathcliff Berru fez isso comigo também.* Elas compartilharam experiências semelhantes online, algumas relatando experiências muito mais invasivas e assustadoras. Quando Coffman contou o que ele tinha feito, a gravadora dela a levou a sério e parou de trabalhar com a empresa de Berru. Ele foi forçado a pedir desligamento da função. Escreveu um pedido de desculpas online por meio do site *LA Weekly*, culpando principalmente as drogas e outros vícios por seu comportamento. Ele fez questão de

ABUSO

especificar que nunca havia estuprado ou drogado ninguém. Ele se internou para um tratamento de reabilitação.

Não é a maior história de todas, eu sei, mas é reveladora. É importante. As mulheres estão começando a se manifestar. A cantora Kesha não ganhou sua batalha legal contra Dr. Luke, mas ela se recusou a desistir. Suas colegas mulheres a apoiaram publicamente. Elas acreditam nela. Eu acredito nela. As mulheres sabem o que acontece, dia após dia, em suas vidas pessoais e em seus locais de trabalho, e estamos começando a falar sobre isso.

Uma das coisas que achei perturbadoras sobre o incidente com o Executivo da Indústria Fonográfica foi que isso me fez pensar em tudo o que eu permiti que acontecesse.

Detesto a ideia de que possa ter havido outras coisas que estava bêbada demais para lembrar. O que isso diz a meu respeito? Mas mesmo que não haja mais nada escondido nas sombras, penso nas vezes em que disse "Não, obrigado, gato, não quero sexo esta noite", e meus parceiros sexuais foram em frente e me comeram mesmo assim. E minha reação sempre foi aguentar em silêncio e depois deixar para lá. E assim os padrões de comportamento e resposta continuam. Os homens se comportam mal. As mulheres sofrem, muitas vezes, em silêncio. Sei que pode acontecer nos dois sentidos, mas, na maior parte das vezes, não. Na maior parte das vezes, são os homens que fazem isso com as mulheres. Essa é a minha experiência, esses são os fatos.

ENLOUQUECENDO

Quando pensei em como estava minha vida no final de 2015, as coisas estavam da seguinte maneira: meu casamento com Sam havia acabado. Meu padrinho Roger havia morrido. Eu me sentia traída pela minha mãe. Meu trabalho havia ficado confuso. Eu havia deixado minhas filhas, me comportado mal, me tornara dependente de drogas e álcool e falhado em meu casamento. E George havia morrido. George havia morrido. George havia morrido.

Mas eu também tive duas filhas deliciosas, que eram saudáveis e estavam bem. Eu tinha uma bela casa. Eu não estava doente. Eu não era pobre. Tinha acesso a ajuda. Tinha amigos e família, mesmo que às vezes me sentisse isolada deles. Eu me sentia como tivesse passado no modo de trauma por vários anos, mas pensava: *Eu tenho consciência disso, e a auto-consciência é uma força potente.* Eu pensava: *As coisas vão mudar e vão melhorar.* Eu pensava: *Sou uma lutadora. Sou forte. A luta não é ruim. O resultado é bom.*

Estava na hora de caminhar sozinha com minhas meninas, mas sem Sam. Eu me sentia como se tivesse passado pelo pior e agora poderia sobreviver a qualquer coisa, sozinha também, sem um homem

As coisas vão
mudar e vão
melhorar. Eu
pensava: Sou uma
lutadora. Sou forte.
A luta não é ruim.
O resultado é bom.

ENLOUQUECENDO

para me levar adiante. Isso pareceu um grande passo para mim, dada minha longa história de codependência.

Todos esses sentimentos desmoronaram, porém, quando algumas semanas depois, em 2 de outubro, um estranho invadiu minha casa com a intenção de me destruir.

***

Em primeiro lugar, os fatos.

No dia 2 de outubro de 2015, à 1h30min, um homem invadiu meu apartamento em Londres.

Eu estava na cama com meu novo namorado, Dan, que havia conhecido no Carnaval de Notting Hill no final de agosto. Eu não estava oficialmente separada de Sam – a situação ainda não era pública –, mas ele havia se mudado do apartamento para um lugar só dele. Nosso casamento havia acabado. Dan tinha passado a noite comigo antes, mas apenas quando as meninas já estavam dormindo. (Levaria mais um ano até ele dormir na minha casa com a ciência das meninas.) Pela primeira vez, eu estava indo devagar com um cara. Dan e eu não estávamos tendo nada sério naquele momento. Ele chegara depois que as meninas e Jess haviam ido para a cama. Nós ficamos em casa, eu preparei, e queimei, o jantar, e depois fomos para a cama.

Eu havia trancado a porta do quarto. Não queria que as garotas entrassem no meu quarto no meio da noite quando Dan estivesse lá. Eu me sentia culpada por Dan ter ficado em casa, mas, apesar do meu novo sentimento de independência, havia momentos em que ainda odiava e temia ficar sozinha.

Estávamos conversando na cama quando, de repente, alguém começou a bater forte à porta do meu quarto. Minha primeira reação não foi medo, mas pânico. Imaginei que fosse Sam. Quem mais poderia ser? Tinha que ser um homem adulto, porque as batidas eram altas e urgentes, e pareciam carregadas de raiva. Também parecia que era alguém que conhecia o apartamento, porque meu quarto fica nos fundos. Não tínhamos ouvido ninguém tropeçando ou tentando abrir outras portas antes de bater na minha.

"Caralho", falei para Dan, que estava deitado na minha cama. "É Sam." *Ele sabe*, pensei. *Ele está furioso por eu ter um homem em casa.*

Abri a porta. Não era Sam. Experimentei uma fração de segundo de alívio, então fiquei confusa. Olhei para o homem que estava batendo com tanta força na minha porta. *Se você não é Sam*, pensei, *quem é você e o que está fazendo na minha casa?* O tempo passou rápido e lentamente ao mesmo tempo. Eu estava vestindo uma camiseta e nada mais, e rapidamente corri para a cama para me cobrir.

O homem gritava alto ao se aproximar da minha cama e, embora suas palavras fossem gramaticalmente coerentes, não pareciam ter relação comigo, então, na verdade, não faziam sentido algum. Ele parecia angustiado e zangado, e havia algo infantil nele.

"Cadê meu pai?", ele gritava sem parar. "Cadê meu pai? O que você fez com meu pai, sua vadia de merda?"

"Quem é esse?", Dan perguntou.

"Eu não sei", respondi.

"Você sabe quem eu sou", gritou o homem. "Ela sabe exatamente quem eu sou", disse a Dan.

"Quem é, Lily?", Dan perguntou novamente. Ele imaginou que fosse alguém que eu conhecia, um ex-namorado ou alguém do passado chateado comigo.

"Eu não sei", respondi de novo. Eu estava perplexa. Estava chocada. Eu não conseguia relacionar o homem a nada ou ninguém que eu conhecia. "Eu juro a você", falei para Dan, a voz ficando desesperada. "Eu *não sei* quem é essa pessoa. Mas você precisa tirá-lo daqui."

"Ela está mentindo para você", disse o homem. "Ela está mentindo para nós dois."

ENLOUQUECENDO

Tudo isso estava acontecendo rapidamente. Não sei quanto tempo o homem ficou no meu quarto. Dois minutos? Três? Mas sei que foi neste ponto, quando ele começou a tentar manipular Dan e convencê-lo de que eu estava mentindo, que comecei a sentir verdadeiro pavor.

Foi quando pensei que aquilo era mais sério do que algum garoto de rua perdido. *Esse homem, pensei, veio atrás de mim. Se Dan não o tirar daqui, algo terrível vai acontecer.* Pude ver que ele estava segurando alguma coisa embaixo do suéter. Parecia uma faca.

"Por favor", disse a Dan. "Eu não conheço ele. *Por favor*, tire ele daqui." Dan entrou em ação. De alguma forma, sem entrar em pânico, Dan tirou o homem da sala e da casa. Chamamos a polícia imediatamente. Tudo o que eu queria fazer era conferir se as meninas estavam bem no quarto delas, mas fiquei paralisada de medo. Eu estava em choque. A essa altura, Jess também havia acordado. Ela tinha ouvido a gritaria. Pedi que checasse as meninas. Eu estava hiperventilando. As meninas, graças a Deus, ainda estavam dormindo.

Naquela noite, três policiais chegaram logo depois que disquei 999. A teoria deles, dado que o homem não era um ladrão – nada parecia ter sido levado – era que ele havia entrado na casa errada embriagado, e entrara com facilidade porque eu havia deixado a porta dos fundos destrancada.

Eu era muito paranoica com segurança na época (ainda sou), então era estranho que tivesse feito isso. Mas havia trancado o apartamento inteiro antes de fazer o jantar tardio, e depois abri a porta dos fundos quando queimei a refeição para evitar que o alarme de fumaça disparasse e acordasse as meninas. Eu claramente havia me esquecido disso. Aquele foi meu erro, mas parecia incrível para mim que, justo na noite em que eu não havia trancado a porta, alguém simplesmente tenha passado por acaso e decidido abrir a maçaneta.

Mas, tudo bem, eu disse para a polícia e para mim. Era um cara bêbado aleatório da rua. Tudo bem.

EXATAMENTE O QUE EU ACHO

Assim que os policiais terminaram suas anotações, foram embora, e Dan e eu voltamos para a cama. Mas eu não conseguia dormir. O cara não parecia aleatório, continuei pensando. Ele não parecia *nem um pouco* aleatório.

Peguei meu telefone. A parte detetive do meu cérebro se decidiu a encontrar pistas que revelassem uma explicação mais plausível. Olhei minha página do Instagram. Lembrei-me de alguns comentários estranhos que havia recebido e aos quais não prestara muita atenção, mas que agora pareciam mais premonitórios. Encontrei os comentários pelos quais procurava. Haviam sido escritos por alguém com o nome de usuário "AlexGray16". Pesquisei o nome dele e o meu. O que surgiu foi uma série de tweets que ele havia me enviado muito, muito tempo antes. Foi aí que comecei a ligar os pontos. O homem que invadiu meu apartamento naquela noite não era aleatório. Era o homem que me perseguia, de tempos em tempos, fazia sete anos.

Eu, antes daquela noite, nunca pensara em mim mesma como alguém que tinha um perseguidor. É fácil relacionar tudo a partir de uma visão ampla, mas na hora do acontecimento, quando a coisa ia e vinha e tomava diferentes formas, eu não sabia que estava sendo importunada por uma determinada pessoa que, por causa de sua doença mental, tinha se fixado em mim e queria me fazer mal.

Quando somos famosos, somos importunados. Somos importunados anonimamente (principalmente por *trolls* na internet) e por pessoas que sabemos que existem ou talvez até conheçamos um pouco (jornalistas e editores de tabloides). Precisamos aprender a lidar com esse tipo de intimidação para que ele não nos desarme constantemente e não nos enlouqueça. Na melhor das hipóteses, torna-se um ruído branco. Está *sempre* lá. Para mim, piora de maneira exponencial quando estou promovendo ativamente meu trabalho, mas, mesmo quando não estou, ainda está lá. Fotografias são tiradas, comentários são feitos, são lançadas observações de reprovação ou aprovação a

ENLOUQUECENDO

respeito de qualquer coisa aleatória: se eu estou cortando o cabelo ou nadando nas férias, acendendo um cigarro ou entrando em um carro. Estou muito gorda ou muito magra, condenará a matéria. Eu não deveria fumar, dirá a legenda. Meu carro é muito grande e prejudicial ao meio ambiente, observará um artigo. Eu tento não entrar nessa sintonia. Às vezes, não consigo deixar de ouvir a estática. De vez em quando, mergulho nisso: uma atividade que é destrutiva, narcisista, indulgente, ingrata e lamentável, mas, às vezes, infelizmente, irresistível. Mas isso também significa que estou mais acostumada a comentários agressivos em sites de mídia social do que muitas outras pessoas. Infelizmente, já me acostumei a ser trollada.

Era por isso que ignorava a maioria dos tweets ou comentários no Instagram de Alex Gray... mas nem sempre. Alguns eram tão horríveis e agressivos que, ao longo dos anos, eu os anotei e até os denunciei à polícia. Eles também não ligaram os pontos para ver que eu estava sendo perseguida.

Não existe uma definição legal estrita para perseguidores, embora desde 1997 seja contra a lei no Reino Unido, quando foi aprovada a Lei de Proteção contra Assédio. O comportamento vem em muitas formas para ser definido. Mas se você pesquisar os sites que oferecem ajuda e conselhos a respeito da questão, eles dirão que um perseguidor é alguém que se torna obcecado ou tem fixação por outra pessoa, alguém que a pessoa não necessariamente conhece (embora ela possa acreditar o contrário) e se comporta de maneira repetida e persistente de modo a provocar medo naquela pessoa. O comportamento pode ser "fazer abordagens", "manter vigilância" ou "coletar informações".

Um perseguidor pode seguir você ou espreitar onde você mora ou trabalha, observando sempre que possível. Ele pode escrever, enviar um e-mail ou deixar mensagens em seu correio de voz ou online. Nenhuma dessas coisas tomadas isoladamente pode significar muita coisa, mas, se o comportamento se repetir continuamente, torna-se assustador – paralisante até. É claro que qualquer pessoa nos assediando é assustadora, mas o comportamento de um perseguidor nos atinge de uma forma mais insidiosa, porque não fizemos nada para justificar esse comportamento exceto sermos nós mesmos. E acontece que não é possível deixarmos de ser nós mesmos, mesmo se tentarmos.

Foi isso que eu fiz depois que Alex Gray invadiu meu quarto. Eu me afastei de tudo e de todos e tentei desaparecer. Sei que tenho um histórico de tentar me apagar sempre que me sinto incapaz de lidar com algo. Fiz isso com bebida depois que George morreu; fiz com drogas, remédios e bebida nos dias caóticos de turnê após o sucesso do meu segundo álbum; e adicionei sexo à mistura na turnê *Sheezus*. Mas dessa vez foi diferente. Dessa vez, não usei qualquer substância: eu apenas me desliguei de mim mesma. Parei de ver amigos, parei de falar abertamente, não trabalhei, nem escrevi. Foi menos um processo de me apagar com o excesso, mas, em vez disso, um afastamento de mim mesma. Foi um processo danoso e inútil de diminuição, confusão e fragmentação, e um grande descaralhamento mental.

De volta aos fatos: na manhã seguinte à invasão de Gray, telefonei para a polícia para contar minha teoria de que talvez fosse Gray, a pessoa que vinha me assediando ao longo dos anos, quem invadira meu quarto. Três policiais vieram à minha casa naquela manhã. Entre eles havia uma detetive chamada Angela Slade, e foi ela quem permaneceu no meu caso até o fim. Ela fizera parte da equipe de investigação de abuso infantil que supervisionara o caso Baby P, o que fez com que eu me sentisse estranha. Será que ela foi especialmente designada para o meu caso porque eu era importante e poderia precisar de "gerenciamento"? Eu não queria gerenciamento. Eu só queria um procedimento policial normal, bom e eficaz.

Eu sentia que Gray era uma ameaça, mas também imaginava que, se ele fosse a pessoa que estávamos procurando, seria fácil localizá-lo.

ENLOUQUECENDO

Se ele estava me perseguindo, era provável que estivesse por perto. Não foi uma manhã muito boa. Eu deveria ir para os Estados Unidos a trabalho, e um carro me levaria ao aeroporto ao meio-dia. Precisava me despedir das meninas, que Sam viria buscar, pois não queria que elas e Jess ficassem no apartamento até o intruso ser capturado.

Quando Sam chegou, a polícia me ouviu contando a história do intruso. Mais importante, eles me ouviram omitir o fato de que eu estava com Dan e que foi ele quem tirou Gray de dentro de casa.

Acho que eles usaram essa informação – o fato de que eu claramente me sentia sob suspeita e escondi algo do meu marido (Sam sabia que eu estava saindo com Dan, mas não que ele havia dormido em casa) – para me prejudicar mais tarde. Enquanto os policiais estavam lá, também percebi que minha bolsa havia sumido. Por causa da minha viagem aos Estados Unidos, a bolsa estava cheia de coisas de valor: dinheiro, cartões de crédito, meu passaporte, meu itinerário... tudo havia sido levado.

Pude ver a polícia relaxar visivelmente quando percebi isso. "Bem", eles disseram. "Agora sabemos o que aconteceu. Foi um roubo."

Eu sabia que não era isso.

***

Depois que Slade e seus colegas foram embora naquela manhã, cancelei minha viagem para os EUA.

Em seguida, chamei a melhor pessoa de segurança de proteção próxima que eu conhecia, alguém com quem havia trabalhado antes e em quem confiava. Grand Jean pegou o trem seguinte saindo de Paris e se mudou para o meu apartamento. Limpei a agenda e me certifiquei de que as meninas e Jess pudessem ficar com Sam pelo menos durante os próximos dias. Não queria ver ninguém, não queria sair de casa e não queria que minhas filhas se aproximassem do apartamento, que me parecia uma zona de perigo. No entanto, houve alguns trabalhos que eu não consegui cancelar e que pensei que simplesmente acabaria fazendo de alguma forma. Um deles era uma viagem ao Marrocos para uma sessão de fotos para uma empresa de roupas sueca, a Vero Moda.

A sessão de fotos era a última coisa que eu queria fazer, especialmente logo após a invasão, mas não consegui me livrar dela. Eu era o rosto da campanha deles na época e estava sendo bem paga para isso. Aquele compromisso havia sido planejado com meses de antecedência.

Voei para Marrakesh alguns dias depois, com Aimee, a estilista do trabalho; minha assistente, Brownie; a cabeleireira, Alex Brownsell; e um maquiador. Aimee apresentou um conceito para o ensaio, que era que eu estava passeando com Alex, que ela havia escalado como minha melhor amiga. Haveria muitos abraços e braços dados.

Eu estava mal durante a sessão de fotos. Normalmente me mostro disposta em trabalhos como esse e me comporto de maneira profissional. Mas, naquele dia, não consegui dar conta. Achei o conceito de amizade ridículo e fiquei irritada por ter de fazer muitas mensagens de Natal para a conta do Instagram da empresa. *Desculpe? Feliz Natal? O quê? Você quer que eu diga o quê?* Eu mal conseguia ouvir perguntas ou instruções, quanto menos tentar responder. Eu me sentia como se estivesse em uma névoa de medo e confusão. *Colocar meus braços em volta de Alex assim? Por quê? Porque somos melhores amigas? Sério? Ah, está bem. Meu casamento desmoronou e um homem estranho recentemente entrou no meu quarto, e eu tenho bastante certeza de que ele queria me machucar, mas você quer que eu faça o quê?*

Eu me comportei mal. Fui grosseira com todo mundo. Fui difícil e raivosa. Ninguém conseguia fazer nada certo. Aimee me chamou de lado. "Você está sendo muito desagradável", disse ela. "Estamos todos fazendo o nosso melhor. São apenas mais seis horas, seja adulta, porra." Ela tinha razão. É claro. Mas seis horas? Eu não tinha certeza

Não queria ver ninguém, não queria sair de casa e não queria que minhas filhas se aproximassem do apartamento, que me parecia uma zona de perigo. No entanto, houve alguns trabalhos que eu não consegui cancelar e que pensei que simplesmente acabaria fazendo de alguma forma.

se conseguiria aguentar seis minutos. Eu sentia como se fosse desmoronar em seis segundos. Eu me sentia isolada e sozinha. Eu me sentia solta e à deriva. Eu estava, tipo: *Ai, meu Deus, uma coisa enorme e traumática aconteceu, mas todos se cansaram dos meus dramas, e quem pode culpá-los? E daí se alguém invadiu seu quarto e queria matar você? A polícia diz que foi um roubo de bolsa, sua dramática carente em busca de atenção. Pare de exagerar e supere isso.*

Mas eu não conseguia superar aquilo. Eu me sentia como se estivesse derretendo.

Fui até uma sala separada para tentar me recompor. Abri meu laptop para verificar minhas mensagens. Queria algo para me amarrar, uma corda para me puxar de volta para a superfície das coisas. Um e-mail serviria. O que descobri foi uma série de mensagens de e para Sam, ainda abertas na tela. *Que estranho*, pensei, *não reconheço esta conversa.* No entanto, pude ver que era a meu respeito e era com Sam. Então caiu a ficha. Eu havia aberto o laptop de Aimee por engano. Eu estava lendo a conversa *dela* com Sam. Ela o estava atualizando *sobre mim*, meu humor e meu comportamento.

Foi quando perdi o controle. Foi quando tudo começou a sair. Perdi o controle *mesmo*. Virei Diana Ross. Peguei coisas e atirei no chão. Eu quebrei coisas. Gritei. Chorei. Chutei as paredes, a porta, qualquer coisa. "Estou pagando a você", gritei para Aimee. "Você trabalha para *mim*. Você é *minha* amiga. Você diz que está no *meu* time. Mas não está."

Era de se imaginar que isso teria prejudicado a sessão, mas, de alguma forma, seguimos em frente. Mais fotos foram tiradas e de fato usadas posteriormente. A Vero Moda fez a campanha. Eu pareço descontraída e feliz nas fotos, com cabelo cor de algodão doce, sem qualquer preocupação no mundo. Aimee me escreveu um e-mail após a sessão. Nele, ela me dizia que tentara estar presente para mim e que obviamente eu estava passando por um momento muito ruim. Ela também disse que eu claramente precisava de espaço, que

Eu me comportei mal. Fui grosseira com todo mundo. Fui difícil e raivosa. Ninguém conseguia fazer nada certo.

EXATAMENTE O QUE EU ACHO

ela me daria esse espaço, embora isso fosse favorecer minha narrativa de que todo mundo me abandona.

Eu não queria espaço. Eu certamente não queria ser abandonada. Eu queria ajuda. Eu queria apoio. Eu queria sinceridade. *Eu estava sendo perseguida. Não queria ser espionada por meus amigos também.*

Respondi a Aimee com um e-mail curto. "Vá se foder", escrevi. E assim estava eu praticamente isolada de todos, dos colegas e amigos. Eu podia muito bem ter me apegado a uma narrativa de abandono, mas não havia como escapar do fato de que meu casamento *havia* acabado e um homem estranho *estava* me perseguindo. E também, devo acrescentar, eu não sabia em quem confiar.

Eu? Paranoica? Quer dizer que você não percebeu meu tique nervoso? Está tudo bem. É só um *espasminho* que adquiri por causa de todo o trauma e todo ruído. Por causa dos estimulantes e da adrenalina, dos aplausos, da reprovação, de todas as coisas que comprei e ganhei – ah, que sorte a minha – e todas as coisas que perdi, com as quais não posso ficar, as quais não posso manter próximas, em segurança. Eu me sentia muito insegura. Sentia que não podia caminhar pela rua. Sentia que, se apagasse as luzes, alguém me atacaria. Havia muito tempo que sentia minha psique cheia de demônios. Agora, sentia que eles se escondiam também nas sombras.

Assim que voltei do Marrocos, comecei a mapear minha história com Alex Gray em detalhes, escrevendo exatamente o que ele havia feito comigo ao longo dos anos. Eu tinha certeza de que o homem que havia entrado no meu quarto era ele, e que a noite em que deixei minha porta destrancada não foi a primeira noite em que esteve se esgueirando pelo apartamento. Eu estava determinada a ligar cada ponto no que agora começava a perceber que era uma história com sete anos de incidentes.

A LOUCURA DO OUTRO

lex Gray fez contato comigo pela primeira vez no Twitter. Em
2008, ele me enviou uma série de tweets dizendo que havia
composto minha música "The Fear", uma versão demo que eu havia
publicado na minha página do MySpace em abril daquele ano
(a música só foi lançada oficialmente em janeiro de 2009). Estou
acostumada a receber mensagens horríveis e hostis nas redes sociais,
mas aqueles tweets chamaram mais a minha atenção do que outros
porque o nome de usuário dele no Twitter era @lilyallenisRIP ["Lily
Allen está descansando em paz"].

O incidente seguinte aconteceu no final daquele ano. Minha assistente, Victoria, estava trabalhando em meu apartamento quando a
campainha tocou. Quando atendeu a porta, era um homem que ela
não reconhecia. "Meu nome é Alex", disse ele. "Sou amigo de Lily.
Ela está?" Victoria disse ao interlocutor que eu não estava, mas antes
que pudesse fechar a porta, ele pegou uma pilha de correspondência
de dentro do corredor e saiu correndo.

Victoria me ligou imediatamente, e assim que cheguei em casa, chamamos a polícia.

A polícia não foi ao apartamento para falar comigo sobre isso e eu não pedi que eles o fizessem. Não relacionei o incidente ao usuário @lilyallenisRIP. Esses tweets, postados online meses antes, me alarmaram o suficiente para eu olhar a página de perfil do remetente e ver o nome dele lá, mas esse nome não se fixou na minha mente. "Alex" não provocou nada na época. Não gostei da ideia de alguém roubar minha correspondência, obviamente, mas imaginei que fosse um "fã" que sabia onde eu morava porque tinha visto os *paparazzi* lá fora dia e noite (esperando por mim, me observando, espreitando e, pode-se dizer, também me assediando enquanto eu levava minha vida privada na minha casa).

Depois disso, as cartas começaram a chegar. Eram discursos furiosos sobre "The Fear" e sobre como ele a havia composto e eu a roubara e sobre como ele estava decepcionado com o sistema social e os maus-tratos que sofria dos médicos e que eu contribuía para esses maus-tratos. As cartas eram escritas com uma caligrafia pequena em uma espiral bem enrolada e eram sinistras. Gray não as enviava simplesmente para o meu endereço residencial; ele as enviava para a minha loja de roupas, a minha gravadora e o escritório do meu empresário também.

Liguei para a polícia novamente. Eles foram ao meu apartamento, e falei sobre o que havia se tornado um padrão de comportamento relacionado a uma pessoa. Colheram um depoimento e, conforme solicitado, entreguei as cartas a eles. Eles me disseram que, se algo suspeito acontecesse, eu deveria ligar para o 999.

Em janeiro de 2009, eu estava fazendo um show em um pequeno local em Camden chamado KOKO. "The Fear" havia acabado de ser lançada oficialmente e estava subindo nas paradas (uma semana depois, tiraria Lady Gaga do primeiro lugar e permaneceria na primeira posição por quatro semanas). As coisas estavam indo bem.

A LOUCURA DO OUTRO

Eu estava no palco no meio da música quando vi uma faixa erguida por um homem com as palavras: "EU COMPUS THE FEAR. ONDE ESTÁ MEU DINHEIRO?"

Eu sabia que era o autor das cartas. Fiquei imediatamente assustada e preocupada que ele pudesse ter uma arma. Percebi, também, que eu era a única pessoa naquele momento que sabia o significado daquela faixa. Não gostei que ele soubesse que eu saberia e que estávamos, portanto, conectados por aquele conhecimento compartilhado. Mesmo assim, não paralisei nem entrei em pânico. Terminei a música e saí do palco. "Ele está aí", eu disse a Victoria. "No meio do público. Com uma faixa." Ela sabia de quem eu estava falando. Mais uma vez, chamamos a polícia.

A polícia foi ao meu apartamento no dia seguinte. Disseram que não havia muito o que pudessem fazer, porque segurar uma faixa desagradável em um show não é crime. Eles ofereceram, considerando não apenas a faixa, mas também as cartas e os tweets, a instalação de um alarme de pânico no meu apartamento e em Overtown, e aceitei a oferta. Para tentar me sentir mais segura, tomei minhas próprias medidas práticas também. Garanti que meu apartamento estivesse superseguro. Mandei instalar grades de metal nas janelas da frente, barras nas janelas dos fundos e alarmes de sensores nas portas. Quando tocava ao vivo, contratava segurança extra.

Essas coisas eram caras, mas eu tinha sorte de poder pagar por elas. A maioria das pessoas não tem os mesmos recursos. Eu fiz tudo isso e ainda não me sentia segura. Então, ainda me pergunto, como outras mulheres na mesma situação se sentem quando não têm meios para se proteger?

Eu também queria me armar mentalmente e me sentir mais preparada, então perguntei à polícia, que a essa altura me disse saber quem havia erguido a faixa (ele estivera envolvido em um processo totalmente diferente e tinha histórico de doença mental), se poderia

Eu sabia que era o autor das cartas. Fiquei imediatamente assustada e preocupada que ele pudesse ter uma arma.

ver uma fotografia de Alex Gray. Inicialmente, eles disseram que não, mas depois cederam e vieram ao meu apartamento. Rapidamente, me mostraram uma foto dele e depois foram embora, levando o retrato com eles.

A fotografia não era de alguém que eu reconhecia, e também não achei seu rosto memorável. Mesmo que tenha me assustado quando olhei para a foto, não consegui manter a imagem fugaz de Gray na minha memória.

***

Seis meses após a instalação dos alarmes, a polícia os removeu, porque as coisas ficaram tranquilas e não houve mais incidentes.

Eu estava aliviada. Imaginei que havia recebido um sinal de que tudo estava bem e tentei dizer a mim mesma que não tinha mais nada com que me preocupar. O que agora sei é que o motivo pelo qual Gray ficou quieto foi porque ele foi internado durante esse período de tempo. A vez seguinte em que soube dele foi quando irrompeu em meu quarto em outubro de 2015.

Após a desastrosa viagem a Marrakech, Seb e eu fomos trabalhar como DJs em uma festa da Chanel na Saatchi Gallery. Dan também estava conosco e, quando voltamos para o apartamento tarde naquela noite, havia algo em cima do capô do meu carro.

"Não é sua bolsa, Lily?", disse Dan.

Congelei. Era a bolsa que havia sido roubada do meu apartamento nove dias antes.

Ela havia sido queimada e era uma casca enegrecida. Meu passaporte e meus cartões de crédito haviam sido cortados e estavam ali dentro.

Liguei para a polícia mais uma vez, e mais uma vieram ao meu apartamento. Eu sabia que Gray devia estar espreitando ao redor da minha casa e fiquei com medo. Me sentia vulnerável. Me sentia

EXATAMENTE O QUE EU ACHO

sozinha. Me sentia pequena e impotente, como se aquela força maligna tivesse entrado em minha vida e eu não tivesse nenhum poder sobre ela.

É uma sensação estranha. É assustador. Claro, acontecem a todos coisas que estão além do nosso controle, e ninguém gosta disso. Lester me deixou: eu não podia controlar esse fato, e detestei isso. Fui parar no hospital depois de uma overdose de comprimidos. Mas até isso (por mais idiota e autodestrutivo que fosse) era minha maneira de tentar administrar a situação. *Volte, Lester*, eu estava gritando. *Me ajude, alguém. Estou me afogando com meu coração partido, e o que eu pensava ser meu futuro foi arrancado de debaixo dos meus pés.* E alguém me ouviu e me ajudou. Minha mãe me internou no hospital, e aos poucos fui melhorando. Meu coração se recuperou. Meu futuro estava aberto novamente, para que eu pudesse caminhar com meus próprios pés, e foi o que fiz – pelo menos por um tempo. Você é rejeitado para um trabalho que realmente queria. A pessoa que você mais deseja não retorna sua ligação. Você não consegue resistir a uma bebida, mesmo que o álcool seja proibido. Alguém querido morre inesperadamente. O coração do seu bebê para quando deveria estar batendo mais forte do que nunca. Acontecem o tempo todo coisas que parecem fora de nosso controle, mas ainda têm a ver conosco. Não são coisas estranhas à nossa psique, por mais indesejáveis que sejam. Vivemos com riscos e a morte paira sobre todos.

Aquilo era diferente. Aquilo estava fora da minha órbita.

Eu não havia desencadeado qualquer parte daquilo, pelo menos não de forma consciente ou direta. Parecia que havia uma força malévola e assustadora vindo atrás de mim, mas eu não sabia de qual direção. Eu me sentia como se aquele homem, com sua faca embaixo do suéter, sua caixa de fósforos, sua tesoura e seus gritos altos e perturbados, estivesse me observando e esperando por outra chance de chegar até mim.

A LOUCURA DO OUTRO

Isso me afetou imensamente. Violou todas as partes da minha psique. Me deixou assustada e paranoica. Fez com que eu me sentisse louca, como se estivesse sofrendo um processo lento de *gaslighting*, porque não sentia que a polícia – que ainda insistia que o que havia acontecido era um roubo simples – estivesse me ajudando em nada. Se Gray estava andando ao redor do meu apartamento, por que não havia sido pego?

O retorno da bolsa finalmente fez a polícia agir. Na manhã seguinte, instalaram um sistema de vigilância por imagens do lado de fora do apartamento e, no dia seguinte, encontraram Alex Gray e o prenderam. Fiquei aliviada com a notícia.

Imaginei que fosse ser chamada para ir à delegacia para identificar Gray e ter certeza de que o homem que eles haviam pegado era de fato o mesmo que invadira meu quarto, mas a polícia disse que não precisava da minha ajuda. Achei aquilo estranho. Sem ser convidada, fui ao tribunal no dia seguinte para testemunhar a audiência de fiança de Gray. Queria saber se ele seria libertado sob fiança. Não confiava mais na polícia para me informar sobre o que estava acontecendo.

Assim que Gray foi trazido das celas, fez contato visual comigo e começou a gritar. Foi um discurso furioso paranoico, aos berros.

"Por que devo conceder fiança a você?", o juiz perguntou a Gray, assim que ele parou de gritar.

"Porque o mundo seria um lugar melhor sem ela", disse Gray, apontando para mim. "E é para isso que estou aqui."

Fiquei feliz por Gray ter dito isso na frente do juiz. Como os policiais não estavam no tribunal naquele dia, não testemunharam a ameaça, mas o juiz, sim, e ele não concedeu fiança a Gray. Pôde ver que ele era perigoso. Foi quando decidi comparecer a todas as sessões de Gray no tribunal e ao julgamento. Era importante para mim ter o máximo de informações possível para começar a ter mais controle sobre o que estava acontecendo. Também senti que, se minha presença provocasse Gray a gritar mais ou reclamar e delirar, isso ajudaria o tribunal e o juiz a ver o quanto a situação era séria.

Também contratei um advogado, algo que a maioria das vítimas de perseguição não pode se dar ao luxo de fazer. Fiz isso principalmente para garantir que uma acusação de assédio fosse adicionada ao histórico de Gray, em vez de apenas acusação de roubo. (Isso era muito importante para mim, porque qual era o sentido de colocar Gray atrás das grades por roubar uma bolsa, quando o que ele precisava era de ajuda médica adequada em um hospital psiquiátrico?) Eu sabia que teria dúvidas decorrentes do julgamento, que ocorreria seis meses após a prisão de Gray. Contratar um advogado foi uma forma de me fortalecer. Eu sabia que não poderia simplesmente levantar a voz se algo estivesse sendo deturpado ou se as informações não estivessem sendo transmitidas. Um representante profissional no tribunal faria com que eu sentisse com controle sobre a situação.

Por meio de meu advogado, pedi para ver as cartas em espiral que Gray havia me enviado anos antes e que eu havia dado à polícia. Sabia que elas eram fundamentais para provar há quanto tempo Gray vinha me perseguindo ativamente, não apenas online, mas pessoalmente, e eu queria que os advogados de acusação tivessem as cartas como provas. Em vez das cartas, no entanto, meu advogado recebeu um e-mail: "As cartas às quais você se refere em sua carta datada de 14 de março foram procuradas", diz o e-mail. "Elas foram destruídas de acordo com o procedimento policial."

Para mim, o e-mail e o ato de destruir as cartas confirmaram que a polícia nunca levou a mim ou a qualquer coisa que eu tivesse relatado a sério. Fiquei com raiva disso. Com raiva e angustiada. Por que destruir provas assim? Por que ninguém explicava o porquê disso? Como isso estava de acordo com o procedimento policial? Eu não entendi, e a polícia do caso se recusou a esclarecer isso a mim ou ao meu advogado.

A LOUCURA DO OUTRO

Esse é um dos problemas da perseguição. Ela pode ser difícil de ser definida legalmente, mas se está acontecendo com você, não há nada de vago quanto à sua ameaça. Apesar disso, não é feito o suficiente e, muitas vezes, o problema não é levado a sério pelas autoridades. No entanto, é algo que acontece com muita frequência para muitos de nós.

De acordo com o Paladin National Stalking Advocacy Service [Serviço Nacional de Defesa contra a Perseguição Paladin], uma em cada cinco mulheres e um em cada dez homens terão a experiência de sofrerem perseguição na vida adulta. A maioria não denuncia à polícia antes de ser assediada pelo menos uma centena de vezes. Mesmo assim, parece que não há muito a ser feito: apenas 1% dos casos de perseguição e 16% dos casos de assédio resultam em acusação e processo. Mas, para começo de conversa, esses percentuais se referem apenas aos casos que chegam à polícia. Muitas mulheres (80% das vítimas são mulheres) não denunciam o crime. Mas não denunciar um crime não significa que você não esteja sofrendo. É um crime com consequências muito reais. A perseguição, bem como produzir medo em suas vítimas (crime suficiente), frequentemente culmina em violência e, às vezes, assassinato.

No fim, eu fui uma das que tiveram sorte. Meu perseguidor foi preso e, seis meses após sua prisão, ele estava indo para julgamento. Foi uma batalha. O arquivo que tenho detalhando a luta do meu advogado para que a acusação de assédio fosse adicionada à folha de acusações de Gray está repleto de documentos e correspondência. Ainda sinto raiva quando penso no quanto a polícia insistiu na tese de que o que eu havia vivenciado naquela noite no início de outubro fora um roubo e que eu estava apenas incomodando quando tudo o que queria era descobrir a verdade – que era que eu tinha um perseguidor. Gray havia invadido a minha casa. Ele estava transtornado. Ele queria me fazer mal. Eu precisava ser mantida em segurança. Ele

EXATAMENTE O QUE EU ACHO

precisava de ajuda adequada. Em vez disso, fizeram me sentir como se fosse eu quem estava ficando louca.

***

O julgamento foi em abril de 2016. Participei de todas as sessões. Ao longo desse processo, aprendi o que já estava bastante claro: Alex Gray era mentalmente doente. Em 2014, segundo sua mãe, Michelle, ele foi diagnosticado com paranoia e esquizofrenia. Ela vinha lutando contra o sistema de saúde, tentando conseguir ajuda adequada para seu filho havia 20 anos. "Ele devia estar tomando medicação", explicou ela à imprensa, "mas ninguém se certificava de que ele a tomasse. Não havia acompanhamento. Sabíamos que ele tinha uma fixação [por Lily Allen], mas não que tivesse estado perto dela. Não sabíamos que ele havia ido tão longe."

Michelle também tinha mais informações sobre o caso. Em 9 de outubro de 2015, seu filho havia lhe enviado um e-mail dizendo: *deus deve querer que eu mate essas putas falsas... elas são uma escória completa, e eu estou aqui para matar 1 delas.* No dia seguinte, ele mandou um e-mail para a mãe novamente: *consegui algum dinheiro quando estava em londres acho que foi onde também arranjei um telefone. estou tentando entrar nessa merda não dou a mínima não se surpreenda se eu for para a prisão por um longo tempo logo porque estou determinado a matar alguém no showbiz.*

Esses e-mails, que Michelle mandou imediatamente para a polícia, foram escritos uma semana depois de Gray irromper em meu quarto e um ou dois dias antes de voltar ao lado de fora do meu apartamento para jogar minha bolsa em cima do carro. O dinheiro a que ele se referiu devia ser o dinheiro que tirou da minha bolsa, e provavelmente a celebridade que ele estava determinado a matar era eu. A polícia não me contou sobre os e-mails. Nem me disse que, durante um dos depoimentos, ele disse que o que realmente queria fazer era enfiar

A LOUCURA DO OUTRO

uma faca em meu rosto. Descobri essas coisas depois do julgamento, quando meu advogado me levou a uma pequena sala de interrogatório no tribunal e me mostrou as transcrições de todas as provas que haviam sido acumuladas em torno do caso.

Achei a informação apavorante, mas fortalecedora. Queria saber contra o que estava lutando para que pudesse me proteger melhor. Pensei várias vezes nas palavras que a policial Slade me disse enquanto nos preparávamos para o julgamento, quando eu estava tentando desesperadamente adicionar assédio à acusação de roubo contra Gray: "quem quer que ele seja", ela disse, me tratando com condescendência, "não é um homem perigoso". Já era ruim o suficiente que Slade se recusasse a me levar a sério, mas, dado que foi depois que Gray dissera à polícia que queria me esfaquear, também era uma mentira absoluta.

A maioria das vítimas não tem o luxo de um advogado particular para ajudá-las a negociar o sistema judicial e os protocolos de provas. O julgamento me custou 40 mil libras em honorários, o que mostra como é impossível para qualquer vítima que não seja rica pagar ajuda jurídica extra. Mais uma vez, outra quantia absurda de dinheiro que, para mim, parecia uma despesa abstrata. Não me ressenti de pagá-la, mas ela aumentou minha percepção confusa do valor do tempo e do trabalho, e ajudou ainda mais a desvalorizar a moeda em meu pequeno reino com sua própria economia louca e crescente.

No início de junho, Gray foi condenado no tribunal de Harrow Crown após ser considerado culpado por roubo e perseguição, causando alarme e perturbação. O juiz, com razão, não o mandou para a prisão, mas o deteve indefinidamente sob a Lei de Saúde Mental. Ele foi internado e permanecerá assim até que seja decidido que está bem o suficiente para receber alta. O Ministro do Interior terá de aprovar isso, então não é algo que possa passar despercebido. A doença de Gray foi finalmente levada a sério.

MAIS FORTE

Achei profundamente perturbador ser perseguida. Não fiquei fisicamente ferida, mas demorei muito para me recuperar. Deixei meu apartamento (o apartamento que tinha havia sete anos) dias depois que Gray foi preso e aluguei uma casinha em uma área mais movimentada de Londres. Isso significava que nossa vida familiar logo se fragmentou ainda mais. Sim, Sam e eu tínhamos nos separado, e ele havia encontrado um lugar novo para morar, mas, de repente não tínhamos o luxo de manter as meninas acomodadas enquanto nós dois dedicávamos nosso tempo para encontrar e estabelecer novos ninhos adequados, em vez de lugares para ficar no curto prazo.

Aquele apartamento não era mais um lar porque não era mais um lugar seguro para mim ou minhas filhas. Qualquer tipo de vida familiar lá havia se tornado insustentável. Eu sentia que minhas filhas correriam perigo se ficassem em Londres, mas não queria que voltassem para Overtown, que fica isolado no final de uma via particular, sem Sam ou eu lá. Eu as queria rodeadas pelo maior número de pessoas possível.

Era como se eu não conseguisse corpos suficientes para ter entre elas e o mundo. Então, eu as enviei, junto com Jess, para ficarem na Soho House em Oxfordshire por dez dias enquanto eu procurava por um novo lugar para morarmos em Londres.

Foi nessa época que me afastei do mundo. Durante seis meses, não liguei para meus amigos. Raramente saía e, quando saía, era bem desastroso. Eu me sentia exausta, traumatizada e muito, muito isolada. Trabalhei pouco, exceto pelo trabalho de me manter a par do caso, que parecia um emprego de tempo integral. Dediquei o resto da minha energia para montar uma nova casa para mim e as meninas, decorando nosso novo apartamento alugado. Fiquei doente, com a maior parte da dor no abdômen.

Fiz um exame para doença de Crohn depois de encontrar sangue na minha merda, mas o resultado não denunciou nada, e fui encaminhada à ginecologista para ver se ela poderia esclarecer o que estava acontecendo comigo. Ela explicou que o sangue provavelmente não estava vindo do intestino, mas era mais provável que fosse sangue menstrual, mesmo que eu não estivesse esperando menstruar – minha menstruação havia praticamente cessado desde que eu coloquei um DIU hormonal após ter Marnie. Era comum, explicou a ginecologista, que as mulheres armazenassem traumas no abdômen e o aparelho reprodutor fosse alertado por acontecimentos traumáticos, desencadeando menstruações inesperadas e dores. Presumivelmente, é uma forma do corpo se desligar e recusar-se a procriar quando se sente em perigo. Certamente, todos sabemos como tudo está conectado: se entrarmos em pânico, sentiremos por todo o corpo, não ficaremos apenas pensando, mesmo que tudo esteja acontecendo dentro da cabeça. Mas o que estava acontecendo comigo não era apenas na minha cabeça, de qualquer maneira. Meu eu físico havia sido ameaçado, por isso não fiquei surpresa por ter reagido em todas as partes do meu corpo.

MAIS FORTE

Não há cura milagrosa para o sentimento de trauma. Eu podia tomar analgésicos para minhas dores menstruais intensas, mas, principalmente, para me sentir melhor, eu apenas precisava melhorar e sarar, lenta e gradualmente, com o passar dos meses.

Enquanto trabalhava no caso, esperei pelo que imaginava que aconteceria, que era a história se espalhar pelos tabloides. Eu não queria estar na capa do *The Sun*, nem um pouco, mas quando os tabloides colocam você em suas páginas por comprar uma bicicleta ou fumar um cigarro ou simplesmente sair de casa e ser mulher e ter uma bunda, quando você convive com isso como sua realidade diária por *anos*, parece estranho e inimaginável o fato de sua casa ter sido invadida e sua vida potencialmente ameaçada por um maluco ser recebido com silêncio pela imprensa.

Antes de Alex Gray invadir meu apartamento, parte da minha rotina de limpeza todas as semanas era lidar com e-mails de editores de tabloides me pedindo para confirmar ou negar coisas que haviam ou não acontecido. *Ouvimos dizer que você não consegue pagar seus impostos. Verdadeiro ou falso? Sua filha está frequentando esta creche, correto? Você está vendendo sua casa? Você comprou um carro?* Recebo esse tipo de e-mail todas as semanas, muitas vezes, todos os dias. Portanto, o fato de ninguém estar publicando ou me perguntando a respeito daquela história – uma história real e verdadeira – não fazia nenhum sentido.

Repassei essa questão várias vezes na minha cabeça. Parecia inconcebível que os editores e repórteres não soubessem de nada. Sabemos, pelo inquérito Leveson, como é complicado e próximo o relacionamento entre os tabloides e a polícia, e a rapidez com que as informações são compartilhadas entre as duas instituições. Então, pelo que eles estavam esperando? Esperavam uma condenação para que pudessem adaptar sua história? Estavam esperando que de alguma forma Gray escapasse, para que eu pudesse ser descrita como a parte culpada? A Lily-caricatura é sempre culpada no mundo dos

Não há cura milagrosa para o sentimento de trauma. Eu podia tomar analgésicos para minhas dores menstruais intensas, mas, principalmente, para me sentir melhor, eu apenas precisava melhorar e sarar, lenta e gradualmente, com o passar dos meses.

tabloides. E eu também me sentia culpada. Ainda estava vivendo em uma nuvem de culpa e vergonha pelo fracasso do meu casamento.

Imaginei a capa do *The Sun*: "Perseguidor encontra Lily e amante na cama juntos". O amante, meu namorado Dan, que me protegeu e conseguiu tirar Gray de casa, é negro. Ele cresceu em Tottenham, em uma propriedade municipal. Eu não sabia muito sobre o passado dele naquela época, mas tinha certeza de que eles encontrariam algo para humilhá-lo. Fiquei imaginando a história embaixo da manchete. *Pobre Sam, o cara branco de classe média, criando as crianças incansavelmente, foi traído pela sacana da Lily fazendo sexo com um qualquer. Escória. Ela merece tudo o que acontece com ela.* Quem sabe por que a história não saiu dos tabloides? Será que o fato de eu ser uma vítima não se encaixa na narrativa deles a meu respeito? Eles estavam à espera de algo? Estavam preparando algo pior?

Percebi que poderia continuar imaginando situações cada vez mais horríveis ou poderia assumir o controle da situação. Minha mãe e eu – vínhamos reparando gradualmente nosso relacionamento nos últimos meses – conversamos sobre isso, e ela sugeriu que eu enviasse um e-mail a Catherine Mayer, jornalista, autora e cofundadora do Partido da Igualdade Feminina. Mamãe disse que Catherine seria uma pessoa sábia para conversar e me ajudaria a seguir na direção certa, e ela estava certa. Foi Catherine quem sugeriu uma reunião com o Paladin e foi ela quem me acompanhou a uma reunião para contar às mulheres de lá minha história sobre ter sido perseguida.

Foi a primeira vez que contei toda a história, incluindo o que havia acontecido com a polícia e no julgamento, para alguém fora da minha família. Catherine e as mulheres do Paladin ficaram perplexas e chocadas. Não conseguiam acreditar no que eu dizia. "Você tem os e-mails enviados e recebidos da polícia para provar o que você está dizendo?", perguntaram. "Tem a correspondência deles dizendo que as cartas que você entregou a eles, que eram uma prova, foram destruídas, sem qualquer explicação do motivo? Você pode nos mostrar essas coisas?" Eu disse que tinha e que mostraria.

Com a reação delas, pela primeira vez me senti confortada. Finalmente, sentia que poderia começar a processar o que havia acontecido comigo. Antes, eu me sentia sabotada a cada passo e como se minha recusa em aceitar que havia sido vítima de um roubo de bolsa tivesse sido alimentada apenas por meu próprio desejo de atenção e melodrama. Agora, pela primeira vez, sentia que tinha a permissão de reconhecer que havia passado por algo assustador, pessoal e sério.

Quando a reunião terminou e eu estava dirigindo de volta para casa, Catherine me ligou. "Olhe só", ela me disse. "Semana que vem é a Semana de Conscientização sobre Perseguição. Podemos fazer algo que realmente fará a diferença. Você está disposta a contar a história para a imprensa, se a situação for tratada de maneira responsável e verdadeira?"

Eu disse que sim. O que eu mais queria era registrar a verdade, e aquela parecia a maneira mais rápida e eficaz de fazer isso. Se isso, por sua vez, ajudasse a fortalecer a questão da perseguição em um momento posterior, tanto melhor.

Foi Catherine quem providenciou para que eu falasse com Tracy McVeigh, uma jornalista do *Observer*. Tracy foi ao meu apartamento e fez uma entrevista extensa. Ela foi tranquilizadora. "Os fatos falam por si", disse ela, simplesmente. "Você foi maltratada." Mais uma vez, senti alívio. Ali estava outra mulher adulta e sensata me dizendo: *Isso não está certo. Seus sentimentos são adequados. Você está claramente vulnerável e sofreu um processo de* gaslighting.

Naquele domingo, apareci na capa do jornal *Observer* e de sua revista. A reportagem era o principal destaque da revista. Aquela primeira página do *Observer*, datada de domingo, 17 de abril de 2016, é o único recorte de jornal de meus anos aos olhos do público que guardo comigo. Eu o emoldurei, e ele está pendurado na parede da minha sala de estar. Para mim, representa a única vez em que eu estive no controle e fui representada na mídia de maneira justa e neutra, sem lisonja ou difamação.

Duas coisas imediatas e significativas aconteceram em reação ao artigo do *Observer*. Um: a polícia veio me visitar e pediu desculpas. Os policiais disseram que investigariam o que havia acontecido de errado. Eles não fizeram isso. Em vez disso, escreveram uma carta culpando-me por potencialmente evitar que outras vítimas procurassem ajuda policial.

"Prezada Sra. Cooper", diz a carta. "Deixei uma mensagem de voz para você me ligar quando for conveniente. Como sabe, notícias na imprensa sugeriram que a senhora está insatisfeita com a resposta que recebeu. Além disso, devido ao grande destaque do assunto, receio que outras vítimas de crimes semelhantes possam ter lido a reportagem e agora talvez não tenham confiança em nós para relatar tais assuntos. Por conta disso, é muito importante que eu possa entender o que deu errado durante a investigação, se é que houve algo. Me entristeceu saber desse relato, por isso, gostaria de ouvir sua opinião sobre como melhorar."

A segunda coisa que aconteceu foi uma mensagem direta via Twitter da jornalista Kirsty Wark. "Li o artigo no *Observer*", escreveu ela, "e quero fazer algo a respeito. Tudo bem se meu produtor ligar para você?"

Falei longamente com Ian Katz, o produtor do *Newsnight*. Ele foi mais comedido do que Catherine, Tracy e as mulheres do Paladin. Ele queria encontrar alguma lacuna na história, mas, ao longo dos anos, minha assistente Vicky e eu havíamos registrado tudo. Com exceção das cartas que demos à polícia e que foram destruídas, documentamos cuidadosamente cada tweet e mensagem de Instagram alarmante de Alex Gray, bem como os vários boletins policiais registrados ao longo dos anos. Eu era capaz de dizer a ele quantas vezes meu advogado ou minha assistente ligaram ou mandaram um e-mail para os policiais responsáveis pelo meu caso, pedindo ajuda ou um algum relatório de progresso, e foram repetidamente ignorados. Era capaz de garantir a Ian Katz que não estava exagerando no drama. Eu não queria reclamar de Alex Gray. Eu não queria falar sobre mim mesma. Queria falar sobre a situação e a reação da polícia a ela. Pensei: *Se uma moça branca com dois filhos, vivendo em um distrito eleitoral rico e conservador* (na época) *e com um monte de dinheiro para pagar advogados pode ser maltratada assim, imagine o que mais está acontecendo.*

Se aquilo havia acontecido comigo, o que estava acontecendo com as meninas agredidas e vulneráveis por aí, sem dinheiro, sem advogados e sem guarda-costas particulares? Essa outra garota sequer existe no sistema? Ela consegue fazer denúncias? A voz dela é ouvida? Com que frequência? Com que intensidade? É nisso que estou mais interessada. Se eu me sinto perturbada e tenho tudo, como todas as outras vítimas devem se sentir perturbadas, e por que nada está sendo feito a respeito?

Depois de contar a história de forma técnica para Ian, jantei com Kirsty Wark e conversamos mais um pouco sobre o assunto. Ela lera todas as informações que eu tinha dado a Tracy e Ian, e fizemos uma chamada de vídeo naquela noite. No dia seguinte, em uma pequena sala de eventos no Charlotte Street Hotel, em Londres, filmamos a entrevista, uma seção da qual foi no *Newsnight* da noite seguinte, com a versão mais longa disponível para assistir no site da BBC.

A partir daquele momento, comecei a sentir que poderia superar. Um ano depois, enquanto escrevo isto, estou apenas começando a *sentir* uma superação concreta, mas, naquela época, eu finalmente pensei: *A informação está sendo divulgada corretamente. As rodas voltaram a girar. Eu não inventei tudo aquilo, nem estava louca.*

E pensei em quem foi que me ajudou, quem foi que me escutou e fez as coisas darem certo, quem disse a verdade e agiu com res-

Se aquilo havia acontecido comigo, o que estava acontecendo com as meninas agredidas e vulneráveis por aí, sem dinheiro, sem advogados e sem guarda-costas particulares?

ponsabilidade: foram as mulheres da minha vida, ou as que eu havia conhecido.

Foi minha mãe, Alison. Foi Catherine Meyer. Foram as mulheres do Paladin. Foi Tracy McVeigh. Foi Kirsty Wark. Com meu casamento acabando e um grupo de mulheres me ajudando a enfrentar uma das experiências mais traumáticas e chocantes de minha vida, comecei a perceber que poderia sobreviver e depois, talvez, prosperar sozinha. Que talvez estivesse na hora de lidar com aquele enorme vício furioso que tantas vezes passa despercebido porque não afeta a fala, prejudica o fígado ou faz o coração parar — pelo menos não biologicamente.

Estou falando sobre a codependência.

Percebi que estava na hora de começar a viver minha vida como mãe, compositora e cantora, em minhas próprias condições.

COLAPSO

Se ao menos fosse tão fácil.

A decisão de mudar um padrão de comportamento é admirável: *Ótimo! Vá em frente, garota!* Perceber que você é um ser humano disfuncional é honesto e exige autoconsciência e percepção. E é corajoso enfrentar essa disfunção. Mas a mudança real não acontece da noite para o dia. Porra, dá trabalho. Quer dizer, eu cresci testemunhando minha mãe e minha irmã em seu próprio relacionamento codependente, e era isso que eu desejava. Esse também se tornou meu modelo para o que eu imaginava ser um relacionamento carinhoso. Eu queria compartilhar o mesmo tipo de círculo mágico em que acreditava que elas viviam. Estava farta da solidão e, assim que conheci Lester, foi o que fiz. Tornei nosso relacionamento tão importante que senti que minha vida dependia dele.

Repeti esse padrão de precisar de alguém ao meu redor o tempo todo várias vezes. Se estava entre um namorado e outro, fazia questão de me apegar firmemente a Jess ou Miquita ou, caso elas esti-

Repeti esse padrão
de precisar de
alguém ao meu
redor o tempo todo
várias vezes.

COLAPSO

vessem ausentes, a uma de minhas assistentes. Se estava saindo com alguém – mesmo que fosse um casinho qualquer –, me convencia de que era o começo de algo grande. Corri para a maternidade e o casamento com Sam sem dedicar tempo suficiente para construir nosso relacionamento como algo que pudesse sobreviver aos desafios que qualquer casal inevitavelmente enfrenta. E fiz isso usando alicerces instáveis. Se eu era a pedra angular da nossa vida familiar, não admira que o pequeno edifício que fizemos juntos tenha desabado. Para começar, eu já não era estável, e minha carreira como artista pop fazia com que eu me sentisse profundamente fragmentada como pessoa. Isso significava que eu não era capaz de lidar bem com as tempestades que inevitavelmente surgiam.

Quando George morreu, minha reação inicial foi beber e depois engravidar o mais rápido possível. Quando senti que minha primeira filha, Ethel, estava me rejeitando, não procurei por ajuda adequada para o que provavelmente era depressão pós-parto. Em vez disso, tive outra filha. Depois que Marnie nasceu, eu deveria ter parado e lidado com as questões diante de mim: demandas financeiras, depressão pós-parto e descobrir como melhor combinar meu trabalho com a maternidade. Em vez disso, peguei a estrada para resolver um dos problemas e fazer com que o dinheiro voltasse para o nosso ecossistema... mas ignorei os demais. Eles pioraram.

Cheguei a um ponto de crise. Precisei admitir a derrota e terminar meu casamento, o que significou enfrentar o fato de que eu não havia conseguido formar uma parceria para a vida toda. Não havia conseguido construir o círculo mágico. Não havia conseguido ser confiável como esposa e nem depender de Sam para todas as minhas necessidades. E assim vai. Estava na hora de começar de baixo para cima, começando por me desvencilhar de Sam de forma adequada e, com ele, a identidade que eu havia construído como Sra. Cooper. No entanto, é difícil se desapegar de algo assim – a pessoa que você desejava ser, se esforçou para criar e construiu uma casa inteira ao redor – sem que voem alguns estilhaços.

**

Um ano depois, muitos estilhaços voaram. Eu não apenas perdi o controle, como fiz na sessão de fotos de Marrakesh, eu perdi a cabeça. Eu explodi.

Já fazia muito tempo que isso estava por vir. Logo após tomar a decisão de vender Overtown, no inverno de 2016, fui passar o fim de semana lá com as meninas. Estava triste por aquela ser uma das últimas vezes que estaríamos juntas naquela casa, o lugar que elas amavam, e me sentia infeliz que o motivo de tudo isso era o fato de que Sam e eu não havíamos conseguido fazer nosso casamento dar certo. Não podíamos nos dar ao luxo de manter Overtown, e ter de vendê-la simbolizava o quanto falháramos em manter nossa família unida, como havíamos planejado.

A viagem de carro de volta a Londres naquela noite de domingo levou muito tempo. Eu estava cansada, exausta. Estava com dor de cabeça. O trânsito estava péssimo. Quando finalmente chegamos em casa, preparei o jantar para as meninas e as coloquei na cama. Em seguida, embalei seus lanches para o dia seguinte na escola e na creche e comecei a preparar algo para comer sem muito entusiasmo. É solitário fazer as coisas de domingo à noite sozinha.

A dor de cabeça que começou quando eu estava dirigindo piorou e ficou insuportável. Piorou tanto que comecei a me preocupar. Liguei para Sam. Naquele momento, estávamos fazendo o máximo para sermos amigos e, como ainda estávamos presos aos vestígios de nossa codependência, não éramos apenas amigos, mas *melhores* amigos. Conversávamos dez vezes por dia. Íamos à terapia de casal. Compartilhávamos a guarda das crianças meio a meio. Ajudávamos um ao outro para levá-las e buscá-las. Tomávamos café da manhã juntos uma vez por semana com as meninas antes da escola. Tudo isso era positivo, mas também sinalizava como era difícil para nós dois deixarmos o outro partir para o futuro sem ficarmos de olho. Você pode decidir desistir de um casamento durante um jantar, mas desfazer uma vida que você teceu com alguém é mais difícil. Leva tempo, e fazer isso com elegância exige muita coragem e generosidade. Nem sempre conseguimos isso.

Percebi ao telefone que Sam estava com alguém quando liguei, e notei que era uma garota. Ele veio para se certificar de que eu estava bem, mas estava distante. Claramente mal podia esperar para ir embora. Percebi que havia atrapalhado a noite dele.

Perguntei a ele sobre isso na manhã seguinte. "Olha", eu disse, "você obviamente está saindo com alguém e isso é bom. Mas é estranho que você não tenha me contado." Como parte de nossa terapia de separação, Sam havia insistido que eu escrevesse todos os detalhes de minhas infidelidades. Foi humilhante fazer isso, mas Sam foi inflexível sobre a necessidade de saber, então eu escrevi. Também contei a ele quando fiquei com Dan, e exatamente quem Dan era, embora seus caminhos jamais se cruzassem.

Eu sentia como se tivéssemos concordado em sermos os mais abertos possível sobre nossas vidas, e agora ele estava escondendo aquilo de mim. "Não é da sua conta", ele dizia. "Não é nada demais. Por que você precisa saber?"

"Porque", respondi, "não saber está mexendo com a minha cabeça". Finalmente, ele me contou. E isso mexeu ainda mais com a minha cabeça.

Sam estava saindo com uma garota chamada Georgie. Georgie é uma *socialite* linda, com pernas incrivelmente compridas e cabelo loiro. Francamente, eu teria preferido que ele começasse a namorar alguém mais baixo e mais atarracado do que eu, mas o que se pode fazer? O que eu achei difícil foi que ela parecia ser amiga de muitas pessoas da minha vida. Pude ver no Instagram que ela havia feito uma viagem de carro pelos Estados Unidos com a garota com quem Lester saiu imediatamente depois de me dar o fora. Lá estavam elas, posando juntas de biquíni no Arizona. Outra fotografia, mais recente, mostrava ela saindo com a minha assistente. E ela esteve em um pub com Mark Ronson, com quem eu estava trabalhando no estúdio naquele momento. Ela havia bebido com outros amigos também. Todos tinham estado nas casas uns dos outros, saindo juntos.

Parecia que ela e Sam como casal estavam *pertinho* de mim, mas fora da minha visão. Senti como se eu estivesse em um canto, sempre lidando com todo mundo falando *sobre* os detalhes íntimos da minha vida, mas sem ninguém realmente me dizendo nada que pudesse ser relevante ou útil *para* minha vida. Senti como se ninguém estivesse sequer tentando vir para o meu canto. Achei isso frustrante. A sensação era: *Porra, é esse o meu nível de solidão agora.* E, no entanto, ninguém havia me traído. Ninguém havia feito nada de errado. Todo mundo estava cuidando das suas vidas. Era só que eu estava fora de tudo. Eu não conseguia sequer justificar o sentimento de raiva. Pelo menos, era o que eu dizia a mim mesma.

Às vezes, deixo a paranoia surgir, como se eu estivesse cercada por uma teia de segredos. Eu sentia como se Sam tivesse um plano e que ele não estava me contando sobre seu relacionamento porque logo iríamos vender Overtown, e convinha a ele que eu fosse a malvada e ele o que havia sido deixado sozinho e arrasado. De qualquer forma, eu me sentia isolada e uma pária na minha própria vida. Podem não ter sido sentimentos válidos, mas eu os senti. Afinal, são os sentimentos com os quais estou mais familiarizada e acho fácil retornar e às vezes chafurdar neles. É enlouquecedor, eu sei.

Passei a semana em uma névoa de tristeza e desespero. As meninas passaram a semana com Sam e, na sexta-feira, eu havia chegado a

COLAPSO

um lugar horrível. Estava me sentindo desolada. Tomei muitos remédios para dormir e dormi por muito tempo. Lembro-me de acordar e pensar: *Não quero acordar, então tomei mais comprimidos.* Pobre Dan. Ele esteve comigo durante tudo isso. Não que eu o deixasse me ajudar. Não deve ser fácil ver alguém que você ama desmoronar por causa do ex-marido. Mas Dan não é narcisista. Ele não fez a questão girar em torno dele. Apenas tentou me ajudar e não foi embora.

Na noite de domingo, aparentemente, eu acordei. Eu não me lembro de nada. Eu estava no automático, como se meu corpo tivesse sido assumido por outra pessoa. De acordo com Dan, pulei da cama, peguei as chaves do meu carro e disse que ia me atirar de carro de uma ponte. Ele tentou me impedir de sair, mas eu estava decidida.

Eu não fui até uma ponte. Fui para a casa de Sam. A essa altura, Dan havia ligado para Alfie e minha mãe em pânico. Mamãe sabia que eu estaria na casa de Sam.

"Sim", Sam disse, quando ela ligou para ele. "Ela está aqui. Mas você precisa vir buscá-la. Ela está se comportando como uma psicótica." Aparentemente, eu estava gritando, puxando as cortinas, quebrando tudo o que podia e chutando as paredes.

O que mais me aborrece em relação ao meu colapso é que as meninas me viram na casa de Sam. Elas me viram enlouquecendo. Passei grande parte da minha infância vendo minha mãe chorar e, claro, é bom que as crianças vejam seus pais chorando (às vezes). Mas não é o papel delas serem consoladoras. Não quero que minhas filhas se lembrem de quando eram pequenas e associem essa época ao fato da mãe delas estar triste. Não é assim que a vida deveria ser. A vida é preciosa e bela e deve ser celebrada. Quem eu estou enganando, certo? Mas, ainda assim. É mesmo. Todos sabemos disso, mesmo quando não conseguimos enxergar. Quero pelo menos tentar transmitir essa mensagem às minhas filhas, mesmo que nem sempre seja possível, mesmo que muitas vezes eu não consiga espalhar a boa palavra atra-

EXATAMENTE O QUE EU ACHO

vés do meu próprio ser. Mas, naquela noite, minhas filhas viram a mãe delas enlouquecendo. Elas ficaram assustadas. Eu gostaria de poder mudar isso. Gostaria que aquilo não tivesse acontecido.

Mamãe e Aaron, o parceiro da minha mãe, foram me buscar na casa de Sam e me levaram para casa. Eu dormi. Mamãe passou a noite comigo.

Na manhã seguinte, acordei e comecei novamente. Puta que pariu, eu tenho energia quando estou louca. Preciso reconhecer que sou uma vadia determinada. Comecei a me automutilar mais, quebrei mais vidros, gritei, chutei e berrei mais. Pobre mamãe. Ela ligou para minha madrinha, Henrietta, que mora perto, e ela foi direto ao nosso encontro. Eu a cumprimentei apagando um cigarro na minha mão e batendo a cabeça várias vezes na porta do armário.

"Alison", disse Henrietta com naturalidade, "precisamos chamar o médico. Ela está fora de si."

E eu estava. Apesar de todas as minhas decisões intermináveis para melhorar e ficar sã, me endireitar, ficar sozinha, ficar bem e me manter saudável, em novembro de 2016, eu estava fora de mim. Fui internada num hospital.

Eu não usava mais drogas e não estava usando desde que fiquei limpa depois da turnê *Sheezus*. Mas quando fui internada na clínica Nightingale depois do colapso na casa de Sam, fui medicada. Eu não queria tomar medicação, mas existem consequências quando se tem um episódio psicótico.

O hospital não precisou ouvir minha mãe descrever meu comportamento, porque eu também perdi a cabeça lá, quando me disseram que eu não poderia ir embora. Eu não queria tomar os comprimidos que estavam me dando, mas eles me disseram que eu não tinha escolha. "Ou você toma essas pílulas", eles disseram, "ou será internada à força".

"Eu sou um paciente voluntária", berrei para eles. "Vocês não podem fazer isso."

Na manhã
seguinte, acordei
e comecei
novamente. Puta
que pariu, eu tenho
energia quando
estou louca.
Preciso reconhecer
que sou uma vadia
determinada.

EXATAMENTE O QUE EU ACHO

"Podemos", responderam eles, "e internaremos, a menos que você tome os comprimidos. E, para seu conhecimento, sua vida vai mudar depois que você for internada à força. Terá entrada negada em determinados países e, mais importante, o serviço social passará a verificar você e suas filhas regularmente até os 18 anos delas."

Eles explicaram tudo. Fiquei furiosa. Mas as explosões psicóticas vinham diretamente da raiva que eu havia reprimido dentro de mim por tanto tempo. Descobrir que Sam estava saindo com outra pessoa fez com que, pela primeira vez, eu sentisse raiva por tudo o que havia acontecido em nosso casamento e separação. Não era simplesmente por Sam estar em um novo relacionamento. Fiquei com raiva de Sam, ponto. Eu havia carregado muita culpa e sentido muita vergonha pelo que eu havia feito durante muito tempo. Agora, tudo que eu conseguia pensar era: *Espere um minuto. Você jurou me amar e me proteger e não conseguiu cumprir. Você me enviou em turnê em um estado traumático. Você assumiu a responsabilidade de me salvar quando nos conhecemos, então sabia exatamente o ambiente para o qual eu estava indo, sozinha, sem minhas filhas e sem apoio, e ainda assim você me deixou ir.*

Claro, na realidade, nós dois éramos culpados pelo que havia acontecido. Mas minha raiva, por mais destrutiva que fosse, marcou um novo começo. Ela era real. Eu havia abandonado minha carapaça. Era *eu* gritando, berrando, chutando e xingando. O que saiu do meu colapso foi o começo de um sentimento de poder. Eu sempre assumi a responsabilidade pelo que havia acontecido entre mim e Sam, mas ali, pela primeira vez, comecei a pensar: *Não é tudo culpa minha.* Eu não tenho que ficar no canto do castigo sozinha, encolhida e pedindo desculpas. Eu posso me levantar e seguir em frente.

Comecei a me recuperar. Tomei os comprimidos antipsicóticos, embora não quisesse. Às vezes, é preciso fazer o que nos mandam.

Depois de dois meses, parei de tomá-los, diminuindo a dose lentamente, como aconselhado. Não senti falta deles. Não sinto falta de drogas pesadas agora que não as tomo mais. Eu bebo, mas não em excesso. Não sinto falta de ficar alta.

Eu estava dirigindo para a casa de um amigo em um sábado de manhã recentemente quando vi um casal de vinte e poucos anos subindo a Ladbroke Grove de braços dados, ainda usando seus trapos de sexta à noite. Eles claramente não tinham ido para a cama. Eu os observei enquanto esperava em um conjunto de semáforos, e senti todo o meu corpo pesado. Eu podia imaginar exatamente o que os dois haviam feito a noite toda, as conversas que tiveram, as drogas que tomaram e como estavam se sentindo naquela manhã. *Aproveitem, pessoal*, pensei. *Aproveite a caminhada e o barato.*

Então eu olhei para trás, para minhas duas filhas presas em suas cadeirinhas, conversando uma com a outra, e pensei: *É aqui que eu devo estar.*

ADIANTE

Cerca de um mês antes do meu colapso, fui para Calais. Você deve ter visto na televisão uma gravação comigo, conversando com um jovem adolescente do Afeganistão. Parece que todo mundo viu. Eu comecei a chorar conversando com ele e depois me desculpei "em nome do meu país", porque a mim me pareceu claro que, quando se tratava da Selva de Calais, éramos todos cúmplices de um abandono do dever. Fui lá não para me tornar notícia, mas porque uma amiga minha chamada Josie começou a trabalhar para o fundo de caridade Help Refugees e queria destacar a questão das crianças refugiadas desacompanhadas tendo negada uma entrada segura para o Reino Unido.

Não pude – nem quis – dizer não quando ela me convidou para ver com meus próprios olhos como era. Eu sempre tive uma opinião forte sobre os benefícios de viver em uma sociedade inclusiva e, como londrina, experimento esses benefícios todos os dias. Tive o privilégio de crescer em meio a pessoas do mundo todo. *Claro* que devemos receber crianças refugiadas em nosso país. Como se pudéssemos fazer qualquer outra coisa. Não se rejeita crianças. Isso é impensável. Mas, para falar mais sobre isso, eu queria estar mais informada. Queria ver a Selva com meus próprios olhos.

Era uma enorme favela. As pessoas eram amigáveis conosco, mas dava para ver como as coisas podiam se tornar perigosas facilmente. A gente vê muitos jovens tendo de sobreviver sozinhos. Eu me preocupava especialmente com as meninas. Foi quando me desculpei, em lágrimas, ao jovem garoto afegão. Gostaria de não ter feito isso. Não foi apropriado, e eu gostaria de ter conseguido manter a compostura. Foi quando também pedi desculpas a ele "em nome do meu país". Foi uma coisa atrapalhada de se dizer. Eu queria dizer "sinto muito" e queria reconhecer que eu era parte do problema e que todos seríamos parte do problema se não fizéssemos mais para ajudar. As palavras saíram mal, e por isso eu me senti uma boba. Fiquei envergonhada por ter colocado a questão daquela forma. Eu às vezes sou uma idiota. Mas minhas intenções eram sinceras e sem qualquer objetivo por trás. Eu só queria ajudar, com cada pequena ação que eu pudesse.

Fui muito criticada por minha visita a Calais. Eu sempre fui trollada e atacadas nas redes sociais, mas, depois de Calais, o *bullying* online pelo qual passava foi às alturas. As pessoas tiraram conclusões precipitadas e fizeram suposições sobre tudo o que eu disse: quando eu disse, por exemplo, que acreditava que nossa invasão do Iraque havia sido errada, fui acusada de caluniar as Forças Armadas como um todo. As pessoas escreveram em termos violentos sobre o que gostariam de fazer comigo e o que eu merecia. Muitas vezes incluíram minhas filhas ao debaterem minhas punições. Tudo isso me impactou.

***

E ainda me impacta e o *bullying* continua, e às vezes eu reajo. Sei que as pessoas dizem: *Ah, apenas ignore os tweets, os comentários e o assédio*

ADIANTE

e bloqueie os assediadores que isso vai embora. Às vezes, eu faço isso, mas eu também penso: *Não.* Ignorar os agressores e permitir que eles expressem intolerância e ameacem com violência sem repreensão ou compensação é um tipo de silêncio no qual não tenho interesse.

Não reajo bem a ser intimidada ou encurralada. Eu não quero ficar em silêncio. É por isso que continuo twittando – embora meu *feed* do Twitter seja sequestrado por pessoas que fazem comentários cheios de ódio. Muitas vezes, isso assume a forma de homens usando insistentemente as mesmas três acusações contra mim para validar seu ponto de vista e ganhar a discussão. As acusações são 1) eu sou uma mãe ruim; 2) sou famosa por causa do meu pai; e 3) sou burra. Em outras palavras, o que eles fazem é me menosprezar. Porque se você gritar com alguém o suficiente e disser que ela é uma mulher burra que não estaria em lugar algum sem o pai, ela vai calar a boca, certo?

Exemplo: Eu estava twittando sobre um discurso de Theresa May recentemente, e alguém twittou: "Ei, Lily, posso cheirar suas partes íntimas?".

Eu respondi: "Sim, claro, mas talvez você queira esperar porque eu estou de chico".

Meu *feed* do Twitter enlouqueceu. As pessoas ficaram indignadas. "Como você pode dizer isso?", diziam os tweets. "Não é de admirar que todo mundo odeie você se você fala assim", continuaram.

Eu fiquei, tipo: *Em que planeta estamos? O cara acabou de pedir para cheirar minhas partes íntimas, mas menciono minha menstruação e eu é que sou nojenta?*

Não acho que os homens que dirigem os tabloides e me repreendem no Twitter gostem muito de mulheres. Não apenas mulheres. Acho que eles têm medo de qualquer um que não seja como eles, que não seja branco, de classe média e homem. Porque aqueles homens que comandam as coisas não são necessariamente mais inteligentes ou melhores do que todos os outros, mas, por alguma razão, eles con-

EXATAMENTE O QUE EU ACHO

seguiram ditar todas as regras durante centenas e centenas de anos. Não admira que fiquem ressentidos e na defensiva quando o resto de nós sinta raiva e decida querer um pouco do que eles têm. Então, é tipo, "NÃO. *Você* não pode ter um pedaço. Você é nojenta, você tem uma vagina. Não, você também *não* vai ter nenhum pedaço, porque você é negro e é um criminoso. E *você?* Você é asiático, provavelmente tem uma bomba escondida aí, então também não tem direito a nada. Como vocês todos estão me ameaçando, vou difamar e atacar vocês o máximo que puder para silenciá-los e envergonhá-los".

Eu não quero ficar em silêncio. As mulheres foram silenciadas por milênios, e eu não vou fazer parte disso. Eu quero falar, e se isso significa que às vezes eu fale algo errado, então eu deveria ser capaz de me corrigir, pedir desculpas, seguir em frente e *ainda* continuar falando. Como mulher, não devo ser um anjo, uma santa ou uma mártir, nem ter respostas enciclopédicas perfeitas o tempo todo. Sou apenas uma mulher e, como todas as mulheres, não peço tratamento especial. Como todas as mulheres, peço apenas não ser reprimida ou silenciada.

Eu nunca fui santa. Sei que sou narcisista. Sou capaz de me comportar mal. Sou capaz de autossabotagem e autodestruição. Tenho histórico de doença mental, abuso de drogas e comportamento de vício. Posso ser petulante e mimada, temperamental e teimosa. Mas, mesmo quando estou imersa em um comportamento nebuloso, me entorpecendo com o que posso, alguma parte de mim permanece autoconsciente. Eu sou hiper autoconsciente. Foi o que me impediu de afundar. Às vezes, eu sinto como se estivesse me afogando e perdida, como se tivesse desaparecido. Mas sempre me impedi, mesmo que fosse de forma destrutiva com as drogas, ou com a hospitalização, de perder a cabeça completamente.

Acho que é um dos motivos pelos quais sou artista e porque, de maneira contraintuitiva, eu raramente perca o controle em uma apre-

Porque aqueles homens que comandam as coisas não são necessariamente mais inteligentes ou melhores do que todos os outros, mas, por alguma razão, eles conseguiram ditar todas as regras durante centenas e centenas de anos.

EXATAMENTE O QUE EU ACHO

sentação. É por isso que nunca serei uma cantora de nível mundial. Não estou falando do meu alcance de voz ou minhas habilidades tonais. Não são essas coisas que estão me limitando. Eu não quero ser uma cantora de nível mundial. Nunca foi minha intenção ou meu desejo. Não sou como Adele ou Amy Winehouse, que sabiam desde cedo que usar a voz era o destino delas.

Mesmo assim, quando as pessoas me identificam, geralmente dizem: "Lily Allen, estrela pop". Eu fui de fato uma estrela pop. Foi o que me tornei, cumprindo meu aprendizado em público, para que todos vissem. O problema é que, como a maioria das pessoas com vinte e poucos anos, eu também estava tentando descobrir quem diabos eu era como pessoa, e fazer isso enquanto se mora na Popstarlândia é especialmente complicado e confuso.

Por um lado, você é tratado como uma criança: com mimos e agrados a todo instante. Você faz o *check-in* em um hotel e seu quarto recebeu um *upgrade*. Tem uma garrafa de Champanhe Cristal em um balde de gelo esperando por você. *Claro que enviaremos um carro para você. Adoraríamos enviar uma cesta de produtos de beleza. Por favor, use este vestido.*

É a deixa para as reações: Nossa, que ótimo. Eu adoro tudo isso Que sorte a minha.

O que leva então a, conforme a adulação se torna normalizada: *Por que o carro está atrasado? Por que tem essa merda de champanhe e não Cristal gelado?* Que se transforma em, quando você está cansado demais, longe de casa, sozinho pra caralho e sentindo como se estivesse morrendo por dentro: *Que porra é essa? Eu odeio Cristal, cacete, tire essa merda daqui. Porra, porra, porra!*

Mas, então, ao mesmo tempo em que recebe todos esses mimos, você precisa lidar com todas essas outras coisas superadultas para as quais ninguém prepara você. Assinar contratos assustadores. Contratar contadores. Pagar contas enormes das quais você mal tem

ADIANTE

consciência. Contratar pessoas. Demitir pessoas. Eu sei que entrar em qualquer carreira tem suas curvas de aprendizado, seus desafios e dificuldades, bem como suas recompensas, mas o problema no estrelato pop é que essas coisas – os desafios e as recompensas – são amplificadas em um grau enorme, e se você alcança o sucesso rapidamente, como aconteceu comigo, não consegue praticar nada disso. Acontece que não existe um programa real de aprendizagem para a fama, o que significa que você está mal preparado para lidar com isso e, como resultado, tropeça. Você tropeça publicamente.

Os tabloides adoram quando você faz isso. A versão caricatural deles se torna tão grande que as pessoas começam a acreditar nela. Às vezes, você mesmo começa a acreditar.

As pessoas pensam que você é uma caricatura, escrevem a seu respeito como se você fosse uma caricatura e tratam você como uma caricatura. Então, sim, você começa a se considerar uma caricatura e também a se comportar como tal, e o círculo vicioso se perpetua.

***

Tudo mudou quando perdi George. Foi quando pensei: Ai meu Deus, eu sou uma pessoa, uma pessoa real, não uma caricatura cambaleando em uma vida onde nada importa muito. (Obrigada, papai.) Na verdade, eu tenho essas emoções e sentimentos e não sei onde colocá-los ou o que fazer com eles e não posso mais fingir que não existem ou não importam. Foi quando comecei a aprender como me tornar um ser humano mais funcional. Isso também exige um aprendizado.

Acontece que não sou uma estrela pop, por si só. Isso foi parte de um efeito cascata do que eu faço, e talvez venha a ser novamente. Foi uma etapa ao longo do caminho: um estranho, emocionante, complicado e confuso capítulo de Alice no País das Maravilhas. No fim,

EXATAMENTE O QUE EU ACHO

sou uma compositora. No fim, meu trabalho é compor sobre o que vejo e o que aprendi, o que sinto e o que sei. Depois, eu canto essas palavras usando a melhor voz que posso. Não é de nível mundial, mas é honesto e verdadeiro.

Mesmo que seja apenas para minhas filhas, quero que ela seja forte, alta e clara.

AGORA

Quase chamei meu último álbum de *The Fourth Wall* [A quarta parede]. O título fazia sentido para mim porque raramente me perco no palco ou nas minhas apresentações. Estou sempre atenta ao público e nunca atrás da quarta parede. Além disso, o álbum é meu quarto álbum, e eu gosto de jogos de palavras, então o título funcionava em vários níveis. Era ao mesmo tempo um convite – "Venha para o meu mundo", – e uma explicação sobre meu novo trabalho – "Sim, eu sou uma artista e essas são canções, mas nada disso é realmente uma performance. Sou apenas eu. Minhas palavras são verdadeiras. É assim que me sinto, foi por isso que passei, é assim que vejo as coisas."

Então pensei: Se o objetivo desse álbum é minha honestidade, por que estou fazendo um jogo de palavras? Por que não ir direto ao ponto? Quem se importa com os níveis conceituais de significado? Pensei: Preciso simplesmente dizer o que quero dizer e sinto.

Foi por isso que chamei o álbum de *No Shame* [Vergonha nenhuma].

EXATAMENTE O QUE EU ACHO

Quando Seb, que me conhece melhor do que ninguém, e eu começamos a trabalhar juntos neste álbum, ele me disse: "O que você quer, Lily? Você quer fama e dinheiro ou quer fazer um disco que seja real e honesto?".

"O segundo", respondi.

"Ótimo", disse Seb. "Contanto que sigamos assim, vamos lá."

E foi o que fizemos. Fizemos o disco que queríamos fazer, sem comprometer as canções. Eu ainda não consigo dar todas as cartas, porque não assino todos os cheques. Também terei de ouvir o que a gravadora quer e, sem dúvida, terei de fazer concessões quando for para divulgar meu trabalho. Mas não tive medo de dizer não desta vez. E se eu sentir que preciso beber algumas taças de champanhe para me vestir, posar ou me comportar de uma determinada maneira, saberei: *Isso não está certo. Essa não sou eu. Isso não está funcionando.* E vou dizer não. Não vou fazer cara sexy novamente.

Sou uma artista de palco, sim, mas também sou mãe, filha, irmã, sócia, ex-esposa, amiga, compositora e colaboradora e, finalmente, aprendi que nenhum desses papéis precisa ser reprimido em favor dos outros. É claro que todos nos segmentamos até certo ponto. Precisamos fazer isso. Nenhum de nós pode ser tudo para todos o tempo todo. Quando estou no trabalho, a mãe em mim precisa aceitar que precisa esperar sua vez. Quando estou compondo, preciso banir a amiga que gostaria de distração. Quando estou com minhas filhas, minhas outras funções devem esperar na fila. Mas nenhuma delas precisa ser descartada. Ainda sou mãe quando toco e componho, ainda sou compositora e cantora quando estou com minhas filhas. Percebo agora que não preciso fingir ou inventar coisas ou me dividir em vários papéis. Eu posso, em vez disso, permanecer inteira. Todos deveríamos ser capazes de viver e trabalhar em nossos próprios termos, com integridade e sem ter vergonha. Eu nem sempre fiz isso, mas as pessoas fazem, e é isso que procuro. É por isso que estou lutando.

Sou uma artista de palco, sim, mas também sou mãe, filha, irmã, sócia, ex-mulher, amiga, compositora e colaboradora e, finalmente, aprendi que nenhum desses papéis precisa ser reprimido em favor dos outros.

EXATAMENTE O QUE EU ACHO

***

Comecei recuperando minha voz. Senti-me silenciada por atordoamento quando aquela primeira manchete de tabloide apareceu na capa do *The News of the World*, assim que "Smile" chegou ao primeiro lugar da parada. A partir daquele momento, eu ainda falava, mas fiquei com medo. Tudo o que eu dizia podia ser distorcido, transformado, ampliado ou tirado de contexto. Era como se houvesse um gás censório invisível, nebuloso, onisciente que flutuava ao meu redor o tempo todo. Essa era uma das razões pelas quais bebidas e drogas pareciam seguras: elas me permitiam apagar o medo, pelo menos até certo ponto. *Você não pode expressar opiniões*, dizia o medo. *Volte para a porra da sua caixa*, ele dizia. *Nós decidiremos quem você é e contaremos ao mundo sobre isso, e um dia poderemos decidir que você é indigna e nojenta e no dia seguinte poderemos decidir que você é ótima. Você não pode decidir. Nós decidimos.*

Não mais, seus filhos da puta! Eu não sinto mais medo. O pior já aconteceu e não teve nada a ver com nada que eu tenha dito ou feito. Eu perdi meu filho, e isso foi apenas uma parte.

***

Eu quero minha voz de volta.
Eu estou recuperando minha voz.
Aqui estou.
Escute.
Eu tenho minha voz de volta.

AGRADECIMENTOS

A Claire, minha agente, por me pedir para fazer isso, em primeiro lugar. A todos da Blink, mas principalmente a Beth, que tem a paciência de uma santa. A Seb, Sarah, meu maravilhoso namorado, Dan, e a minhas filhas, por me aturarem. E a mais duas pessoas: uma ajudante secreta que não será identificada e uma parceira silenciosa, que me ajuda a encontrar sentido nas coisas.

COMPRE UM ·LIVRO· doe um livro

Sua compra tem um propósito.

Saiba mais em www.belasletras.com.br/compre-um-doe-um

Este livro foi composto em Weiss e impresso em pólen soft 80 g pela gráfica Copiart, em maio de 2021.